社會工作理論脈絡
創立實務的架構

Social Work Theories in Context
Creating Frameworks for Practice

Karen Healy　著

黃松林　校閱

黃松林、劉鶴群、陳武宗、林東龍、陳雅玲
王明鳳、李新民、張麗玉、林怡欣、陳秀靜　譯

Social Work Theories in Context

Creating Frameworks for Practice / 2nd

Karen Healy

❧ 目錄 ❧

❧作者簡介❧

    Karen Healy 是澳洲昆士蘭大學社會工作與人群服務學院的社會工作學系教授。她在健康、青少年與兒童保護服務領域是具實務經驗的社會工作師,並出版許多社會工作領域相關的著作。

❧校閱者簡介❧

黃松林

◆ **現職**：亞洲大學人文社會學院副院長

　　　　　亞洲大學社會工作學系教授兼系主任

◆ **學歷**：英國新堡大學社會政策博士

　　　　　東海大學社會工作研究所碩士

◆ **經歷**：亞洲大學社會工作學系主任

　　　　　朝陽科技大學社會工作系主任

　　　　　美和科技大學社會工作系主任

　　　　　美和科技大學老人服務事業管理系系主任

　　　　　屏東科技大學社會工作系助理教授

　　　　　屏東科技大學社會工作系講師

　　　　　內政部社會司老人福利科科長

❧譯者簡介❧

黃松林（第一章）

　　參閱校閱者簡介

劉鶴群（第二章）

❖現職：亞洲大學社會工作學系專任副教授
　　　　亞洲大學社會工作學系系主任
　　　　臺灣家庭希望發展協會創會理事長
　　　　臺灣社會政策學會理事
　　　　臺灣社會發展研究學會理事

❖學歷：政治大學財稅學系（現為財政學系）學士
　　　　英國約克大學經濟與社會政策碩士
　　　　英國布里斯托大學社會政策博士

❖經歷：臺中市志願服務推廣中心主任
　　　　臺中市第一區社區發展育成中心主任

陳武宗（第三章）

❖現職：高雄醫學大學醫學社會學與社會工作學系副教授
　　　　高雄醫學大學附設醫院社會服務室社會工作師

❖學歷：東海大學社會學研究所社會工作組碩士

❖經歷：高雄醫學大學醫學社會學與社會工作學系系主任
　　　　高雄醫學大學附設醫院社會服務室社會工作師兼主任
　　　　高雄市社工師公會創會理事長
　　　　中華醫務社會工作協會理事長

林東龍（第四章）

◈ 現職：高雄醫學大學醫學社會學與社會工作學系副教授

◈ 學歷：中山大學社會科學博士

◈ 經歷：高雄醫學大學醫學社會學與社會工作學系助理教授

陳雅玲（第五章）

◈ 學歷：美國紐約州立大學水牛分校社會福利博士

◈ 經歷：朝陽科技大學社會工作系助理教授

　　　　Buffalo Center for Social Research 研究助理

　　　　伊甸基金會中區服務中心社工組長

　　　　臺中市美麗境界關懷之友協會社工

　　　　臺北市智障者家長協會社工

王明鳳（第六、七章）

◈ 現職：美和科技大學社會工作系助理教授

◈ 學歷：東海大學社會工作研究所博士

◈ 經歷：屏東縣社工師公會第一至第二屆理事長

　　　　臺灣仕馨服務協會第一至第二屆理事長

　　　　中華社會福利聯合勸募協會審查委員

　　　　中華民國社會工作師公會全國聯合會第五屆理事

李新民（第八章）

❖ **現職**：樹德科技大學兒童與家庭服務系教授
  　　　樹德科技大學社會工作學士學位學程教授

❖ **學歷**：美和科技大學社會工作研究所
  　　　高雄師範大學教育學博士

張麗玉（第九章）

❖ **現職**：屏東科技大學社會工作系副教授

❖ **學歷**：英國雪菲爾大學社會學研究所短期研究
  　　　暨南國際大學社會政策與社會工作學博士
  　　　暨南國際大學社會政策與社會工作學碩士
  　　　中興大學社會學學士

❖ **經歷**：屏東科技大學社會工作系助理教授
  　　　美和科技大學社會工作系助理教授
  　　　社團法人臺灣世界快樂聯盟第一、二屆理事長
  　　　臺灣大學附設醫院社會工作師

林怡欣（第十章）

❖ **現職**：美和科技大學社會工作系助理教授兼系副主任

❖ **學歷**：中山大學中國與亞太區域研究所社會科學博士
  　　　高雄醫學大學行為科學研究所碩士
  　　　高雄醫學大學醫學社會學系學士

❖ **經歷**：105 年度衛生署「人體研究倫理審查委員查核計劃」查核委員
  　　　99 年、102 年通過教育部性別平等教育網師資人才資源教師
  　　　奇美醫療財團法人奇美醫院醫療品質暨病人安全委員會委員

奇美醫療財團法人奇美醫院行政品質委員會委員

高雄醫學大學職能治療系兼任講師

奇美醫療財團法人奇美醫院醫學倫理委員會委員

奇美醫療財團法人奇美醫院人體試驗委員會委員

嘉南藥理大學社會工作系兼任講師

奇美醫療財團法人奇美醫院社會服務部專員／社工師

社團法人屏東縣啟智協進會心智障礙者家庭支持服務計畫督導

社團法人雲林縣老人長期照顧協會外聘社督導

美和科技大學諮商輔導中心兼任輔導老師

陳秀靜（第十一章）

❖現職：美和科技大學社會工作系講師

❖學歷：暨南國際大學社會政策與社會工作博士

東海大學社會工作碩士

美國西肯塔基州立大學社會工作碩士

❧序言❧

　　在《社會工作理論脈絡：創立實務的架構》第二版中（編按：本書為原文第二版），我延用了經得起時間考驗的第一版架構。而在投入專業實務、研究和倡導社會工作服務並與所服務的對象接觸後，我發現社會工作在某些方面的脈絡背景和知識基礎正在發生變化，第二版正是反映了此種變化。

　　首先，我將本書重組為三部分：第一部分涵蓋兩個章節，其中包含支撐本書核心概念的論述與實務理論的介紹，及實務動態架構之引入；第二部分側重於形塑社會工作實務環境之論述；第三部分則概述了當代實務理論。此次重組旨在確保一開始就向讀者介紹核心概念，以更易於促成第二部分形塑實務脈絡的論述與第三部分實務理論之間的連結。

　　第二，我進一步發展了形塑社會工作實務的制度脈絡之論述架構。近年來，新公共管理影響了多方領域及社會工作實務的脈絡，此將會在第三章進行討論。如今，神經科學的潛力和限制，已成為許多爭論的主要議題，也對社會工作領域所引用之「心理」論述有影響，因此將在第四章中探討。書中對他類論述之發展有極大興趣，特別是為心理健康及兒童福利領域之倖存者運動發聲並對其具影響力的論述。我也承認宗教和靈性精神對於社會工作服務環境和過程的影響力越來越大，因此在這個版本中增加相關論述之討論。而由於人們對環境越來越關注，本書也在第五章的環境社會工作論述中進行反思及討論。

　　第三，此版對系統理論於社會工作實務的顯著影響有更清楚的認識。我亦延伸實務理論的範疇，增列了「心理」理論影響的討論，如動機會談、問題解決實務，並對優勢及焦點解決取向的方法有更廣泛的討論。

　　第二版的完成延續了我撰寫此書的初衷。我將這本書獻給社會工作的實務工作者、學習者及教育者，使他們在多變、費解的脈絡、理論與實務中站穩腳跟。

　　在整個職業生涯中，我先是社會工作學習者，然後成為一個社會工作實務工作者，現在是研究員、教育者及大型非政府社區服務機構的主任，我持續對社會

工作實踐的哲學基礎有濃厚興趣，特別是如何將這些基礎呈現及轉化在直接的實務上。我的第一本書《社會工作實務》（*Social Work Practices*）（Healy, 2000），透過認識社會工作者為實現與充權及批判實踐相關之實務目標所使用的多元方式（例如：增強服務使用者之參與和促進合作行動），擴展社會工作之批判方法。總之，我認為推動變革有多種方式，而一些已建構的批判性實務方法可能模糊了這種多樣性。

本書，我的目標是進一步對社會工作實務的哲學基礎做概括的觀點敘述，以支持當前專業工作組織的方法與實務。本書的核心信息即是：透過了解制度性脈絡和正式理論基礎背後的思想，社會工作者可以具批判性地運用之，並在必要時改變它們，以實現其所秉持的價值和目標。

透過重要實務方法之哲學基礎、歷史和地理淵源的介紹，我希望能提升社會工作者運用理論的能力，而且更有助於正式理論的創新。儘管理論和實踐之間的鴻溝仍在，我相信，很多實務工作者都在尋求理解並發展其專業實務理論。然而，許多人因社會工作哲學和理論與社會工作實踐的制度性脈絡間的鴻溝，而感到疏離，甚至是對立。本書的第一版有部分是由 2001 年為實務工作者舉辦的「理論更新」工作坊發展出來的。我持續舉辦這些工作坊，以因應新的需求及面對社會工作實務的機會和挑戰。實務工作者對這些工作坊的強烈興趣更加堅定了我的信念：社會工作者要實際「實踐」理論。我在工作坊中發現，參與之實務工作者大多能夠清晰地說出他們是如何發展自己領域的專業理論架構，此過程經常涉及嚴謹的篩選理論元素是否有用，並進一步發展理念來回應實務環境的需求。例如：社會工作者在兒童保護服務中，可以利用優勢觀點作為此領域中多運用標準化風險評估之趨勢的一種附加，或是一種抗衡；老年照顧的社會工作者可能會使用批判傳統的理論，來挑戰那些對老人能力之年齡歧視的假設。

在本書中，我以批判性介紹結合直接服務實務的理論和形塑實務的制度性脈絡之理念——即我所稱之「論述」。因為我認為社會工作是依不同的實務背景所進行的情境化活動，透過脈絡和理論的整合分析，增加社會工作者在其情境中發展理論的機會。社會工作理論的實務和脈絡的討論通常發生在不同領域，導致那些正式理論建構者和實踐者都相當挫折。有一種方式可以促使這兩個「世界」對

話，即是認識到脈絡對理論應用和發展的深遠影響。

我認為，所有在職的社會工作者均是社會工作的理論學家，依自身所建構的理解之引導，界定實踐應著重的對象與事物，以及進行的過程。本書的目標是透過概述當代五組實務理論的哲學基礎、歷史和地理淵源、實際應用，以及其局限和優勢，以開啟社會工作實踐者和正式的社會工作理論之間的對話。

我也希望本書能讓學習者、實務工作者和教育工作者理解，社會工作的目的是如何透過體制背景、服務使用者的需求和能力，以及正式專業實務基礎之間的互動產生。社會工作教育對於建立學習者正式的專業價值基礎至關重要，同時亦教授社會工作實務的基本技能和正式理論架構。但是，要在實務中運用此一基礎，還必須能夠「讀出」社會工作的制度性脈絡，尤其是其正式和非正式的目標與實踐。我的意思不是說社會工作者應該直接任由組織主宰，而是要當一個有效率的實務工作者和變革推動者，應明白所服務的組織之外在的制度脈絡。學習者不僅要學習正式專業的實務基礎，亦需建立「讀出」其所在的制度性脈絡的能力，我們邀請社會工作者「投入」並對抗他們的實務環境。當實務工作者很快地對正式的專業基礎感到幻滅，這是服務倦怠和犬儒主義的結果，在實務工作中，如果只是達到所謂「理論上還行」是無太大幫助的。

大多數社會工作新手在畢業後初任的職位僅被賦予有限的組織力量，他們「讀出」環境脈絡並在組織約束下工作的能力（即使他們尋求制度的變革）是一種基本生存技能，且對於維持和提升其實務改變能力亦是不可或缺。最近幾年，我一直在研究新進社會工作者如何過渡到實務的過程，使我更了解組織制度脈絡所扮演的關鍵角色，假如社會工作者有效理解社會工作的價值，組織制度脈絡能使其有機會進行漸進式的實務變革，並了解分析所在組織制度環境的重要性。

在與實務工作者討論社會工作實務脈絡之性質的過程中，我關注到社會工作的環境有越來越多限制，但是我也很高興得知在許多的實務脈絡中，變革正在發生（經常是悄悄且隱密地）。然而在正式的社會工作理論上，有很多的轉變不被認同，甚至不會寫入書本。作為一名在學術環境中的社會工作者，我了解社會工作的理論架構也許可以提供一些指南，幫助實務工作者能夠較清楚地表達實務的操作，同時提升其實務能力。但在將相關理論觀點稱為真理時必須很謹慎，這樣

做或許會增強學術界和實務界之間的權威關係，而這對兩者以合作方式來建構理論完全沒有幫助。我尊重社會工作者積極地建構自己的實務理論架構，同時亦重視正式理論所提供之線性而非整體背景的實務脈絡。

　　社會工作者是在廣大的情境和脈絡下，與經歷各種困擾與壓迫的人們執行其實務工作。部分社會工作者只期盼能在更廣泛的組織脈絡及社會範疇內，成為個案改變的推動者。我希望本書進一步幫助社會工作者有能力去理解，並貢獻其專業能量以運用制度脈絡和正式理論基礎，創造有利於其所服務弱勢群體之改變。創造這種改變應該是作為社會工作者主要且共同關切的議題。

❧校閱者序❧

　　這是一個特殊的工作。長期以來，臺灣的社會工作都在一個全面來自西方歐美的社會工作或社會服務專業影響下發展，無論走向任何的方向，似乎都嵌在此一軌跡中，難以跨越其範疇，這是極其特殊的現象。當英國社會服務部門面對美國社會工作專業發展的成就時，他們發展出福利國家自我的脈絡，展現出社會服務面對醫護專業工作系統所呈現的制度自信。這就形成社會工作專業浪潮中的另一個巨流，是融合了歐洲的社會福利政策脈絡所形成的相對發展趨勢。

　　所有社會工作的專業服務運用到實務中，一定是會在所處社會的背景與脈絡中運作，即使相同的個案管理理論或生態系統理論，社區工作理論或充權的觀點運用在不同社會中，仍有其特殊的實踐脈絡，服務時便必須鑲嵌社會文化的背景與脈絡，逐步產生自己本土化的社會工作專業。臺灣的社區工作發展是獨步世界的專業服務，臺灣的社會工作也倡導逐漸走出自己的路，臺灣華人充權概念有自己的特色，這些都在數年工作與實務累積之後，在實務考量臺灣社會脈絡背景下所建構形成的新方向。

　　本書的重點特別是在專業的論點下教育社會工作專業者，不是一味的要求發展國際理論的實踐，更在每個理論下考量實務脈絡的重要性，是不可多得的新概念。我們感謝作者寬宏的專業討論，也期待本書的翻譯讓我們在廣大的世界社會工作地圖中，找到臺灣的發亮點。

黃松林

❧致謝❧

　　我要特別感謝支持和激勵我完成本書第一版和第二版的朋友，我也要感謝我在雪梨大學和昆士蘭大學的朋友和同事們，在我們的會談和辯論中建立有關社會工作的知識基礎。我還要感謝這十年來參與課程和理論更新工作坊之數千位社會工作實務工作者和學生們，他們的許多問題和想法使本書更臻完善。

　　在撰寫此新版時，我榮膺澳洲社會工作協會的全國理事長，這是一個很有挑戰性且令人興奮的職務，感謝理事會的理事們和在協會中的同仁們激發我對社會工作實務的想法。我要感謝 20 年前的博士指導教授 Colin Peile，作為一個社會工作理論家和教育家，他是一個極優秀和鼓舞人心的典範。

　　我也要感謝在國內所有參與社會工作的同事們，特別是從 Micah 方案來的Karyn Walsh，她一直不斷地挑戰我去思考理論和實務之間的連結。我也要感謝在斯堪地那維亞的同事們，尤其是挪威諾爾蘭大學的 Siv Oltedal、Rolv Lyngstad與 Gunn Strand Hutchinson、來自瑞典的 Tommy Lundström、Marie Sällnas 與 PiaTham，和來自芬蘭赫爾辛基大學的 Synnöve Karvinen，他們激發了比較國際社會工作的相關討論。

　　在本書中，我使用實務演練和個案研討來說明與發展論點。特別感激以下社會工作者協助提供並發展這些案例：Pauline Coulton 與 Lyn Krimmer 以及 AnnetteMichaux 與 Karyn Walsh。

　　再次感謝策劃編輯Catherine Gray，我們進行專業工作合作到現在已近十年。

　　最後，為友誼、愛與關懷，我要感謝 Khloe Healy 與 Dennis Longstaff。

第一部分

導論

　　這是一本有關形塑社會工作脈絡背景和專業社會工作實踐理念的書。社會工作是由多元且不同的歷史、地理和制度性脈絡所形成的專業。社會工作者的目標是與服務的個案一起，或代表個案推動變革；作為社會工作者，要達到此目標，不可或缺的重點是要了解所在的實務脈絡。更進一步，我們實務的制度性脈絡會因社會、經濟和政治的變化而持續不斷的改變，而社會工作理論和知識的進展也影響我們的專業目標和實務工作的方法。

　　作為社會工作者，保持不變的是在實務中達成我們的目標的需求。所有專業都會期望達到他們的專業目標，但這對社會工作者來說更為複雜，部分的原因是因為社會工作實務有不同的特質，且服務的脈絡範圍極廣。例如：在政府的兒少保護中心服務之社工，與在私部門實務系統或在社區衛生服務中心擔任心理衛生社工，工作內容便有極大的不同。

　　社會工作者通常會跟一系列利害相關人協商其服務目標，包括服務使用者、服務使用者的家庭、社區、團隊成員、所屬機構以及社會整體。在協商專業服務目標時，我們可能會運用自己的正式實務理論基礎，其中包括價值觀和職涯中發展的實務理論，但是這仍不夠，由於社會工作實踐深受實務環境的形塑，更重要的是我們應積極地連結並影響這些脈絡。例如：社會工作者應該挑戰那些歧視性及干擾社會工作者為人們達成衛生福利成效目標的組織政策。

　　第一部分包含兩章：第一章介紹理解社會工作之實務脈絡的論述方法。我們認為，了解實務脈絡在整體的社會工作實踐中是不可或缺的一部分，且實務脈絡可透過比較論述組合來理解。關於「論述」和「論述分析」的語詞定義，

以及三個形塑許多當代社會工作實務脈絡的關鍵論述，將在本書第三至五章中詳細討論。

第二章著重在實務的動態模式，說明三個關鍵要素如何在制度性脈絡、服務使用者和社區的期望、專業實務基礎，以及實務架構互動下，建構我們的專業目標。此動態模式支撐了形塑實務脈絡（第二部分）和理論實務（第三部分）的論述分析。在第二章中，我們也要檢視這三種方法理論之運用，並特別強調批判的反思方法，本書即依此方法呈現實務理論之介紹與分析。

第一章

探討服務脈絡

黃松林　譯

　　本書的主要目的是採取探知背景脈絡取向，進行社會工作實務介紹。我們提供社工實務工作者、學生和教育者不同的架構，以理解令人困惑的脈絡理論及如何在實務中運用理論。透過理解實務脈絡環境和正式理論基礎背後的概念，我們提升了實踐能力，以達成所秉持的價值觀和目標。本章將說明論述和論述分析對於思考專業實踐的重要性，並簡要地概述對社會工作最具影響力的三種論述組合（在第二部分中會有更詳細的介紹）。本章介紹實務的動態模式，其中提出專業目標是由制度性脈絡、專業實務基礎、專業目標和實務架構間的交互作用建構而成，這將構成進入第二章的重要準備。此外，導入三種理論運用的方法，在第三部分實務理論的分析中將再詳細介紹。

論述的重要性

　　在本書中，我們運用論述方法來界定與分析在衛生福利制度中形塑社會工作實務之關鍵理念和想法。「論述」一詞是指建構某些社會現象（如「需求」、「知識」和「介入」）的「一個系統或意義的集合」（Taylor, 2013, p. 14）。從後結構的論點來看，論述是一組實踐的語言，能形塑人們的思想和行為，甚至包括人們的身分認同。用 Parton（1994, p. 14）的概念來說，即是社會組織的架構與格局，藉此促使某些行為與他人區別的可能性。此種論述概念認定語言是「一種社會實踐的形式，而非純粹的個人活動或是一種情境變項的反思」（Fairclough, 1992, p. 63）；並且是建立在論述對實務工作所產生之具體

效果的關鍵假定上。論述構成社會工作者對服務使用者需求的理解，並形塑對於此需求「適當」的理解方式與回應，以及當他人受貶抑時，促成某些種類的知識和實踐合法化。例如：我們在第三章中將介紹，新公共管理論述在心理衛生服務領域中影響日益增強，對特定活動的分類及獲得重視有所貢獻，如「治療介入」；然而亦使得實務的灰色地帶更難認定、更不受重視，如關係建立（Saario & Stepney, 2009）。這也使社會工作者在這些「灰色地帶」的實務中，面臨了極大的挑戰。

在第三至五章發展出來的論述分析取向可以稱為「批判模式」，其中我們會檢視理論或論述在實務領域運作上，如何建構社會工作的脈絡背景、專業目標及權力關係和其中的知識。批判模式的論述分析關注於語言如何促成某些真理的宣稱以建立其主導地位，以及使實務脈絡中特定的行動者擁有特權，而其他專業行動者如：社會工作者、照顧提供者或服務使用者，可打破這些所謂的真理並賦予替代性的意義，包括以不同方式理解所謂的「需求」，並回應所謂的「問題」（Taylor, 2013, p. 14）。

當社會工作者在制度性脈絡中尋求理解並創造改變時，論述的概念和批判模式的論述分析方法成為了重要工具。衛生福利的環境脈絡之論述常立於互競的位置，該領域對於個案需求的性質、專業知識、社會工作角色的性質都有不同的詮釋，特別是關於最能夠處理服務使用者關心議題的「幫助」或介入種類。在某些衛生福利的環境脈絡下，不同的論述之間極少有公開的爭議。在這些脈絡中，單一或一套完整兼容並蓄的論述，會在制度的正式實務中取得主導地位。然而，在許多環境脈絡下，建構不同實務脈絡的方法之間存在著緊張關係，特別在界定個案需求和社會工作角色性質的部分最是如此。

論述和社會工作實務之間的關係是動態的，在這個意義上，論述深深形塑社會工作實務，但社會工作者也可以靈活地使用並質疑影響其實務領域的論述，要做到這一點，我們需要去理解它。至少，論述分析可以幫助社會工作者理解並靈活地使用那些形塑制度環境、並影響其專業目標的概念。從論述的視角來看，極其重要的是，社會工作者如果想要在這些脈絡中增加自己和個案觀點被認可的機會，必須了解並使用那些主導實務脈絡的語言論述。例如：許多

衛生福利機構關心成本效益，因此在實際操作層面上，可借助於理解並使用這個概念來介紹自身實務，以及可站在服務使用者之立場來推動的新措施。

理解社會工作脈絡環境

社會工作者也可運用論述分析嘗試建立觀察的方式並回應個案的需求。Fook（2002, p. 89）認為：「簡單地選擇不接受主流理論思想，並指出了矛盾所在，可以對抗、挑戰和改變這些主流思想系統」。透過了解建構實務環境的論述，社會工作者可以投入開啟「替代性的現實脈絡」（Parton, 2003, p. 9）。以這種方式使用論述，社會工作者可以與利害相關人一起發展不同、而更有助益的方法來理解和回應個案的「需求」。例如：在許多衛生福利領域中，社會工作者有一個很重要的角色，即是強調面對服務使用者時所遭遇的社會和結構性脈絡議題，並鼓勵回應之服務跳脫個人問題解決，而致力於社會和結構性的根源問題。

第二部分說明論述形塑社會工作的實務目標。有三種論述（圖 1.1）深深地影響社會工作實務脈絡、人們對社會工作服務的期待，和對服務使用者「需求」的建構，以及支撐社會工作實務的理論。

形塑專業實務目的的三種組合論述分別是主流論述、行為與社會科學論述及他類論述。「主流論述」（第三章）指的是在衛生福利服務內形塑權力及知識的關係最具影響力之論述。此些論述形塑了實務的制度性脈絡，認定所重視的知識形式、服務提供者和服務使用者之間服務類型的權力及知識的關係。

「行為與社會科學論述」（第四章）是來自傳統社會工作學門的知識與理論基礎，主要建立於社會和行為科學中；雖然專業知識的基礎可能受到各種學科的影響，但我們仍聚焦在「心理」和社會科學的論述。此些論述一直都很有影響力，但也是社會工作專業基礎領域內相當緊張的區塊，其所認可及構成的專業性程度，在國際間及不同實務領域內有顯著差異。例如：社會工作者在心理衛生和諮商服務時多透過「心理」論述構成其理論；而在擔任社區和政策實務的角色時，可能會吸取更多社會學論述，並據此建構其角色。

「他類論述」是在以上的兩個論述之外存在的相關理論，儘管如此，此些

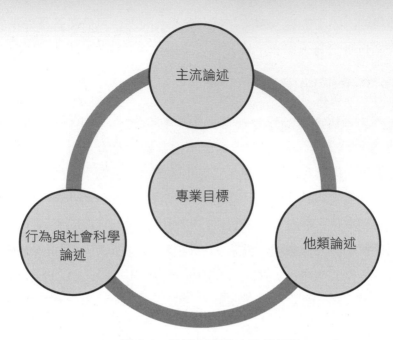

圖 1.1 論述和專業實務的目標

理論對社會工作者建構目的和實務仍發揮強大的影響力。第五章討論三組論述：公民權、宗教和靈性論述，及環境論述。在本書的第一版中（編按：本書為原文第二版），使用了「消費者權利論述」的用語，在本版改用「公民權論述」，以更適當地反映社會服務涵蓋的是公民權，而非消費者服務。此種更寬廣的公民權概念存在於所有生活領域，而不是僅僅在消費服務的領域，在衛生福利服務中各種革新的社會運動均極受重視。社會工作環境論述的影響分析是本版的新增內容，反映更廣泛的環境論證對專業實踐建構或再建構所形成的影響力。

實務理論

在第三部分的焦點是實務理論，這是社會工作者專業工具中較具體的部分。實務理論與論述相同，都有助於專業目標的建構，與論述不同的是，實務理論代表確立和制訂其專業目標的特定方式。在某些情況下，論述形塑社會工

作的脈絡時，可能會與社會工作理論實務有所衝突，例如：新公共管理理論和反壓迫實務之間的衝突。而在其他情況下，論述則有助於建立實務理論，例如：相關行為理論和社會科學論述就對社會工作實務理論具有極高的影響力。

　　我們使用「專業實務理論」一詞，也稱為「社會工作理論」，與其他社會工作理論學者是一致的（Howe, 1987, p. 16; Payne, 2005），指的是用來引導及解釋社會工作實踐的正式理論。實務理論是由社會工作者發展的架構，為社會工作的目的和實務原則提供具體的引導，並常常提供介入的具體方法。第三部分是建構在五組實務理論上：系統理論、問題解決理論、優勢和焦點解決理論、現代批判社會工作理論，以及後現代社會工作理論，如圖 1.2 所示。每組理論均概述和分析當代實務理論的要點。

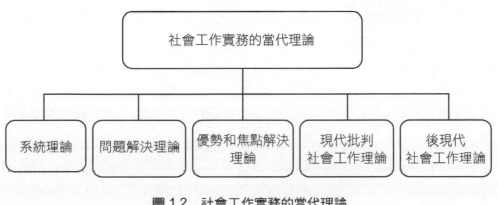

圖 1.2　社會工作實務的當代理論

　　社會工作實務理論不斷地演進，新的理論也從這些觀點中出現。本書的焦點放在由社會工作者發展給其他社會工作者應用的理論上，因為此些理論由至少一個或更多的社會工作實務脈絡發展而來。另外，認識社會工作的實務脈絡和專業基礎也是極為重要的，因為實務理論反映了社會工作的專業價值基礎和工作特質，此亦與社工必須與弱勢者及邊緣化的案主工作有關。Sheldon 與 Macdonald（2009, p. 3）認為：

> 社會工作專業學門的服務對象是低收入者、困擾者、受虐者或受歧視者、被疏忽者、失能者和老人、精神病患、學習障礙者、成癮者、犯罪者，或是受其所處社會環境邊緣化者。

辨識和提倡社會工作的理論基礎並非否認其他學科的重要貢獻。因此，我們參考了其他相關學科的理論，而拓展對社會工作實務理論實務的理解與實踐能力。例如：第七章加入了動機會談的介紹，以了解潛在動機與問題解決取向的關係。

在第三部分以脈絡取向來介紹社會工作實務理論，說明每一個取向產生的歷史、地理和制度的脈絡。了解特定理論原本的發展脈絡與實務目的，可以幫助我們依特定實務脈絡及特殊互動特質，進行調整及轉換參考之用。此外，呈現每一種理論的優點和局限性時，其分析都應在具體實務脈絡中進行才適當。雖然許多社會工作者和學者會有其偏愛的實務理論，我們試圖引介一系列的理論取向，而不是推展某一個特定的實務理論。透過對每一種理論取向的發展和應用進行一系列批判性分析，幫助讀者自行判斷在其所處之特定環境脈絡應用理論的效果（或無效果）。例如：即使我們接受某個理論觀點，如現代批判社會工作理論，其應用在政府法定兒童保護脈絡中與在社區發展脈絡中有相當大的差異。

論述和實務理論有何差異？

論述和實務理論是社會工作者建構專業目標和實務的資源。然而，第三部分介紹的實務理論與第二部分討論的論述至少有兩個重要的不同之處。

第一，論述儘管可能是特定特權群體（如醫療或法律專家）的知識，其是由一群資源共享的行動者和制度內的實務者所發展和維護的，而實務理論是社會工作者在社會工作實踐中發展出來的知識。例如：在生物醫學論述占主導地位之制度脈絡下，社會工作者（和其他專業人員）都需要發展出不同的能力去應用，並在必要的時候轉譯生物醫學的概念（Opie, 1995）。相反的，其他專

業人員也可能會應用社會工作實務理論的概念，如有關服務使用者的優勢和復原力的概念，這些理論的主要目的是為社會工作實務的具體形式提供指導。的確，許多社會工作實務理論是從特定的社會工作實務脈絡中發展出來的，當理論的運用超越這些脈絡，往往需要調整初始概念，以識別其他制度性脈絡的不同要求。例如：優勢觀點最初是為慢性精神病患者的實務而發展，然後在其他領域進行調整因應，如在兒童保護工作上，便需考慮社會工作者在其脈絡之特定實務義務（Turnell & Edwards,1999）。

　　其次，當論述透過影響何為真實、有效的實務及何者為公認的權威之認定，來形塑實務中的知識和權力關係，實務理論試圖提供一系列選項去理解和回應特定的關切問題。在社會工作實務中（亦即在實務的制度性脈絡下），我們可在有限的選擇下認可這些脈絡中的論述。批判式的論述分析取向有助於我們理解理論，或許甚至可藉這些論述，來進行策略性地運用，以實現其價值觀和目標。例如：在許多衛生福利領域中，公民權論述的影響力越來越大，為病患和服務使用者提供了新的機會，來挑戰某些方面的專業權威及知識關係（Crossley & Crossley, 2001; Shakespeare, 2006; Tilley et al., 2012）。相較之下，實務理論提供不同的可能性來解讀我們的目標與選項，以理解和回應個案的需求。例如：問題解決取向（第七章）是將注意力聚焦在與服務使用者的相互理解，並一步一步地解決所定義的問題，而反壓迫取向（第九章）則鼓勵服務使用者公開建構所關切的政治性議題，以及運用批判意識與集體策略實現個人和社會的變革。

為什麼社會工作脈絡是重要的？

　　本書結合動態的實務模式，以及批判性介紹形塑實務的制度性脈絡之理念和直接服務實務之關鍵理論。透過背景脈絡和理論分析的整合，我們的目標是為社會工作者提供更多機會在其情境中運用並發展理論。社會工作理論實務與脈絡的討論通常發生在不同領域，導致那些正式理論建構者和實踐者都相當挫折，而促使這兩個「世界」對話的方式即是認識到社會工作的情境脈絡對於實務理論的運用和發展有極為深刻的影響。

　　本書希望由讀者主動使用，當你在社會工作實務實際的或預期的脈絡應用本書提出的觀點時，需深思此些觀點。每一章會介紹論述或實務理論發展的年代和環境，以及背後的核心假設。這些背景資訊是為了幫助你思考論述和觀點發展的脈絡與基本假設，以及與你身處之實務脈絡可能具有的共同性或差異性。例如：大多數的當代實務理論源於特定的地理和歷史背景，並經常考慮到特定實務工作內容，如協助人們面對日常生活挑戰的諮詢實務，或是公民權論述案例中衛生福利服務使用者的政治性充權。透過了解原有的背景脈絡和背後的假設，提升我們對形塑實務脈絡之理念的批判性分析能力，並酌情在特定的實務脈絡中調整及發展理論。這種作法可以激勵你積極使用參考材料，反思於你的實務脈絡中應用此些觀點的可能性與限制，並進一步挑戰或發展此觀點。本書每一章會透過練習、個案研討和提問，使我們有更多討論理論觀點的機會。

　　在本書中，也請讀者思考對不同文化背景、不同語言之個案群體呈現的實務資料。傳統上，來自非盎格魯─撒克遜文化的服務工作往往被定義為特殊的專業實務領域。然而在專業服務中，由於殖民統治與全球化的結果，人們日益認識到與來自不同文化和語言的服務使用者一起工作的機會越來越多。例如：在澳洲、美國和加拿大，第一民族（原住民）在許多政府提供的服務領域上使用人數偏高，例如兒童保護及青少年和成人拘留中心服務便是如此。此外，全球化已導致人口大規模遷移到後工業化國家，特別是來自非洲、亞洲和東歐。因此，社會工作者即使在「主流」的機構環境中，仍預期會接觸到來自不同文化和語言背景的服務使用者。為達成具文化敏感度之實務，社會工作者和個案一起工作時，必須發展對其歷史和文化習俗的理解能力。因此，在實務中考量所服務的個案群體之文化和語言背景，以及了解這些群體在不同觀點中的優勢與限制是極重要的。

結論

　　社會工作者是在廣泛的脈絡中與經歷各種困擾和壓迫的人群進行服務工作。部分社會工作者只期盼能在更廣泛的組織脈絡中或社會範疇內，成為直接

服務中改變的推動者。我希望本書進一步提升社會工作者的理解能力，增進其專業能量以運用實務脈絡與正式理論基礎，創造改變，俾利於所服務之弱勢群體。創造此改變應是社會工作者的主要和共同關切的議題。

摘要問題

1. 「論述」是什麼意思？
2. 論述對社會工作實務有「重大影響」，這是什麼意思？本章提及有什麼樣的重大影響？
3. 請說出社會工作實務的「論述」和「實務理論」間的一個相似處和差異處。

推薦書目

- Candlin, C. and Crichton, J. (eds) (2010) *Discourses of Deficit*. (Basingstoke: Palgrave Macmillan).

  係探討在特定系統制度下，提供相關之健康和福利服務時，人們如何用論述建構所謂「缺陷失能」概念。主要是呈現在法律保護管束服務系統內，對人們的身分和關係之論述建構，會使其生活產生如何重大變化與影響，並且干預到個人的生活。特別闡明語言如何影響社會工作實務中的權力關係及人們現實的物質生活情形。

- Taylor, S. (2013) *What is Discourse Analysis?* (London: Bloomsbury).

  對論述分析的簡短易懂的介紹；有助於讀者了解分析這種理論實踐背景之起源、優勢和限制。

第二章

實務的動態模式

劉鶴群　譯

　　本章我們將探討社會工作實務之動態模式。透過理解此模式，可使社會工作實務中專業目標建構的過程更為清晰。此模式的組成部分包括制度脈絡、專業實務基礎、服務使用者的需求和期望，以及社會工作專業的新興實務架構。首先，我們將探討動態模式如何與第一章中介紹之實務的脈絡化取向相呼應，隨後探討此模式的各個構成要件。接著討論三種運用理論的方法，以及動態模式可以如何幫助我們在實務中運用理論。

實務多樣性和目的建構

　　實務的動態模式（圖 2.1）提供了一個了解在實務中如何建構專業目標的架構。正如第一章所討論的，社會工作是一個脈絡化的多元活動，其專業目標及實務方法會因歷史、地理和制度脈絡而不同。此外，社會工作是一個妥協的過程。許多因素造成了我們在專業目標上的妥協，包括形塑制度脈絡的論述、正式專業基礎、服務使用者的期望，以及個人的實務架構。有時這些不同的因素能夠「整合」，社會工作者將體驗到他們的脈絡、正式專業基礎及個人實務架構間是具有一致性的。然而在大多數的情況下不是如此，社會工作者必須在正式專業基礎與其他因素的衝突間進行妥協，這些因素包括制度脈絡、服務使用者或社區對於需求和權利認知所產生的期望。例如，在兒童保護服務中，社會工作者的主要職責係由該機構所建構，在於評估和消除眼前的立即風險，然而社會工作者也可採取一個長期的觀點，透過平衡的行動，以消除風險及孩童

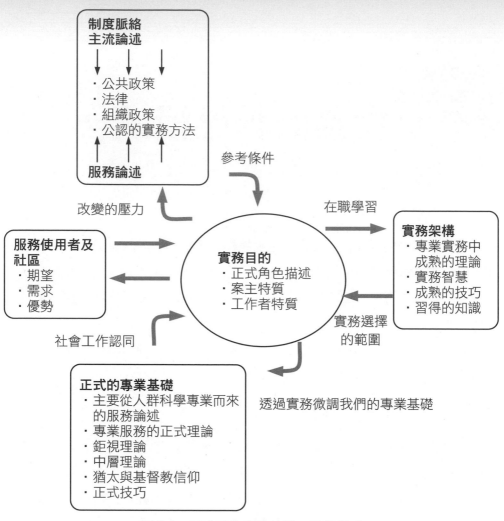

圖 2.1　社會工作實務建構：動態模式

對他們的家庭和社區依戀的長期後果。在某些情況下，社會工作者面臨著目的合理性的挑戰，意指很難滿足不同利害關係人間不同的期望，包括服務使用者、雇主和整個社會。

　　社會工作者深知社會脈絡在服務使用者生命中的重要性。事實上，理解和因應「人在環境中」是現代社會工作專業的指導信條。然而，對於在直接服務中具有重要內涵的實務環境，我們對它的認識及因應卻不重視。比如說，雖然

我們主張制度脈絡必須被理解為構成直接服務目的的核心內涵，然而關於社會工作制度脈絡的課程，包括法規、政策和組織環境等，通常與專業實務課程是分開教授的。

所有人類活動的意義，其中當然包括專業活動的意義與實務，皆是因脈絡而產生差異；然而，社會工作比大多數的專業更受脈絡影響，主要基於下列三個理由。首先，社會工作缺乏一個共同的知識基礎以及對知識構建方式的共識。這不同於所謂公認的或精英的專業，例如醫學、法律或工程，這些專業都從實證或科學知識論建構出單一的知識基礎。相較之下，社會工作者對於創建實務知識的方法意見分歧，研究者不斷爭論透過科學方法來認識社會工作實務的價值與限制。此外，許多社會工作者使用的概念對特定的制度場域有獨特的意義。例如，一位法定兒童保護社工的知識及技能基礎，與參與公共住宅社區發展工作的社工就會有很大的不同。即便是社會工作者關注實務核心價值的方法，例如「自決」和「社會正義」，也因制度場域而有顯著不同。例如在心理衛生服務的脈絡下，社會正義的概念必須考量服務使用者表達的需求及其自傷防護的最佳利益之間的潛在矛盾。

其次，相較於其他人群服務專業，例如護理和教育，社會工作缺乏一個主要的制度基礎。因此，雖然這些服務專業也可能缺乏其實務的實證基礎，但是因為有一個主要的服務脈絡存在——醫院或學校環境——提供了知識發展和運用的統一基礎。相比之下，社會工作者並無主要的實務場域或組織。例如，社會工作者在廣泛的場域中工作，包括主流的衛生福利服務、公民倡議服務或社區發展機構。社會服務機構在許多方面差異性很大，即便在後工業國家中，社會服務機構也因為國家不同而各有差異包括：

- 規模：從無支薪員工到員工數萬人的機構。
- 目的：包括法定法律或宗教使命的履行，到客戶導向的服務提供。
- 管理結構：從個案管理到企業結構。

第三，社會工作因實務的脈絡而有不同任務，通常包括但不局限於以下單一任務或其組合：

- 風險管理
- 法律執行
- 支持和倡議
- 對個人、家庭或團體的直接服務
- 個案和個案管理服務
- 治療性干預
- 社區教育
- 社區能力建構
- 研究
- 政策的制訂發展、實施和評估
- 社會計畫
- 社會服務行政

　　如同我們所知的，不同脈絡中的核心任務常常並不相容。例如，側重法律執行的社工角色，很可能與社區能力建構的社工角色不相容。此外，儘管社會工作者具有部分自主權來選擇如何執行其主要任務，然而他們通常不能主導任務的本質，因為這是由機構脈絡，或更具體地說，是由他們的角色、雇主、服務使用者及社區的權利和期望來決定。因此，在構建社會工作實務目的時，必須牢記在實務脈絡中所分配的主要任務。

　　強調脈絡的本質展現出社會工作與其他專業的區別，社會工作專業實務的基礎——知識、價值與技能基礎——基本上是由工作環境形塑。因此，加強理解、分析及因應制度脈絡的能力，是專業實務架構的重要組成部分。通過了解所處的脈絡，可以認識到實務是如何受脈絡所形塑，並理解如何在脈絡中或是針對脈絡進行改革。Fook（2002, p. 162）主張：

　　　　將我們的實務重新定義為脈絡化的……意味著將實務重新塑造為在環境中
　　　　工作，而非不顧環境地工作。我們把自己看作脈絡的一部分，也必須為該
　　　　脈絡的部分負責。透過這種方式，可看到改變的可能性，因為我們在廣泛
　　　　的脈絡中創造出改變的氛圍。

　　簡言之，我們需要認真看待制度脈絡對形塑實務方法、知識基礎、目的，甚至自身作為社會工作者的影響，更應該認識到履行社會工作時，社會工作者能成為脈絡及架構之積極的參與者及創造者。

建構社會工作目的：動態方法

　　如同其他專業人員，社會工作者投入的是有目的的活動。然而，相對於其他專業，社會工作實務的脈絡化及特質的多樣化，意味著在每次實務遭遇中，都是參與了建構和協商社會工作實務的過程。社會工作的動態模式如圖 2.1，專業目標的概念位於模式的中心，由相互作用的四個要素所構成：制度脈絡、服務使用者／社區的需求和期望、專業基礎，以及新興的實務架構，而所謂新興的實務架構是透過對專業經驗進行不斷的批判性反思所發展而來。

　　這四個元素彼此互動建構出我們的專業目標：

1. 實務的制度脈絡：指那些管理專業社會工作規範的法律、公共與組織政策，以及形塑社會工作者所在機構的公認實務方法。制度脈絡提供社會工作任務的職權範圍，亦即社會工作者被雇用的目的。例如，在心理衛生當局擔任社工，可能會負責落實心理衛生法案，並建立以社區為基礎的資源，如住房的機會和社會支持網絡，使有心理健康問題的人能夠得到社區支持。

2. 社會工作的正式專業基礎：由一系列哲學觀點、實務相關理論、價值觀和信仰，以及社會工作的正式技巧發展而來，通過社會工作教育和學術出版的正式渠道傳播。專業社會工作教育課程主要關注於使學習者熟悉本專業的核心價值、知識和技能。實務理論為社會工作專業基礎提供一個重要的知識要件。

3. 服務使用者和其社區：社會工作者已經了解到與服務使用者及社區建立工作夥伴關係的重要性。夥伴關係的概念可以追溯到 Mary Richmond 和 Jane Addams 20 世紀初的著作，如今，此概念在社會工作實務的各主要理論中都已占有顯著的位置。當代社會工作理論結合這樣的概念，認為社會工作者與服務使用者之間的關係是促成改變的核心手段，這包括了

與其個人、家庭或社區的關係。衛生福利相關領域之公民權運動的增長，也為社會工作者和其他人群服務專業帶來挑戰，使社會工作者必須為專業權力的行使負責，並讓服務使用者參與影響自身的決策過程（見第五章）。

4. 實務架構：指綜合正式的知識和技能，與非正式、由實務工作者發展出的「職場上」的知識和技能。這包括正式的理論及真實的知識，以及基於默契或難以表達，但可以透過反覆接觸實務情況而建立的知識。例如，一個有經驗的兒童保護社工可以透過制定正式的風險評估工具，並參考實務證據，以了解對兒童導致不良後果的各種情況，來發展預測高風險情況的能力。

接著探討的是社會工作動態模式（圖2.1）要素間的交互作用。制度脈絡，尤其是法律和公共政策，形塑了社會工作者以及服務使用者在某些情況下必須承擔的義務。然而，社會工作者可以運用自身在實施機構政策和實務上經驗，於體制內倡導變革。例如，在心理衛生服務機構中負責協助服務使用者尋找住房的社工，也可與政策制定者及政治人物一起努力，以回應心理健康不良者的住房需求。

法規環境也是脈絡的重要組成部分。過去十年內，國際間社會工作專業的法規環境已產生相當大的變化。雖然社會工作者的專業規範在美國各州、加拿大和以色列各省皆已確立，但在許多其他國家中，專業規範的建立還是比較晚近的事，且在某些情況下僅僅設下最低限度的規範。2003年紐西蘭引進了《社會工作者註冊法》，而自2005年起，社會工作在英國成為需註冊的專業。在澳洲，社會工作仍然是一個自我規範、不需註冊的專業，其中國家專業協會在管控專業教育標準及其成員的專業操守上，扮演關鍵角色。值得注意的，澳洲是一個高度去管制化的環境，許多衛生與公眾服務專業，如營養師、語言治療師和社會工作者（尚包括其他），不是向政府註冊，而是通過自己的專業協會進行自我規範。

在許多國家，伴隨社會工作規範而來的，是政府對實務標準的訂定越來

具影響力，尤其在定義專業目標的範圍和限制上。例如在英國，社會工作專業教育標準是由品質保證局（Quality Assurance Agency）製作的「國家職業標準」（National Occupational Standards）所形塑（Spolander et al., 2011）。在紐西蘭，社會工作者註冊局（Social Workers Registration Board）則負責以一組具體的社會工作標準，來評估專業社會工作者的能力。在美國，雖然專業社會工作的標準由立法機關訂定，但專業協會扮演著監督這些標準的核心角色。

有些國家的政府對社會工作專業規範的介入越來越深，這無疑為社會工作專業及其服務的人群帶來一些潛在的益處。政府管制表示專業的角色和地位獲得正式承認，也可以確保實務工作者符合專業知識和技能的要求標準，以促進公共安全，並對專業失當進行懲戒（DeAngelis & Monahan, 2012）。然而，社會工作者除了關注專業註冊帶來的菁英主義，也需擔憂專業規範所造成的潛在損失，特別是當這些規範沒有認識到社會工作專業的價值觀。如同van Heugten（2011, p. 174）質疑：「〔將〕重點放在能力、技能、本質意識型態，以及機構實務知識……會不會把重要的社會科學和社會科學家排擠在社會工作學術界之外？」

無論與社會工作者相關的正式規範之水準或本質如何（或缺乏規範），重要的是社會工作者持續參與有關專業規範的論辯。身為專業人員，我們可以從主管機關的觀點及投入中獲益，特別是在為確保公眾安全所需訂定的標準上。除此之外，對界定專業知識、技能和目的的本質也起了重要的作用。總之，社會工作者需要了解外部主管機關在形塑專業基礎，以及在日常生活的層次形塑專業目的上所產生的影響。

談到專業的實務基礎，則包括實務理論、價值觀及奠定社會工作基礎的方法與技巧。對許多社會工作者來說，正式的專業基礎是建立自身專業目標的主要方式。儘管社會工作者的實務脈絡存在著巨大的差異，但特別像是共同價值觀這樣的正式專業基礎，有助於建立社會工作者之間的共同認同。例如，Sarah Banks（2012）確立了四個一級原則，這些原則受到國家專業守則及實務文獻的廣泛認同，包括尊重及倡議個人自決、促進福利或福祉、平等，以及分配正義等。但是，正式的專業基礎不僅是透過正式機構的社會工作研究和教育傳遞

給社會工作者，也可以由社會工作自實務經驗中挑戰及轉換。然而在職社會工作者對社會工作正式基礎的影響往往有限，部分原因是實務中的知識建構與傳遞相對比較不正式，而這與學術及專業機構的正式要求有很大的差異。實務研究中心的設立，以及大學和服務提供機構或個人服務提供者之間的研究夥伴關係，可以促進學術和研究機構之間的對話，促使知識獲得進一步發展。這樣學術與實務的研究夥伴關係有更進一步的發展之必要，以促進正式專業基礎和社會工作實務間多元的對話，並確保專業實務理論與實務相關，且能有效解釋實務並對實務有所指引。

　　另一個對實務目的有顯著影響的因素是服務使用者的期望、需求、優勢和能力。夥伴關係為當代社會工作實務理論的核心概念，意指服務使用者的利益應當與專業實務基礎及制度脈絡進行區辨。這意味著，在實務中我們需要專注了解服務使用者的觀點、需要及能力，並努力使他們能夠參與理解社會工作角色的本質（Trotter, 2004, 2013; Cree & Davis, 2006）。

　　專業實務基礎、制度脈絡及服務使用者觀點等要素，影響著我們如何建構和經驗實務目的。對於一些人來說，這往往是社會工作實務中較為緊張和衝突之處。在一些（幸運的）社會工作者的執業環境中，他們的架構和所處脈絡是一致的。例如，一位堅定致力於反壓迫理論的社會工作者，很可能會發現在倡議機構工作是符合他的專業架構的，但在法定單位任職就有會有相當多的挑戰。大多數人都可能經歷過實務脈絡所建構之目的，與自身的專業基礎間形成緊張關係。如同本書指出，部分的原因是支配主流衛生福利機構的觀點，與支撐社會工作人群服務專業的論述明顯不同。然而，如果能夠加以了解，此些差異就可以成為在實務脈絡中，促成變革的創造性張力及靈感泉源。

　　該模式的最後一個要素是實務架構。實務架構係由社會工作者透過實務發展而來，或從正式專業基礎等其他三個元素的資訊或方向建構而來，但並不局限於這三個元素。對於較高階的實務工作者來說，他們比新手更能運用豐富的架構於實務之中。這種對於實務脈絡優異且近乎直覺的理解能力，使這些高階的社會工作者能在處理複雜和不確定的情況時，仍充滿信心和能力（Fook et al., 2000, p. 148）。高階的社會工作者可以運用其獨特的專業架構，將社工專業目

的延伸並超越那些顯而易見的正式專業知識基礎，或不受其組織脈絡局限
（Fook et al., 2000）。

理論運用的動態分析

在專業目標賴以構建的動態過程中，社會工作實務理論是一個重要的元
素。在這裡，我將討論各種理論使用的方法，並勾勒出批判性內省方法如何與
社會工作實務的動態模式最為契合。這三種發展及使用實務理論的方法，包括
證據基礎的實務、反思實務及內省實務。

實務中理論使用的論證

實務理論是由社會工作者發展，用以引導社會工作實務的架構。不同的理
論往往會針對不同對象，或主張採用不同方式進行社會工作介入。例如，問題
解決理論側重於個人的問題，而優勢觀點優先考慮個人的長處。此外，雖然這
些方法可以整合，但如果個別來看有些方法比較注重與個人工作，而另一些則
可能是導致社會改革的實務。這些理論也因其是否贊同「科學」或證據基礎的
實務而產生差異。例如，任務中心方法是問題解決實務的一種形式，與科學方
法契合，進行隨機對照試驗，並由社會工作者負責持續蒐集和分析實務成果的
證據。相較之下，優勢觀點和焦點解決的短期治療對於知識建構的主觀本質是
否能採用科學方法抱持懷疑的觀點，同時認為實務工作者的責任是探索和發展
出對於服務使用者處境的豐富詮釋，而非為獲得一個唯一真理。

如同其他的人群服務專業一般，正式理論和社會工作實務之間的關係常是
一個爭論不休的議題（Schön, 1983）。社會工作者往往對理論有一種矛盾情節
（Howe,1987, p. 15; Fook et al., 2000），對許多社會工作者而言，理論最好是當
社會工作的「真實」工作已經完成時才會想到的奢侈品；而最壞的是，理論被
當作威權，或與實務毫不相關（Healy, 2000, p. 1）。

社會工作專業實務之正式理論受到批評的主要原因，可以部分歸結於理論
發展的過程，傳統的理論建構方式是將理論發展與應用分開。在一般情況下，
社會工作者不願參與學術界「象牙塔」的理論發展，因其與複雜且世俗的社

工作實務面向脫節。此外，一些社會工作研究者將社會工作者和服務使用者當成知識生產的研究客體，而非合作的參與者。同時將研究者和被研究者、理論學者和實務工作者或服務使用者分離，也形成社會工作者在實務中運用理論的障礙。因此，讓實務研究方法更多樣化，包括研究與實務的合作夥伴關係，並關注於知識產生過程中，能創造渠道讓理論發展更具整合性，並能將知識轉譯到實務中運用的研究方法（Baldwin, 2012; Shardland, 2012）。

此外，實務社會工作者反對透過傳統的研究方法來發展理論。Eileen Munro（1998, p. 2）指出：

> 關於如何將理論和實務整合已有長久的論證，就好比心腦併用，結合清晰的邏輯推理與關懷及人性化的風格……近來，行為／實證主義的科學模型一直占有主導地位，這對許多人來說，似乎與他們現有的智識無法調和。

本書對於理論的運用與發展採用批判內省的方法，認為社會工作者在使用理論的同時，也在實務中創造理論，如此理論與實務之間的衝突可獲解決。這樣，我們就不僅是簡單地套用正式理論，如本書第三部分所討論的理論，而是可以運用這些理論作為奠定實務知識的基礎。

新公共管理在社會工作服務組織內的影響越來越大，導致一些社會工作者質疑實務理論的角色。專業實務的理論是為了使社會工作者能把社會工作實務變成是須深思、具分析性及創造性的活動。在實務脈絡不斷變化下，社會工作實務變得更為瑣碎，因此以上述方式從事實務的機會越來越有限（Healy & Meagher, 2004; Saario & Stepney, 2009）。只有透過在社會工作專業中或是與其他人群服務專業及服務使用者間的合作，社會工作者才可能提倡將社會服務工作的文化價值視為一個專業活動（Healy & Meagher, 2004）。澄清實務的理論基礎，有助於為社會工作實務獲取及拓展更多機會。

理論為什麼重要

社會工作者往往很難說出他們在實務中所使用的理論架構名稱（Howe,

1987, p. 17; Fook et al., 2000）。我們甚至可能會遇到自稱完成正式教育後就放棄理論的社會工作者，然而不論他們是否意識到，幾乎所有社會工作者都是將實務奠基於理論假設之上（Munro, 1998, p. 6）。理論架構引導我們決定評估或介入應聚焦的對象或事物，正如後文即將討論的，不同的架構提供不同關於社會工作實務焦點、目標和過程的構想。儘管研究一再表明，僅有少數社會工作者正式且明確地使用理論（Munro, 1998, p. 46; Fook et al., 2000, p. 189），仍有許多理由支持我們應該在實務中培養辨識、運用和建立正式社會工作理論的能力。

第一個原因是對服務使用者、雇主和資助機構的權責。根據針對服務使用者接受社會工作服務經驗的研究，Howe（1987, p. 164）指出服務使用者青睞「清楚自己在做什麼、為何要這麼做、打算達到什麼目標及如何達到目標的社會工作者」（Trotter, 2006）。社會服務部門的新管理改革已經對社會工作者產生壓力，要求他們必須闡述實務基礎及原理。在這種對專業人士不信任，以及對實務過程要求透明化的氛圍下，社會工作者需要能夠清楚地表述他們做了什麼以及為何而做，此時，牢牢掌握實務理論與知識至關重要。

提高服務品質是我們需要在實務中培養能力來辨識、運用並建立理論的第二個原因。理論讓我們能批判地檢視以常識看待事物及做事的方式（Thompson, 2006），亦即理論讓我們能夠批判地審視那些使服務者處於不利位置的假設及公認接受的處事方式。從這個角度來看，理論使社會工作者有能力嘗試更廣泛的實務選項，這比從常識中找方法好得多。例如，運用優勢觀點（見第八章）幫助我們看到案主的優勢和能力，否則我們個人、其他服務提供者或服務使用者自身和社區網絡將忽略這些優勢。此外，通過建立社會工作正式理論和社會工作目的間的對話，如前所述，可以增強我們在面臨實務難題時具備創造性因應能力（Fook et al., 2000, p. 188）。藉由了解廣泛的理論架構，我們更能基於不同理論架構的優勢與機會來建構實務策略。例如，在一個實務狀況中，我們可能會運用問題解決模式、優勢觀點以及批判社會工作理論，以分析及回應服務使用者所面臨的在地性及結構性脈絡議題。

具備能闡明實務理論基礎的能力，對於評估和加強服務的質量至為關鍵。

社會工作理論提供許多可以在實務中檢驗的原則，並且可以基於這些理論來評估實務。社會服務部門引進管理改革，致使加強了對社會工作成效的審查。許多社會工作者，特別是那些批判傳統的，對服務成效的概念抱持懷疑的態度，因其與服務提供過程的管理控制有關（Trinder, 2000, p. 143）。然而，成效的概念也與社會正義和職業操守等社會工作核心價值有關。Trinder（2000, p. 149）撰寫關於觀護服務的社會工作議題時，提醒我們：

> 社會工作者和觀護人通常是與社會上最脆弱及較危險的人工作，他們有道德義務提供其最有效的幫助。

另一個讓我們積極關切社工專業正式理論基礎的原因，在於我們對發展這個基礎有共同的責任。所有的專業，包括社會工作，其實務皆依賴正式理論架構。如 Rojek 等人（1988, p. 174）斷言：「普遍的、可轉移的知識是不可或缺的。若無，則社會工作者每次開始與新案主工作時，都將被迫從頭開始發明社會工作」。然而在社會工作專業裡，有關理論發展和運用的討論往往被視為是學者的工作。實務工作者未參加關於正式理論及其發展的論辯，意味著該專業否定了眾多實務觀點的見解。實務工作者確實在實務中運用並創造知識，但是，這些知識活動的發生多為非正式的，且僅止於實務工作者個人的腦海中，或最多也只是在督導時透過口語傳遞。這種非正式及個人化的特質，意味著社會工作實務知識無法在社會工作專業中獲得更廣泛的運用，只能在有限的教育過程中使用。Kirk 與 Reid（2002, p. 203）批判社會工作者透過口語傳遞來發展和傳播知識的傳統：

> 若觀察只透過非正式及口頭方式，且僅在少數人間傳遞，那麼與專業既存的知識體系將無法結合。倘若要對知識基礎有所添益，就必須嚴謹地透過書寫方式對文獻著作有所貢獻。

此外，既然非正式的知識存在於實務工作者的腦海裡，無法接受外部的檢

驗，因此未能更進一步了解非正式知識在此專業脈絡及跨服務場域中之優勢與限制。換句話說，非正式的知識建構過程給了我們很多自由，但也可以使我們在達成實務目標時對成效產生錯覺。

在實務中創造和應用理論：證據與反思的論證

雖然許多社會工作評論者都認同理論對社會工作專業實務的重要性，但社會工作者仍然持續爭論如何讓實務中的理論獲得最好的運用與發展。任何關於理論該如何在實務中運用的討論，必須考量到關於社會工作知識產出本質的長期論證。在各種各樣有關知識產出的看法中，有兩個主要的觀點，即是實證實務運動（empirical practice movement）與反思傳統（reflective tradition）。在社會工作文獻中，這兩個學派經常被兩極化，但在實務上，許多社會工作理論學者和實務工作者會同時借鑒這兩個學派的思想。為此，這兩學派之間的區別被理解為程度的差異更為妥適，而不該被視為兩個完全對立的陣營。兩者最主要的差異在於對實務中知識的發展與運用，採取截然不同的方式。後文將說明這些差別。

Reid（1994）使用「實證實務運動」一詞來描述一些研究者、實務工作者及其他如雇主等利害關係人，他們堅持社會工作者必須接納科學知識的建構方法。「實證實務」又被稱為「證據基礎的實務」（evidence-based practice），其擁護者認為社會工作應該根植於透過科學方法驗證的理性知識（Reid, 1994, p. 166）。實證基礎實務的蓬勃發展，歸因於聘僱機構、專業成員以及社會大眾等對於服務提供者的要求，使其必須負起確保善用公帑及為服務使用者提供最佳服務的責任。

在 1960 和 1970 年代，美國一系列廣受關注且針對社會工作實務進行評估的研究，提出了關於社會工作介入有效性的嚴重問題（Trinder, 2000, p. 143; Kirk & Reid, 2002, p. 38）。此事為自傲於能有效回應服務使用者的社會工作專業敲響了警鐘，因而建立了以證據為基礎的社會工作計畫，以提供具備科學基礎的社會工作實務。William Reid 與 Laura Epstein 的任務中心實務方法（1972）是這個傳統最著名的例子（見第七章）。如今，當社會工作者繼續論辯證據基礎

實務的價值，實證實務運動則持續在某些實務領域中獲得支持，特別是在高風險的決策領域，如兒童保護（Munro, 1998），以及在重視證據基礎方法的機構，如提供衛生服務的許多場域中（Plath, 2006）。

雖然實證實務運動對社會工作領域來說是一個相對較新的產物，但在實務中追求科學基礎卻早已有根據。1869 年創立於倫敦的慈善組織會社（Charity Organisation Society），其領導人熱衷於發展實務的科學基礎，他們的願景是「慈善組織應該要像科學一樣，在有序的系統程序中，實務工作者蒐集事實、提出假設，並且依據每個個案新的情況重新修訂事實」（Evans, 引自 Kirk & Reid, 2002, p. 27）。Mary Richmond（1917）將社會診斷描述為「一個科學過程的產物。他們蒐集事實作為假設的基礎，然後由取得的相關證據進行檢定」（Reid, 1994, p. 166）。儘管這位社會工作先驅（1861-1928）和她的同僚期望為實務開發有系統的架構，他們的研究仍僅限於單一案例研究。相較之下，實證實務運動的成員則是尋求運用更健全的科學方法，最好是透過實驗設計來計畫和測試社會工作的方法。

現今，社會工作者面臨越來越多來自資助機構和公眾的壓力，要求證明其服務的有效性，「因為社會越來越關切服務對接受者是否有效，以及公帑有否妥善運用」（Taylor & White, 2000, p. 181）。在外部壓力增加的脈絡下，實證實務運動的領袖繼續在社會工作領域內鼓吹改變，他們往往對社會工作理論的發展和運用充滿批判，挑戰傳統的做法不符合知識發展的科學標準。Kirk 與 Reid（2002, p. 20）認為：「社會工作的知識基礎是不明確的，且不易辨認、界定與組織。此外，它們大部分是未經嚴格科學測試的產物」。實證實務運動的倡導者認為，社會工作者應該更加研究導向，也就是說，應該運用實務中的研究及科學方法來評價己身的成效。根據 Munro（1998, p. 23）所述：「這個運動鼓勵社會工作者使用經實證檢驗的助人方法，以嚴謹地推理及評估他們的工作」。該運動的主要優勢在於提供社會工作者一個架構，批判地檢視其決策過程中使用的資訊來源和形式。根據 Munro（1996, 1998）的說法，關注決策制定的資訊來源與過程，可以免於發生「得以避免」的錯誤，對諸如兒童保護和心理健康等高風險情況之決策制定尤為重要。

　　儘管以證據為基礎的實務方法獲得許多青睞，但社會工作者在採用此架構作為理論建構與知識運用時，仍須抱持謹慎的態度。在社會工作的許多領域，一些特定方法的研究基礎尚未發展成熟或仍有爭議（Plath, 2006）。換句話說，在社會工作實務的「灰色地帶」，理論和知識皆極不明確。此外，以證據為基礎的方法可能會導致理論的發展和運用形成「由上而下」的模式，並使社會工作者不再於實務中進行理論和知識的建構。在這種由上而下的方法裡，社會工作研究者開發並測試社會工作理論，而實務工作者將其應用於實務中（Taylor & White, 2000, p. 184）。基於實務工作者沒有時間或科學工具來開發紮實的實務理論，導致理論和知識的發展與其運用分離（Kirk & Reid, 2002）。證據基礎的社會工作賴以建立的科學中立性原則，也質疑社會工作者是否具備客觀評價個人實務的能力。由於證據基礎理論發展和運用兩相分離的傳統，讓實務工作者僅有極小的權限能探究理論是如何發展，以及如何可以在實務中挑戰理論。

　　另一個問題是社會工作者如何理解大量的研究，尤其是在一些社會工作領域中，許多研究可能彼此處於觀點相左的競爭關係。在特定實務領域內做系統性的文獻回顧（指嚴謹的文獻蒐集，以及對研究知識的評估與整合），讓知識更有可能轉為實務之用。然而，正如 Sharland 指出（2012, p. 483），社會工作研究的後設分析受限於案主特質與服務脈絡等多元的變項，影響了社會工作實務的成效。另外，當試圖在實務中運用理論和知識時，系統回顧可以強化但無法取代在地經驗。

　　相對於實證實務運動的支持者，反思傳統的社會工作者主張實務工作者對實務經驗的認知是創造及運用知識的基礎。如同實證實務運動，反思的知識建構在社會工作專業中已經有相當的歷史。Jane Addams（1938）試圖透過規律地反思分析她和社區成員所參與的活動，為她在芝加哥赫爾館（她與 Ellen Starr 共同創辦）的工作發展出一套理論基礎。Addams（1938）所描述的社會實驗方法類似於實用主義哲學家 John Dewey 的行動研究策略（Dewey 為 Addams 之友，曾擔任其專業助理，且是赫爾館的訪問學者）。

　　與此類似，Donald Schön（1983, 1995）這位研究人群服務專業中反思知識

運用與發展的先驅學者，反對支撐證據基礎的知識發展方法，也就是他所稱的「技術理性主義」方法。在技術理性主義的方法中，專業知識是從科學的知識基礎中衍生，並應用到明確定義及界定的科學問題（Thompson, 1995）。舉例來說，土木工程師可以運用技術理性主義方法來設計橋樑，但是這種方法對於解決公眾所關心的橋要建在哪裡的問題，則效用較為有限。Schön（1995, p. 34）批評技術理性主義的方法不適用於人群服務工作，其理由為：

> 僅僅透過技術理性的形式來定義「嚴謹」，會導致許多有能力的實務工作者在不確定的領域中所採取的做法被視為是「非嚴謹的」，包括他們在不確定的領域中遭遇充滿問題的處境、獨特的個案，以及價值觀或目標的衝突。然而我們卻排除他們解決技術性問題時，可能出現的藝術性及判斷能力。

在這段摘錄中，Schön 並未完全否定技術理性主義（即以證據為基礎的知識），然而他堅持認為，單憑這種知識並不能為人群服務提供知識發展及使用的基礎。在某種程度上，這是因為社會工作決策制定所需的證據通常涉及認知、感受及物質事實，而這些證據常是模稜兩可的。此外，許多社會工作處理的問題是「混亂」、「不確定」且「無法」用任何明確、可衡量和計算的方法「解決」（Parton, 2000, p. 452; Trinder, 2000, p. 149）。舉例來說，假若我們要評估家庭是否對兒童疏於照護，我們可能會注意到一些疏忽的跡象，例如嬰兒奶瓶裡面裝的是凝結的牛奶；或是注意到其他照顧的徵象，例如兒童父母或延伸家庭成員對兒童外顯的疼愛行為。為了要做出介入的決定，我們應該優先考慮兒童的安全，也必須同時考量結構性因素，如結構不利對家庭的影響；制度性因素，如必須平衡兒童保護及家庭支持介入所產生的潛在利益和危害；以及地方因素，例如我們是否能協同家庭和在地的支持服務體系，一起進行評估並確保兒童的照顧需求得到滿足。

相對於以證據為基礎的傳統，Schön（1995）提出「在行動中求知」（knowing in action）與「在行動中反思」（reflection in action）等針對知識發

展與運用的反思方法。「在行動中求知」指的是在實務中發展知識的過程，而非應用預先存在的理論（Schön, 1995, p. 39）。與證據基礎的實務工作者不同，反思實務的支持者認為直覺和隱性知識是有效實務的一個重要面向（Fook et al., 2000, p. 222）。Schön（1995, p. 40）使用「在行動中反思」一詞，是指在行動中精煉知識的過程，如此方能促使我們思考在實務中遭遇問題時，找出新的回應方法。在行動中具備反思能力對於回應實務中非常態事件是非常重要的。舉例來說，安寧照顧領域的實務工作者，通常會發展出一套幫助服務使用者處理悲痛和喪親過程的技能。在實務中，他們可能發現這些技能必須根據服務使用者獨特的情境加以調整。是否具備能夠在行動中反思的能力，對於能否靈活地運用知識和技能，以回應具有個別差異的服務使用者及制度脈絡，至關重要。

反思方法將實務工作者而非學者或研究者，置於知識開發和運用的中心舞台。這種方法的關鍵優勢，在於承認和重視社會工作的實務工作者是理論及其他形式知識的創造者和使用者。Taylor 與 White（2000, p. 196）主張：「透過引介主體性的概念，反思論著比起客觀主義觀點更能使社會工作者接近實務。」這也促使接受在定義和回應問題時所存在的在地複雜性，也就是對實務更為開放的一種知識觀點。Parton（2000, p. 452）為反思方法背書時說到：「對任何可用在實務中的理論來說，不確定性、困惑和質疑都該是其理論方法的重要組成部分。」

然而，這種強調把實務工作者的反思當作知識創造和使用的基礎，在許多方面是有問題的。這種對直覺和隱性知識的強調，意味著我們主張的知識基礎仍無法讓其他利害關係人所接受，如服務使用者、雇主或資助機構（Taylor & White, 2000, p. 193）。此外，以實務工作者的反思作為社會工作實務的真實描述，這種方法對實務工作者所主張的知識未留下任何批判的空間。如同 Taylor 與 White（2000, p. 200）所警告的：

> 雖然批判性的反思實務為這個不確定、模糊和複雜的世界開啟了許多可能性，但它同時也造成許多負面影響，包括掩蓋了案主的觀點，以及不採信實務工作者的自我檢討。

反思實務所珍視的直覺性知識，也難以用於正式教育。如同 Schön 所說，此知識在於行動且藉由行動而發展，因此將知識轉換到特定實務場域之外是有所限制的。此外，在一些決策制定背後有很強的安全或法律考量的實務脈絡中，依賴直覺和隱性知識可能會增加錯誤決策的風險，也可能導致產出的知識無法受到如法院這樣的正式決策機構認可。例如，如果社會工作者在法庭上被要求擔任專家證人，主張將一位兒童或有明顯自殺傾向者安置於國家的照顧體系中，我們需要能夠陳述專業判斷的基礎，也就是這個判斷是基於此領域裡目前「科學」和「專業」的知識。

最後，若主要憑藉歸納的知識建構，也就是從實務經驗建構知識，我們可能無法將實務的正式理論充分運用，以之作為創造實務理論與知識之基礎。如此一來，社會工作者有著不斷花費精力「重新發明輪子」（reinventing the wheel，意指白費工夫）的危險，卻無法發展及延伸現有理論和己身的知識基礎。總之，這種方法無法在實務工作者的直覺知識和社會工作實務的正式理論間建立對話，反而使實務工作者的經驗知識凌駕於一切。同樣，因為反思方法聚焦於不確定性和複雜性，可能會導致實務工作者忽視了一些確定性高而且是必要的社會工作面向。例如，一些實證研究發展出和非自願性案主合作的策略，而這些策略有時會違反實務上的慣例。又如，Trotter（2004, 2006）指出即使擁有高度同理，但若未同時聚焦於利他觀點，則在兒童保護和刑事司法的脈絡下，常會對案主產生較差的成果。這類由特定領域實證發展出來的知識，對於較缺乏該領域具體知識的實務工作新手格外重要，因為若缺乏相關知識會使他們在形成反思上產生障礙。

以內省產生理論：創造實務理論

接著來討論內省實務，這個概念一般指論述分析技術及批判性的反思傳統。Carolyn Taylor 與 Susan White（2000）使用「內省地進行實務工作」（reflexively）一詞，指稱鼓勵社會工作者（和其他健康服務專業人員）對其知識生產方式進行質問的一種方法。與證據基礎方法把知識發展與實務知識分離不同，內省實務認為社會工作者總是在實務中不斷地創造知識。然而，如 Schön

的論著中所述,雖然反思傳統認同社會工作者能夠建構知識,但它認為實務工作者的經驗知識與隱性知識優於其他知識,包括正式理論。如此一來,反思傳統弱化了正式實務理論在批判性反思實務工作中所扮演的角色,同時也不能充分地審視實務工作者所主張的實務真理。內省方法則要求:

> 實務工作者開始更仔細地自我傾聽,聆聽自己的說服言詞和體察日常實務
> ——這是用挑剔的耳朵來檢視自己如何在實務上創造意義和知識。
> (White, 2009, p. 169)

White 和她的同僚運用一系列的論述分析技術,協助社會工作者批判地洞察其實務。

在本書中,我們認識到 Taylor 與 White 所發展之內省方法的價值(2000; Hall et al., 2006; White, 2009; Hall & Slembrouck, 2010)。他們認為鼓勵社會工作者更具批判地省思自己是如何構建實務,並且思考實務在所處機構中是如何被建構的,這樣的做法總是頗有助益。與內省實務強調「使熟悉的變陌生」宗旨一致(White, 2009, p. 170),本書為了協助讀者能分析其實務工作所嵌入的脈絡,檢視了形塑制度脈絡的相關重要論述。在本書的第三部分,將概述實務理論的起源、假設、優勢與限制,以協助社會工作者批判地反思所處的實務脈絡,以及批判地評估與發展所使用的實務方法。

結論

社會工作者是實務脈絡中的積極參與者與主體。透過以制度脈絡、正式專業基礎以及實務架構三者所產生的期待進行整合,我們得以建構與服務使用者一同工作的目的。在本章,我們檢視了構成社會工作實務的要素,同時也認識到實務方法是在每次實際互動中不斷地重新協商的,不但探討了三種在實務中運用理論的方法,並表明內省方法與本章介紹的實務動態模式最為契合。在本書的第二部分,我們將會介紹社會工作專業目標藉以協商的相關論述,並在第三部分中,分析那些豐富我們專業目標和方法的相關實務理論。

摘要問題

1. 本章概述的社會工作實務動態模式有哪些組成部分？
2. 了解社會工作實務中專業目標的動態建構有何重要性？
3. 什麼是社會工作實務的理論？
4. 在實務中運用理論有何障礙？
5. 對理論批判且內省的方法涉及哪些內涵？

推薦書目

- Banks, S. (2012) *Ethics and Values in Social Work,* 4th edn. (Basingstoke: Palgrave Macmillan).

  是一本針對社會工作價值觀與倫理相關議題極佳且易讀的概述性著作。

- Cree, V. and Davis, A. (2006) *Social Work: Voices from the Inside.* (New York: Routledge).

  呈現社會工作服務使用者的觀點，包括兒童福利和家庭支持、心理衛生、身心障礙及老年照顧服務的使用者。有力的展現出服務使用者如何看待社會工作的目的，並提出改善服務的建議。借鑒服務使用者的心聲，歸納改善實務的重要議題。

- Healy, K. (2011) *Social Work Methods and Skills: The Essential Foundations of Practice.* (Basingstoke: Palgrave Macmillan).

  介紹社會工作實務的方法和技巧，包括與個人、家庭、群體、社區及在政策脈絡下的社會工作。適合隨本書一同閱讀，因為它將本書概述的理論觀點與社會工作實務結合。

- Kirk, S. and Reid, W. (2002) *Science and Social Work: A Critical Appraisal.* (New York: Columbia University Press).

  對社會工作實務知識的發展策略和方法提供批判性的評估。辨別社會工作者如何汲取科學的知識和技術，並具批判性地評估證據基礎的傳統和社會工作

者對此一傳統的投入。

- Schön, D. (1983) *The Reflective Practitioner.* (New York: Basic Books).

這是一本具開創性的書籍，界定反思方法，並概述該方法對於教學、照顧和社會工作等人群服務的價值。為將證據基礎的方法導入實務工作的優良導讀。

- Sheldon, B. and Macdonald, G. (2010) *A Textbook of Social Work.* (New York: Taylor & Francis).

詳實地介紹了社會工作的歷史和當前的脈絡。主要作者皆為國際知名證據基礎實務的學者。是一本介紹當代社會工作脈絡和實務論辯的重要參考書。

- Taylor, C. and White, S. (2000) *Practising Reflexivity in Health and Welfare*: *Making Knowledge.* (Buckingham: Open University Press).

是一本概述衛生福利實務中反身性（reflexivity，即本章中的內省）理論與實務的開創性著作。當社會工作者要質問其所從事的知識生產實務時，本書提供一套實際的策略。

- White, S., Fook, J. and Gardiner, F. (eds) (2006) *Critical Reflection in Health and Social Care.* (Buckingham: Open University Press).

是針對衛生與社會照顧領域中批判性反思和內省實務的極佳導論。概述那些透過有效的批判性反思來強化實務的概念與方法。整合在直接服務、研究及社會工作教育等不同脈絡下，對於運用批判性反思的相關討論。

推薦網站

- www.ifsw.org

國際社會工作者聯盟

- www.scie.org.uk

英國卓越社會照顧機構（Social Care Institute for Excellence）蒐集並分析實務所需知識，並為社會工作及相關服務提供具證據基礎的實務資源。

- www.cochrane.org

考科藍合作組織（Cochrane Collaboration）是一個專注於發展健康照顧及相關領域實務知識的獨立組織。

實務演練 **價值觀與社會工作**

　　檢視國際社會工作者聯盟網站上關於社會工作的定義，並參照該陳述
思考下列問題：

- 該陳述與你所認知的社會工作目的是否吻合？
- 就衛生福利服務的領域來說，該定義突顯出社會工作者面臨哪些挑
  戰？

第二部分

論述形塑實務的脈絡

　　社會工作者在廣大的實務脈絡中提供服務。在許多情境下，某些專業類型的知識，例如醫療、法律以及財務，主導了服務使用者的需求與介入方式之建構。實務脈絡中的論述運作分析可以提供我們理解、提升，及在某些情境下能打破現存實務狀況之內在洞察，分析的目的必須始終朝向改善服務使用者環境。

　　在第一章中，介紹了論述的概念，論述的定義為「一個系統或意義的集合」（Taylor, 2013, p. 14），並以此建構了某些社會現象，例如「需求」、「知識」及「介入」。本書採用後結構理論的關鍵假設，亦即論述具有實質的效應。換句話說，實務脈絡中的語言積極的創造我們的專業目標、認同、權力關係和介入選擇（Rojek et al., 1988; Parton, 1994; Opie, 1995; Krumer-Nevo et al., 2011）。在第二章中，我們以一個動態的實務模式，摘述專業目標如何透過制度脈絡、服務使用者及社區的期望專業實務基礎及實務架構之間相互作用而建構。

　　在第二部分中，我們在衛生福利服務的脈絡中，批判性分析了三種建構社會工作實務的操作性論述，在第三至五章介紹各論述的假定與運作。此三種論述分別是主流論述（生物醫學、法律、新古典經濟學和新公共管理）、行為與社會科學論述（「心理」及社會學論述）與他類論述（公民權、宗教和靈性及環境社會工作）。

透過分析建構社會工作的論述，我們關注「條件性、可改變的社會工作特質」（Rojek et al., 1988, p. 131）。批判性分析的目的不僅僅是更了解目標及實務是如何組成，且透過持續的批判性覺知了解實務脈絡中論述操作的局限與機會。

第三章

衛生福利服務的主流論述
生物醫學、法律觀點、經濟學及新公共管理

陳武宗　譯

　　身處在衛生福利服務組織中的社會工作者，就數量上屬於少數，且組織地位也常處於競爭與邊緣狀態，但社會工作在此領域持續發展，且受其論述所形塑。過去 30 年，此類型組織是多元論述的競技場，特別是醫學、法律等傳統優勢菁英的專業，但也深受來自新古典經濟學（neoclassical economics，簡稱 NCE）及新公共管理論述（new public management，簡稱 NPM）的挑戰。

　　本章將先介紹生物醫學與法律的論述，傳統上這兩學門支配著很多進行社會工作實務的衛生福利組織。接下來再檢視日益受到重視的NCE與NPM論述。

　　如圖 3.1 所示，包含生物醫學、法律、新古典經濟學與新公共管理之主流論述既獨立於其他論述，但與其他論述也有所互動，如第四、五章所討論的「心理」及社會學取向與他類論述等。

　　我們提出，生物醫學、法律、新古典經濟學與新公共管理對於建構以及在實務中回應服務使用者的需求有關鍵的影響。然而，儘管對於這些論述常被提及、討論，其核心假設卻很少被提出。這些論述常常假定所有人都了解其名詞的意義，但其實使用者與寫作者自己都可能在定義上有所差異。故本章之目的在透過概述這些理念的面貌與實務運用的情形，以改正上述情況，並讓讀者思考其在個人實務場域中的運用。

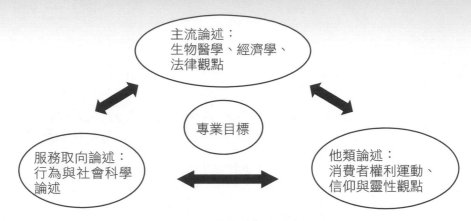

圖 3.1　互動的論述：強調主流論述

　　在檢視形塑當代衛生福利制度的主流論述時，首先，思考各別論述的面貌及對社會工作者與服務使用者實際的影響，並分析在特定的社會工作實務網絡中，這些論述達成專業目的的效用與限制。

生物醫學論述

　　傳統上，生物醫學論述（biomedical discourse）對於實務脈絡的形塑具有強大的影響力，特別是在衛生服務領域，如醫院、復健服務、心理衛生等（Dziegielewski, 2013）。此論述對社會服務領域也有廣泛的影響，如兒童保護實務中，醫療專家常在傷害與虐待之風險證據的界定及評估時，扮演重要角色。因為尖端生物技術與生物醫學產業發展的結果（Gomory et al., 2011），此論述擴展到很多社會法律實務的領域，如兒童保護的法醫學調查、刑事犯罪案件及極具爭議性的基因檢測。然而，從本章後續之介紹可知，此論述在衛生福利服務提供與組織方面也面臨了挑戰，在某些脈絡中更逐漸被新古典經濟學與新公共管理論述所取代。

　　社會工作者對於以「醫療模式」（medical model）為實務架構，一直有正向穩定的興趣。Mary Richmond 的社會診斷取向（1917），最早採用醫學的系統性診斷與介入的觀念，展現社會工作專業借鏡醫學論述的企圖心。但在 1970 年代期間，基變社會工作者批判醫療模式的服務流程，認為其忽視了使用者問

題的潛在結構性因素（Decker & Redhorse, 1979）。在許多衛生福利服務領域的社會工作者持續反對醫療模式的服務流程，理由是此模式僅「重視個體的矯正，假定個體的任何困難皆在於其偏離了『正常狀態』，而不是缺乏與環境的調和」（Quinn, 1998, p. xix; Gomory et al., 2011）。

　　「生物醫學」（biomedicine）一詞被廣泛使用在生物學、醫學及社會科學等領域，其意指衍伸自生物科學的當代醫學主流取向。本文所採用的「生物醫學論述」一詞，則來自醫學社會學領域，指涉一種特定的觀念與實務，且和醫學中的生物學取向有所關聯。根據 Mishler（1989; Williams, 2003, p. 12）的研究結果，生物醫學論述的核心概念有下列四項：

- 疾病和「不適」是指偏離正常的生理性功能（如身心障礙）：生物醫學的評估與介入聚焦在處理與矯治偏差，而不重視環境適應以調和差異性。

- 特定病因論：各類不適皆可歸因於特定的生物機制或過程。疾病的生物性解釋相較於對疾病及挑戰性行為等現象之社會樣態的理解，具有優勢性（Kenen, 1996, p. 1545; Gomory et al., 2011）。以 Gomory 等人（2011, pp. 151-2）對兒童福利服務的觀察為例，生物醫學論述使得「對於家庭貧窮、解組、危難與不幸兒童之傷害的討論，徹底醫療取向化」。

- 疾病的普遍性：「疾病」可能超越時空與文化，並具有普遍性，但以精神分裂症為例，它的產生就有其個別文化與歷史的差異。故生物醫學論述難以確認文化與歷史差異對於人們理解、經驗及回應「疾病」的影響（Jenkins & Barrett, 2004）。

- 醫學是中立客觀的科學事業：生物醫學論述的知識十分突出，因其強調採用科學工具獲得證據，且排除科學家或醫療專家的個人偏見（Gomory et al., 2011）。近來，社會工作日益重視證據基礎的實務取向，就是受到此醫學傳統的觀念影響。

生物醫學論述如何形塑實務工作

　　生物醫學論述深刻影響著很多衛生福利場域的服務提供。第一，此論述界

定了誰是有知識者或專家而誰不是。所謂專家，需具備健康與疾病的生物學知識基礎。實務上，這樣的醫學科學家和臨床專家被賦予界定問題與尋求介入方式的權力（Dziegielewski, 2013），但這並不意味著他們在決策過程中僅運用生物醫學的知識。以緩和醫療照護單位的醫師為例，他或許會鼓勵疾病末期病人的家屬拒絕讓病人接受更具侵入性的生物醫療介入。在此情境中，其他論述雖可能並存，然真實狀況是生物醫學知識與論述仍居支配性位置。如在主流醫院的決策過程中，雖經濟、法律與宗教的論述也會被納入考量，但生物醫學的知識與其論述的影響仍居主導地位。

在許多衛生福利領域的社會工作者為了有效進行溝通，必須了解與使用生物醫學用語，這是生物醫學支配性很實際的影響（Dziegielewski, 2013）。特別是在幫助服務使用者與衛生福利體系進行協商時，社會工作者就需扮演語言轉譯者的角色。

基因研究與相關技術的突破，改變了現行健康服務的評估，以整合到未來可能的醫療結果（Taylor, 2001, p. 4）。藉由新的基因技術所獲得的資訊有很多用途，卻也存在著不少難解的爭議。基因資訊可用於防止與延緩疾病發展的預防性措施（Taylor, 2001, p. 3），如帶有乳癌基因的女性之罹癌的風險遽增（Rosenberg & Rosenberg, 2012）。一旦獲知此資訊，一些女性或許會選擇定期進行癌症篩檢，或採用藥物介入或外科手術，包括預防性乳房切除手術，以降低罹癌風險。對於如杭丁頓舞蹈症（Huntington's disease）這類屬於遺傳性與腦部退化且目前仍無法醫治的疾病，又常在成年中期才發病，則基因資訊可幫助個人在發病前預做準備，並進行其生命決策。

胎兒「異常」的預防性基因檢測如唐氏症，是很具爭議性的部分。贊成者主張讓父母在獲知胎兒有異常狀況如疾病或殘缺等資訊時，可好好考慮要繼續或中止懷孕。假如選擇繼續懷孕，雖然證據顯示很少一次就能檢測出異常（France et al., 2012），也能讓父母及其家庭對照顧有先天性疾病或殘缺的嬰兒預做準備。許多人對此檢測持反對意見，宗教界的反對者認為這種檢測否定了嬰兒的生命權；殘障權益倡導者則認為預防性檢測將社會對殘疾人士的歧見擴大到子宮，並僅聚焦在殘障者的「問題」，而不是對具有不同能力者的社會容

忍度（第五章將深入探討）。

　　生物科技的進展使生物醫學論述更深入擴展到很多衛生福利領域。在健康照護場域，當社會工作者需幫忙服務使用者進行可能產生不同健康結果的決策時，就需運用此論述。社會工作者對新生物科技的社會正義意涵也表達出關切（Taylor et al., 2008），並提出下列質問：服務使用群體能公平與公正地獲得這些技術嗎？服務使用者能有機會獲得此類型服務嗎？使用者的自我決定權可獲得確保嗎？關於隱私權的考量又是如何？下面的案例，可讓讀者思考新科技對社會工作實務帶來的困境。我們將在本章後面討論這些問題。

個案研討　基因檢測

　　想像你是一位任職於都會區大型醫院婦女衛生服務中心的社工，婦科專科醫師照會 Laura 給你，希望你能協助她決定是否接受乳癌基因篩檢。Laura 今年 35 歲，已婚，有兩名五歲以下的子女。Laura 有非常明顯的乳癌家族史，她的祖母與母親都在四十多歲因乳癌過世，41 歲的姐姐也正在接受乳癌治療。43 歲的大姐沒有任何罹患乳癌的跡象，也不打算接受篩檢。Laura 因此非常徬徨，不曉得是否要接受檢查，她非常擔心自己也有乳癌的基因。

- 你認為自己在此情境中最重要的目標為何？
- 你認為什麼樣的原則或價值是在和 Laura 工作時較為重要的？

　　想像若 Laura 是杭丁頓舞蹈症的高危險族群，這是遺傳性疾病，且至今仍沒有治療方法。Laura 透過基因篩檢僅能得知自己發病與否，而無關乎預防與治療。

- 你認為自己在此情境中最重要的目標為何？
- 這樣的狀況和前面乳癌基因的案例有什麼相似或相異之處？
- 如果有差異的話，是否會改變你的介入方式？

生物醫學論述的運用、議題與問題

生物醫學論述的運用與限制是很有爭議性的主題，特別是在社會科學與部分社會工作實務場域（Sparrow, 2005; Dziegielewski, 2013）。從正向的角度來看，生物醫學論述對後工業國家民眾生活的實際影響是不可否認的。對傳染病與疾病特性的生物學理解，有助於預防措施的發展，如大型疫苗與篩檢，以減低疾病的威脅與實際死亡率。例如子宮頸癌篩檢的大量推行，讓子宮頸癌的死亡率在後工業社會明顯下降，且近來子宮頸疫苗的發展使此下降趨勢更顯著。

除此之外，如外科與藥物治療等生物醫學介入的進展，有助於改善對疾病及潛在生命威脅的處置與管理。Kelly 與 Field（引自 Williams, 2003, p. 20）指出很多現代醫療措施，如心導管繞道手術、洗腎、髖關節置換、止痛藥劑等，已大幅恢復及改善很多慢性疾病患者的生活品質。同樣的，基因科技的支持者主張，基因科技在疾病預防與治療上提供了進一步發展的機會（Rosenberg & Rosenberg, 2012）。就 Laura 的案例，基因技術能提供罹患乳癌的相關訊息，為預防或早期介入做準備，提升地免於罹癌或成功抗癌的機率。在個案研討的第二部分，基因檢測也能提供有力的證據，告訴她有否罹患杭丁頓舞蹈症，此病症目前雖仍無法醫治，但此訊息可幫她和家人在發病前預做準備。

大多時候，社會工作與生物醫學論述間毫無爭端，尤其面對重症或重傷害時，我們都會配合生物醫學專家的建議，也會給服務使用者相同的意見。但有許多實務現場，我們可能會經歷社工正統的專業基礎（如價值），和生物醫學論述假設與運用間的緊張狀態。其中生物醫學的化約主義，僅重視疾病或受損的器官，明顯和社會工作者採取與擁護的整體與系統性觀點有所衝突（Bland et al., 2009; Gomory et al., 2011）。全人或整體性的角度，強調對人的理解需納入其社會脈絡，並尋求一種身心靈及社會福祉均衡的最適狀態，而不是僅沒有病症（Daly et al., 2001, p. xiii）。

另一獲得關注的是衛生福利介入措施之公共資源配置的議題。Gomory 等人（2011, p. 151）提到生物醫學工業所支持的介入措施，造成「大量公共基金轉入藥廠」，即使此些介入措施欠缺對心理健康服務個案所經歷之不適的生物

基礎證據，特別是那些因貧窮與邊緣化引起的不適。

　　在生物醫學論述的脈絡裡，超越醫療的診斷凸顯服務使用者的利益與需求，是社會工作者很重要的角色任務。以全人角度幫忙 Laura 進行決策，一方面不否定基因檢測對她潛在的好處，同時也須幫助其強化自我決定的能力。我們可與 Laura 一起探索與詮釋癌症家族史的意義、基因檢測對她的意義，以及釐清依進行基因檢測與否，她可獲得哪些照顧與支持選項（McGrath, 1997; Dziegielewski, 2013）。總之，當我們和 Laura 一起共事時，應視她為一完整的個體，而非僅從病者的角度看待她。同樣地，此觀點也會提醒我們，關切 Laura 基因檢測與其生活品質提升的問題。而當她是一位帶有杭丁頓舞蹈症基因者時，在無藥可醫治的狀況下，該如何面對此檢測結果，也是我們與她一起討論的重點（Taylor et al., 2008）。

　　生物醫學論述為人們生活中很多領域帶來的醫療化現象，也是一項值得關切的議題。Hunter 等人（1997, p. 1542）表示「當一項行為或問題以醫學術語加以定義，並認為採取醫療處置是最適當的方式，此時醫療化的情形就出現了」。「醫療化」意指對一系列問題或議題給予醫療的解釋，但此些問題本質上可能是非屬於醫療性的，或是屬於人類行為「正常」的範圍之內。在西方社會，醫療化反應在生物醫學論述與體制上，其支配性日益強化（Lupton, 引自 Williams, 2003, p. 16）。醫療化也貶抑以非醫療方式回應服務使用者所遭遇的難題。換言之，當一項問題被以醫學術語來理解時，生物醫學就變成唯一理性的回應方式。

　　回到 Laura 的案例，在符合案主自決的原則下，社工可和她一起討論進行基因檢測所遭遇的壓力，而什麼是技術上可能去做的事？也可與她討論拒絕生物醫學介入的各種選項，以及來自家人與醫事人員的壓力，同時演練說明決定不進行檢測的理由，透過此方式使她明白選擇拒絕生物醫學模式，也是實際可行的方法。

　　最後須關切的是，生物醫學知識對社會壓迫可能的影響。雖然在生物醫學論述裡，其知識具有科學的中立性，但其結果可能遠離公正與無偏見。如前所討論的，殘障權益倡議者主張新基因檢測技術帶來的壓迫，會從殘疾人士擴展

到子宮（參見第五章）。此外，基因資訊對個體罹病與殘障風險的辨識，也會產生歧視的問題。Taylor等人（2008, p. 20）定義基因性的歧視：「基於真實或推測的基因差異或特徵，對沒有症狀的個體及其親人的差別性對待」。這類歧視包括財務性的歧視，如拒絕其保險或就業，以及不利的社會對待，如針對關係或生殖選擇採取具有傷害性的評斷。

在符合社會正義的原則下，我們須批判地察覺生物醫學資訊對 Laura 可能帶來的潛在歧視。重要的是，要確認 Laura 是否需要接受外部機構的檢測、機構對檢測結果的保密程度，以及帶有歧視結果的基因訊息揭露時，有否可行的投訴與救濟管道（Taylor et al., 2008）。

檢視問題

思考你的實務領域或你有興趣的領域，例如心理衛生服務，討論生物醫學論述如何在該脈絡下，建構服務使用者的需求和社會工作實務。

法律論述

如同生物醫學論述，法律論述也對很多社會工作實務脈絡有強大的形塑作用。首先將討論法律論述對社會工作實務的主要衝擊，然後轉而檢視法律論述的主要概念，以及此論述作為一種達成社會工作實務目標的媒介時，其使用的方法和值得商榷之處。

社會工作和法律

Ball（1996, p. 3）將法律定義為「公民社會藉以維持秩序、規範人際之間和個人與國家之間等內部事務的規則組合體」。很多作者也強調法律的社會控制層面，例如，Austin（引自 Coleman & Leiter, 1996, p. 244）將法律定義為「『統治者』藉由威脅懲罰的規定來對付不順從的事務」。兩種型態的法律對社會工作實務有所衝擊：

1. 成文法：已由國會通過的法律，也稱為「國會法」（Brayne & Carr,

2010, Ch.1）。成文法存在於很多社會服務工作的領域，且形塑社會工作者在這些脈絡中的角色和義務。

2. 判例法（或判決前例）：由先前案例論據和案例結果所建立的法規；用於定義或重新界定現有法律，也可能形成新法（Ball, 1996, p. 4）。判例法會衝擊成文法的解釋，影響我們在直接實務中對成文法的運用。

此外，社會工作者可能被要求接受所處制度脈絡中特殊的實務守則（Ball 1996, p. 4）。這些制度守則是由機構公開宣告，關於服務使用者可以對機構抱持的期待，如服務提供的保密。若社會工作者疏於尊重服務使用者，則可能成為服務使用者向更高權威（如視察官或其他申訴裁決者）申訴的對象，且違反守則對社會工作者在法律行動中不利（Ball, 1996, p. 4）。

法律作為一種論述

法律與生物醫學和經濟學一樣，是一個競爭性的領域，存有很多法律思潮。本文聚焦在主流法律論述，也就是「法實證主義」。依據 Anleu（2000, p. 6）的看法：「法實證主義將法律視為正式且具邏輯性的規則系統……自 19 世紀開始，實證主義成為法律的主流哲思。」法實證主義的論述作為主流的法學論述，形塑律師和一般大眾對於法律程序和目的的常識性理解。

法實證主義論述主張，法律是客觀且理性的，也代表著法律是「不能摻入個人價值或個人操作」（Anleu, 2000, p. 6; Bourdieu, 1987）。此對客觀性的承諾，呈現在法律過程的說明和行使等方面。例如，Bourdieu（1987, p. 830）觀察到，司法語言「承載所有去個人性和中立的修辭學符號」。藉由這些語言實務，法官和地方行政官員表現出其決策是客觀的，且是仰賴法律事實和推理，而不是個人觀點（Anleu, 2000, p. 4）。

法實證主義論述也要求當社會過程被視為正式的法律過程時，需依循特定的法律類型。這些法律類型將個人的認同和行動建構成靜態的實體，不同於一般生活中經驗具有的易變性。例如，在法律論述中，一個人被建構成「原告」或「被告」、「受害者」或「非受害者」、「有罪」或「無罪」、「心智健

全」或「心智不足」、「有義務的」或「無義務的」等等（Bourdieu, 1987, p. 832）。但案主和任何人擁有的生活實體，通常比這些類別要靈活。例如，根據關於很多暴力犯幼年經驗的證據，得知暴力的加害人通常都曾經歷暴力，特別是兒童時期。

最後，法實證主義論述假定法律具權威性。法律論述所立基的假設是，公民認為法律是事實的最高仲裁者，所以無論是出於志願或壓迫都將遵守。更甚者，法律論述主張個人在法律前的責任應該優先於其他考量。例如，在很多司法裁判中，社會工作者在某些情況下，如涉及案主或大眾利益時，應該遵守法律而分享保密資訊（Brayne & Carr, 2010, p. 112）。

與我們專業誠信的價值一致，覺察並與服務使用者溝通關於法律如何形塑我們的關係，特別是形塑社會工作者處理案主所提供之資訊的方式，這是非常重要的。

社會工作實務中的法律論述

社會工作者需要了解法律論述，部分是因為法律通常界定了我們對於受雇機構和服務使用者的主要責任。Slater 與 Finck（2011, p. ix）指出，法律論述的基本權力為：

> 規範建立、作用和形塑你工作的組織、你如何定義誰是你的個案、你可能執行什麼活動、你對於案主的義務，以及某些情況下限制你跟案主的工作時間。

法律論述的制定權在法定脈絡中特別得到證實，社會工作者有明確的責任需履行成文法。社會工作者的法定責任是經由其受雇組織授權，此意味著社會工作者被充權能運用成文法，並不是因為他們的專業訓練或有註冊，而是透過他們受雇組織的脈絡。這是重要的區分，我們承擔的法定義務是連結於我們受雇的場所，而某些社會工作者則沒有法定義務。

雖然法定權力具強制性，此法律形式也有保護和充權功能。儘管兒童保護

社會工作者的法定角色不斷受到批判，但在某些場合此法律可用於倡導兒童免於剝削和虐待的權利（Healy, 1998）。實際上，社會工作者認為某些脈絡中缺少成文法的規範，如老年照顧，因此限制了他們保護某些易受虐待和剝削之服務使用者的能力（Braye & Preston-Shoot, 1997, p. 10）。

　　社會工作者應該了解法律，因為法律在多方面衝擊到服務使用者的生活。很多服務使用者的問題和關心涉及法律層面，社會工作者應該要有能力辨認法律事務，且幫助服務使用者與法律代理人接觸（Brayne & Carr, 2010）。此些知識應該涵蓋下列這些面向的理解：

- 所處實務領域的相關成文法
- 人權和反歧視的法規
- 法律系統的運作以及如何與所關心之領域的法律代理人接觸
- 與所處實務領域有關的判例法

　　近年來出現對於「治療性法律學」（therapeutic jurisprudence）概念的興趣，是指法律使用「有助於個人心理和生理的安適」（Slater & Finck, 2011, p. 18）。此概念興起一系列社會法學研究，以及法律對於邊緣的和沈默的族群之改革作用。與其他利益團體並肩，社會工作者有助於改變一系列人類福祉相關的法律，包括兒童保護、家庭暴力，以及確保身心障礙者、兒童和青少年的人權。

　　其他需要理解法律論述的理由是，社會工作者可以運用此論述去支持和倡導服務使用者的權利保障（Swain, 2002, p. 266）。例如，人權法和反歧視法期望提供所有公民擁有基本人權，如免於歧視和行政事務的程序公平。社會工作者運用這些法令去提升社會服務機構的責信，以提供服務使用者適合且可取得的回應（Swain, 2002, p. 266）。

實務演練　使用法律

　　設想你是位服務於弱勢家庭支持計畫的社工，案主是Chelsea，35歲，育有Jack（十歲）、Penny（八歲）、Sarah（三歲）三位孩子的單親母親，

患有雙極性疾患，有時病況不穩定需住院療養。Kath是Chelsea的母親，56歲，住在附近，當Chelsea案主狀況不佳時，可就近幫忙關照三個小孩，祖孫關係很好。Jim是她的前同居人也是三個子女的父親，頗能支持三個孩子，但與她的住處相隔兩小時車程。

某天下午你接到當地兒童保護單位的電話，Chelsea因嚴重的發作需緊急住院，因地方政府社工在第一時間聯絡不上Kath及Jim，故將三位子女暫時安置監護，孩子們告訴地方政府社工其祖母在外度假，而Chelsea正在醫院接受治療。安置機構人員表示他們很關切三個孩子未來的生活照料，半年內Chelsea已因未定時服藥，病情出現變化，住院了兩次。當Chelsea的病況慢性化後，將難以承擔照顧孩子的責任，所以她將申請延長安置時間到一個月，以在寄養家庭裡對孩子們進行完整的評估。在電話裡聽完兒童保護社工的看法，你會擔心此安排對孩子們可能帶來不利的影響，因為你相信在大家庭的關係網絡裡，孩子會獲得較好的照顧，且能與母親有緊密依附關係。

延伸之前關於法律論述在社會工作中的討論，嘗試釐清此練習案例中下列法律相關議題：

- 社會工作者在此脈絡下的法律責任為何？
- 在此案例中涉及的法律議題有哪些？
- 如何回應此些法律議題？

以Chelsea為例，在家庭支持服務體系的社工，須承擔起相當的法律與倫理責任，以確保孩子們能獲得適當的照料，避免受到傷害。而考量Chelsea的精神狀況，延伸出有否違反歧視的法律問題，也是需關切的，也就是Chelsea罹患雙極性疾患症的診斷事實與她是否有能力勝任母職，二者要根本性地釐清與區分。她的精神狀況有否不利於承擔其母職的角色，當此本質性的問題被提出，人權與反歧視的相關法律就需納入考量。而在服務弱勢家庭與進行兒童安置時，須客觀謹慎處理，避免違反兒童保護的法令，同時減低不當介入，進行安置應是當其原生家庭或親族網絡沒有任何提供照護的可能時，方能採取的最

後手段。

　　試圖與 Kath、Jim 見面，協商後續支持 Chelsea 及三個孩子的生活照顧問題，也是回應此案例之非法律處理的選項之一；而協助其找到法律代理人，處理人權與歧視相關法律議題，特別是如何讓兒童保護單位減少不當或侵犯性的介入，這是本案例可採取的法律選項。

法律論述的議題與有待商榷之處

　　前文已經呈現法律論述形塑了社會工作實務，且在某些脈絡中可用於促進社會工作價值，如自決和社會正義。Swain（2002, p. 267）認為社會工作者應該「承認法律介入和修正是被證明有效的，並試圖利用這些以進行全面改良」。然而，在法律和社會服務領域的評論者提出很多對於法律論述的顧慮，挑戰宣稱法律是客觀且理性之過程的論點。

　　評論者指出，法律的假設和過程是承載價值的（Bourdieu, 1987, p. 826）。批判的分析者認為，法官看似客觀的推論，實則反應他們的階級、性別和種族，這將使得一個不同階級、性別和種族身分的人顯得是偏差的、異常的且病態的（Bourdieu, 1987, p. 847）。批判的評論者指出，那些被視為法律專業的法律過程之參與限制，法律會助長社會不平等（Bourdieu, 1987, p. 818）。因此，法律不是達成正義的工具，對很多服務使用者而言，法律是「遙遠的、難懂的、昂貴的且不相關的」（Swain, 2002, p. 267）。

　　法律造成社會不平等的另一方式，是當法令和法律決策時，忽視相關議題的社會和經濟脈絡。關於法律的社會作用之研究顯示，法律能夠成為一種社會控制的工具（Anleu, 2000, p. 230）。批判的分析者指出，法律在很多領域中大大的影響社會中多數弱勢者和被邊緣化的團體（Bourdieu, 1987, p. 817）。例如，在兒童保護服務中，成文法將歐洲中心和中產階級規範套用在工人階級和非歐洲家庭身上（Bessarab & Crawford, 2013）。當法律論述將不成比率的負擔加諸在社會實務工作的對象時，社會工作者要扮演分析和對抗法律論述的重要角色。

　　最後，雖然法律提供某些修正社會議題的方法，但也限制了改變的可能性

（Bourdieu, 1987, p. 816）。Anleu（2000, p. 234）主張，在法律領域中要求將社會問題和控訴轉化成法律概念和法律修正案時，便限制了社會行動。在此轉化過程中，結構性因素被抹去只視為法律關注場所，因法律行動必須能直指特定團體，如政府、公司或個人。法律是用於個人和團體倡議的有用工具，但如政策和態度的改變，對於在社會工作實務中面對服務對象而言，也是重要的挑戰。

新古典經濟學與新公共管理論述

過去 20 年來，新古典經濟學與新公共管理對衛生福利組織與服務提供的深遠影響，是難以估計的（Kirkpatrick et al., 2005; Levy, 2010）。兩者雖然有很多共同的概念，但其根源互異並在不同領域發展。前者聚焦在經濟活動，後者關注公共服務是如何組織與提供（McDonald, 2006, p. 70）。在公共服務的改革計畫中，新公共管理的支持者常引用新古典經濟學的概念。這些論述有助於下列觀念與做法在衛生福利服務的運用：

- 引介自由市場理念進入社會工作服務組織
- 重視經濟效率、人力彈性化及服務提供
- 關注績效測量

本文將描述此一論述的特點，並且說明其對於形塑當前社會工作實務的重要性。

誠如我們所知，經濟學，特別是新古典經濟學的論述，對社會工作實務的影響是多面向的。有限資源的分配如何達到最大效益，是經濟學這一學門主要關心的議題（Sandler, 2001; Edwards, 2007），但經濟學並非是單一或統一的論述，且經濟學家對經濟學的核心議題如何達成，持有不同的觀點與見解。新古典經濟學被視為「新自由經濟學」或「經濟理性主義」（Friedman, 1982; Edwards, 2007, p. 36），且從 1970 中期以來，此學派逐漸成為很多後工業國家經濟與公共政策決策的主流架構（Stillwell, 1996）。

因此，社會工作者如果要成為決定社會服務資源分配的主動參與者，唯有

認識新古典經濟學論述，才能根據其本身去挑戰它（Edwards, 2007）。誠如後文將介紹的，即便是新古典經濟學的經濟學家也承認此論述的限制，但唯有先認識它，我們才能確保此論述的限制在實務的現場能被重視和調整。以下我們先介紹新古典經濟學的重要層面，以及分析它對社會工作實務的影響。

新古典經濟學的核心概念

無論我們是否贊同新古典經濟學（雖然多數社會工作者不贊同），但社會工作者對此論述的基本假設和其影響力的認識，是很重要的。

自由市場（free market）是新古典經濟學中，最不可撼動的核心概念。經濟學家 Sandler（2001, p. 20）道：「當市場正常運作，她就是一件美麗的事物」。此論述認為，市場中有一雙看不見的手（價格與供需機制），確保有限的資源做出最有效的配置，同時達到整體社會最大的利益，意即創造極大化的財富。透過自由市場，買賣雙方的利益能確保以最經濟的價格生產勞務與貨品，來滿足主要的消費族群。此外，自由自場也鼓勵賣方彼此競爭，這有助於資源獲得有效的配置。新古典經濟學家主張，自由市場的競爭提供了一種基本機制，不但降低成本，並排除稀少資源無效與不適當的使用。

很多的後工業國家將此市場概念引進衛生與社會服務領域，官方宣稱：「市場能以更低廉的成本，提供比政府更好的服務」（Healy, 1998, p. 32）。在此市場模型裡，政府成為服務的購買者（purchaser），而非主要的服務提供者（primary provider）。政府向民間部門購買服務，同時這些民間單位又彼此競爭，以爭取政府委託的服務契約。新古典經濟學認為提升社會服務提供者間的競爭，會讓政府部門、納稅人及服務使用者，都獲得更大的好處。

有別於傳統商業市場，社會服務的市場被稱為「準市場」（quasi-markets）。在社會服務裡，買方是政府與保險部門，而不是服務使用者，這是最主要的差異。接受社會服務的使用者，並不是服務的購買者，而是由政府買給他們的，因為社會服務的對象通常是處於弱勢的民眾，他們不一定有能力購買所需的服務。另外一項差異是，社會服務是主動提供給「消費者」，且在某些情境中，服務使用者的選擇權會受到限制，例如接受保護性服務或強制治療。這

是展現國家在社會監護的角色，故對消費者、貨品及服務等概念的認知，不似傳統自由市場中的假設，也有別於一般新古典經濟學論述。

新古典經濟學論述視人類是自利（self-interested）與理性的行動者，故假設個體追求自我利益的同時，「群體也會因此獲利」（Sandler, 2001, p. 10）。所以新古典經濟學論述反對任何第三部門介入自由市場運作，提供消費者沒有要求或者沒有付出相應成本的服務。就此觀點而言，弱勢家庭的支持性服務可能受到質疑，因為這些家庭本身很少要求這類服務，也沒能力支付所需費用。新古典經濟學論述的擁護者認為第三部門的直接介入是家長式（paternalistic）的作風，阻礙人們採取符合自身利益的行為，也會造成資源配置的浪費，因為這些服務並非人們所欲求的。以此論點來看社區照顧服務，個體選擇符合自身利益的服務，並確保其付費與服務是最合理且最佳的。因此當人們願意付費使用服務時，他們會更加重視珍惜之。

自由選擇的權利（freedom of choice）是新古典經濟學論述的另一個核心概念。諾貝爾經濟學獎得主 Milton Friedman（1982, p. 195）對新自由經濟學的理念進一步闡述為：

> 自由主義核心的哲學價值，是相信每個人都具有獨立自主的尊嚴。人們有權利和自由去把握每個機會，並發揮自身最大的潛力，唯一的限制是不得妨礙他人追求自己的利益。

新古典經濟學家主張選擇的自由是一項基本人權，在未干擾他人自由的情況下需要被保護。他們反對任何型態的福利與社會服務供給，因為其增加了納稅人的負擔，剝奪了納稅人選擇的權利。而選擇的自由和經濟效率相連結，他們肯定人們會做出和其自身利益一致的理性選擇。經由確保人們對於其所欲消費之貨品與服務擁有最多的選擇自由時，我們才有可能在「裝著有限資源的鍋子」裡，達到「最渴望的生活標準」（Edwards, 2002, p. 38）。再回到社區照顧的例子，當個體能夠選擇所需服務，他們會選擇最有效能與效率的社區服務，並以此舉淘汰不符合條件的服務提供者。

　　小政府和最少的政府介入，是新古典經濟學家的強烈主張，贊同者關注自由市場運作受到扭曲的情況，並認為大型的政府計畫常使公共預算「群聚到少數網絡，而犧牲了多數人的利益」（Edwards, 2007, p. 65）。假如由政府提供社會服務如社區照顧服務，政府的介入將限制私人提供者競逐此「商機」，同時限制了有效能與效率之服務的發展，讓無效且缺乏效率的服務繼續存在。

　　在此論述中，政府的角色被局限在下列三項核心責任：第一，創造有利於自由市場運作極大化的條件，例如立法保障私有財產權就是方式之一。政府亦有責任確保非政府部門之服務提供者，均能公平競爭衛生福利服務的公共預算（Gibelman & Demone, 2002）。第二，政府應提供公共財（public goods），此類貨品與服務能使全體人民受益但卻是個人不願意或無能力支付的，如大眾運輸、國防安全、反恐能力及地下排水系統等等（Sandler, 2001）。有趣的是，新古典經濟學家一般不認為衛生或社會服務的供應是公共財，雖然其對人民有效經濟的福祉有其重要性。然而，衛生與社會服務的供應一直被視作服務使用者的個人責任。第三，政府在市場運作失靈時，才提供生活必需的服務，且政府介入不能傷害到市場運作的機制（Edwards, 2007）。在很多國家，對人群服務準市場的操作仍在實驗階段，衛生福利領域的決策者有責任去監測服務，以防止市場失靈，或找出發生的原因加以處理。

新公共管理──社會工作轉向商業模式

　　新公共管理與新古典經濟學論述的相似點很多，新公共管理的特別之處在於支持者將新古典經濟學市場穩定化的相關概念，與衛生福利服務提供過程中國家角色最小化的想法加以整合（Ellison, 2007）。總之，新古典經濟學論述影響經濟政策，新公共管理論述則聚焦於公共服務，如衛生福利服務如何組織與提供。

　　立基於自由市場增加服務品質與選擇的假設，新公共管理倡導衛生福利服務組織多加運用市場機制。Clarke（2004, p. 36）說明新自由經濟理論與新公共管理的連結：「管理主義整合新自由經濟主義決策的計算思考，納入其對組織與公共政策之理性、客觀及類似商業的觀點」。新公共管理論述的支持者主張

降低政府在服務提供的比重，視其角色為掌舵（steering）而不是伐槳（row-ing）（Osborne & Gaebler, 1993）。政府的服務提供功能應盡量委外給非政府服務機構，此些機構（如慈善或付費服務機構）間的競爭關係，讓政府資源或基金達到相當的經濟效率，以及使服務滿足使用者的需求與利益。

　　另一新公共管理論述的主題是，不同服務組織層級內工作人力的彈性化，也就是從服務的管理到人力如何組合運用的議題。新公共管理認為集權式的科層組織對立於在地回應與有效服務，因此須尋求去中心化的決策，將中階與基層服務改造成商業單位，承擔確保經濟效率與風險管理的責任（Berg et al., 2008）。

　　另一相關主題是實務歷程與結果的管理。新公共管理與新古典經濟學基本上將個體當作自利型的行動者，因此政策制定者、社會工作者及服務使用者等，在實務發展過程的行動皆出於自利而不是公共的利益。基於此論點，新公共管理論述的支持者訴諸證據基礎的決策與實務產出的管理，以追求去政治化的政策與實務歷程（Clarke, 2004）。因此「稽核」的文化也順勢被帶動起來，採用量化的產出加以測量服務的價值，只是界定這些產出的標準仍以政府為主，而不是服務接受或提供的任一方（Saario & Stepney, 2009, p. 41）。

新古典經濟學與新公共管理對社會工作的啟示

　　討論完新公共管理與新古典經濟學主流論述基本的主題後，緊接著進入這兩個論述在社會工作實務的運用情形。新古典經濟學的支持者主張減少政府介入衛生福利服務的供應，反對任何形式的國家福利與對個人的社會支持，以避免為了因應少數人的需求而將負擔加在社會整體之上（Friedman & Friedman, 1980; Sandler, 2001）。因此，在新古典經濟學論述支持者的眼裡，受國家照顧者常被形容成是一群無生產性的公民，以及政府「財政上的負擔」（Leonard, 1997, p. 114）。在很多後工業國家，此論述觀點曾被當作提高弱勢個人在福利申請條件的理由。

　　由第三部門所提供的社會服務，也被視為是一種家長式的作風，且提供一種錯誤的誘因，讓個人持續依賴社會服務的提供者（Friedman, 1982, p. 34）。

這些論點最終的結論，就是主張個人為其使用的服務支付部分或全部費用。使用者付費的觀念於過去 20 年也在社會服務領域廣泛傳播（Healy, 1998）。最極端的形式為「使用者付費」就是服務使用者需分擔服務的成本，包括他們不需要甚至抗拒的服務，如監獄服務。

新古典經濟主義的贊同者，接受政府有限度扮演保護脆弱公民的角色，擔任脆弱公民所需社會服務最後的守護者，如當市場失靈不能提供適當的服務時，政府才需介入。政府的介入也是辨識何者有迫切的福利需求，並且是無法「承擔責任的成人」（Friedman, 1982, p. 195）。Friedman（1982）同意政府有責協助有受虐風險的兒童，及患有嚴重精神疾病或智能限制而阻擾其選擇自由的成人。另一政府介入的情形是需透過大規模協調性的行動來處理之社會問題，如「福利工作」方案的全國性政策啟動。這樣不同層級的政府介入，均須謹守勿傷害市場和個人選擇的自由。

相對於新古典經濟學論述，新公共管理論述聚焦在公共服務如何組織與提供，故運用在社會工作實務裡，此服務財源大多需仰賴公部門預算。此論述強調風險管理與已設定的量化產出指標達成率，對衛生福利服務的影響是很明顯的。不但局限了社會工作的焦點，讓以關係為基礎、全人與價值取向的專業社會工作核心理念受到威脅，並讓其服務成果難以被看見或被認為無效（Bland et al., 2009）。加上強調稽核的文化，也讓工作者的心力，從面對服務使用者的直接服務工作轉向呈現服務績效所需的文書工作（Saario & Stepney, 2009, p. 51）。

新公共管理一些衛生福利服務提供領域中，存在將工作人力去專業化的現象。社會工作人力的去專業化，讓從前在實務場域具有專業資格的社會工作者，失去職場上的僱用優勢（Healy, 2009）。在雇主日益重視彈性與競爭的人群服務中，社會工作人力的角色受到更大的限縮。新公共管理試圖挑戰專業的界線，以保護專業及其人員自身利益，而否認人群服務人力所需具有的競爭、彈性與成本管控。此舉在許多傳統社會工作實務領域引發對專業資格的質疑，如兒童保護實務領域，自然也引發了對服務品質與人力素質議題的關注（Healy, 2009, p. 403）。

新公共管理論述也降低身為服務提供者、使用者對政策創新或方案發展的參與。新公共管理與新古典經濟學論述視個體無論身為政策制定者、服務供應者與使用者等，皆是自利型的行動者，站在此觀點，則其參與政策發展的作用備受質疑，尤其過度關注特定利益而不是公眾利益時，參與者「不僅難以反映公共利益，嚴重的話，甚至會扭曲政策」（Fawcett et al., 2010, p. 35）。因此，政策與實務的發展在新公共管理論述中，是歸屬於專家的責任，他們的角色就是秉持理性與效率的原則，規劃衛生福利場所內的政策與方案。當然那些直接投入服務提供或接收者的角色，多是明顯受到限縮的，因為在新公共管理論述裡，服務提供僅僅只是政策的產出，而不是在行動過程所發展出來的社會政策（Fawcett et al., 2010, p. 37）。在政策發展過程中，服務使用者切身的經驗感受及實務工作者的實務智慧，是被忽略的部分。

新古典經濟學與新公共管理論述的應用與限制

社會工作評論者很少支持此兩種論述，他們認為此論述與社會工作的核心價值，特別是社會正義的精神，不相符合（Leonard, 1997; Heffernan, 2006）。但當此種論述的影響力在很多衛生福利提供的領域日益擴大，有人就主張社會工作者要能理解與學習運用其基本概念（Gibelman & Demone, 2002）。Stoesz（2000, p. 621）認為社會工作者不能理解此論述的用語，則「必定會脫離政治現實，減少取得方案競爭的機會」。

雖然很難想出社會工作者的專業目標與價值信念和此兩種論述的核心概念間的一致之處，然而從這兩種論述已產生的效用來看，或可找到兩方相似處。有些研究發現，這兩種論述對服務使用者與服務提供者的充權，帶來原先無法預期的變化。新古典經濟學的「選擇」觀念帶給某些服務供應領域的服務使用者選擇機會的增加，例如，引介身障人士直接支付的方式，讓他們能自行選擇所需要的照顧服務。多年來，身障服務之消費者權益團體的成員，也一直倡議爭取增加消費者在服務供應過程的可支配性。因此當自由市場與個人選擇的原則導入公共政策領域，就營造出有利於引進服務使用者直接支付的環境（Carmichael & Brown, 2002, p. 797）。研究結果顯示，直接支付的方案提升消費者在服

務供應過程的選擇權，也因為能自由支配支付方式，相對原先由他人付費與提供的服務模式，服務使用者顯然有較高的滿意度（Carmichael & Brown, 2002）。

在新公共管理的論述裡，服務重組過程中領導與管理的去中心化（decentralization）是社會工作者充權的機會點，且發展預算管控與確保服務提供之財務和法律責信的管理專長是必要的。英國與瑞典的比較研究發現，基層社會工作者對管理技巧之認知與發展的提升，與其就業機會及流動有所關聯。Berg 等人（2008, p. 125）觀察指出：

> 新公共管理改革為公共服務部門管理與領導開創的新局面，讓多數在中下層級的女性社會工作者獲得升遷機會。在彈性的勞動市場裡，可協商的及市場取向的新管理與領導論述和意識，取代以往重視穩定和在組織中累積知識與經驗的想法。

Berg 等人的研究從新公共管理論述點出社會工作領域裡性別分工穩定化的面向，男性社會工作者大量位居中心管理角色，女性社會工作者則處於權少低薪的服務職務居多。而直接服務被重組為管理性的角色，對其原先所關注的社會正義價值和改革取向，是一種警訊與威脅（Healy, 2009）。

新古典經濟學與新公共管理論述也促進了非政府部門在服務供給的角色。根據此些論述，非營利服務與公私部門努力的合理分工有關，也就是政府主導，而由非政府部門提供服務（Osborne & Gaebler, 1993）。非政府部門所提供的服務較能帶來額外的效用（Harris et al., 2003），經濟學家稱此等「無法支付費用」的效益，為一種「外部效果」（externalities）（Healy, 1998, p. 34）。例如非政府部門能將公眾良善的意志，轉化為時間與金錢的捐助形式，增加其可信賴程度，服務使用者也能從此非營利機構獲得好處；而以社區為基礎的服務較能提供可回應在地需求的服務方案，同時讓使用者在公部門外，更能感受到與服務的密切連結。

新古典經濟學與新公共管理更進一步的影響，則是對社會工作者現有實務與方案計畫，帶來較具批判性的評價。選擇自由之原則鼓勵我們以較具批判性

的角度，檢視實務過程裡可能的父權主義思想。依循此原則，即便在較具主導性的實務脈絡裡，也要盡可能地不斷自問是誰決定了對服務使用者生活的介入？介入的重點與方式也需尊重服務使用者的選擇權。另外，社會工作者對實務計畫所隱含著經濟效益的認知也被挑戰，是我們比較不重視的部分，例如社會工作者努力「發展服務方案以滿足人們的需要，而不是合理的資源配置」（Dominelli, 1988, p. 161）。大幅增加衛生福利服務公共基金的主張，似乎難以在可見的未來看到，故服務供應的部門將必須面對資源配置的決策議題。這兩種論述清楚傳達出的訊息是，面對資源配置沒有神奇的處方，針對任何項目所進行的時間、金錢、人員等資源配置的決定，就明確表示此些資源已沒有任何機會用到其他目的上了。因此，呈現一個方案針對一組目的所進行的資源配置時，如建置新的少年臨時住宿方案，不僅需清楚說明方案目的本身為何是有用的，同時在與其他可能的資源配置方式競爭下，為什麼這樣特別的配置是較佳的，也要有所交代。

新古典經濟學與新公共管理論述的相關議題與考量

　　社會工作或政策的評論者對此兩種論述有廣泛的批判。首要的批判點是，此兩種論述的原則無論在傳統的商業領域是否能有效運作，其完全不適用於社會服務的供應。關鍵的關切點是這些論述原則逐漸損壞了衛生福利公共支持的基礎，社會服務的支出代表著經濟的流失，而不是對社會的公共責任與投資（Leonard, 1997, p. 113）。依照此想法，自然就允許政府對於追求更公平的社會中不用承擔起該有的責任。

　　針對服務品質也加以批判，特別是服務的周全性與可近性，因社會服務部門間的競爭強化而受到衝擊。為了爭取公共部門的基金，競爭提供了誘因，讓服務提供機構盡可能以最低的成本來提供服務。在服務提供因節約成本誘因的影響下，使得服務使用者「購買的權力」與協商服務契約的空間，更加受到限縮。在社會服務部門，對服務成本的控管更加毫無選擇，故任何成本管控措施自然會對服務品質帶來衝擊。人事成本的切割就是支出控管的方式之一，為了達成此目標，以志願性人力或非專業性人員取代專業人員，而此做法的結果就

是讓服務使用者減少獲得專業服務的機會。挑選能迅速且產生具體成效的服務使用者，也是一種讓服務維持在競爭優勢的方式（Gibelman & Demone, 2002）。Healy（1998, p. 38）警告「這種不公平選擇服務使用者的情況，在社會服務已很常見，而營利動機更造成避免服務較麻煩的消費者」。此外，證據顯示，美國社會服務部門營利導向事業的增加，也造成服務品質受到侵蝕。Gibelman 與 Demone（2002, p. 392）指出營利導向機構的初始目標，就是使利益極大化以分享股東，這與有品質的服務提供是相互衝突的。

　　競爭的結果也可能讓服務提供機構的多樣性降低，私有化帶來服務供應組織規模的擴增，如同非政府的服務提供者取代了政府經營的服務部門，最後社會服務部門私有化的結果，就是由大型私人獨斷事業取代大型的國家科層組織（Gibelman & Demone, 2002; Healy, 2002）。因為在競爭環境裡，大型社會服務組織擁有明顯優勢，而小型的組織，如消費者經營的組織，則處在競爭的劣勢地位，且較無能力或條件將資源投注於較具競爭性處（Healy, 2002）。

　　最後，個體的選擇概念與自決價值之間未必是一致的。在這兩種論述裡，個體選擇概念局限於有選擇能力的人，而這意味著其付費的能力。回歸到個人所有的責任，這些論述隱匿了系統與結構層面對人們「自由選擇」的影響力，也忽略了人們在其所選擇的生活中會遭遇的障礙。

結論

　　本章引介了四種論述的假設與應用，其在許多實務脈絡中皆具有重要影響力。在社會工作者與其他專業人員的角色界定，以及服務使用者的需求與利益認定上，此四種論述常是共存甚或相互競爭。認識此些論述，可提升社會工作者應用的能力，也可挑戰其在社會工作實務過程中的影響力。

▌摘要問題

1. 生物醫學主流論述與社會工作所強調個案自決的專業價值之間，存在著何種緊張的狀態？

2. 什麼是法律實證主義論述的核心假設？其運用在促進服務使用者社會正義的情形如何？

3. 新古典經濟學論述在提升服務使用者福祉的運用情形與限制為何？

4. 在新公共管理具影響力的場域裡，社會工作者會經歷什麼樣的機會與緊張狀態？

推薦書目

生物醫學

● Dziegielewski, S. (2013) *The Changing Face of Health Care Social Work: Opportunities and Challenges for Professional Practice*. (New York: Springer).

本書完整介紹衛生照護社會工作變動中的面貌。從社會工作的角度，特別是對於人在情境中的理解與社會工作價值的核心觀點，進入生物醫學與經濟理性觀點主導的社會工作實務場域，以探討其挑戰與可能性，是一本實用的專業書籍。

● Rosenberg, L. and Rosenberg, D. (2012) *Human Genes and Genomes: Science, Health and Society*. (Amsterdam: Academic Press).

本書整理回顧了基因科學和一系列相關的衛生照護與社會心理議題，同時更詳實的介紹了基因對疾病樣態與個人特質的影響。提供健康服務領域專業人員工作所需之重要的生物科學基礎知識，也讓在相關實務場域裡的社會工作者對基因學有根本的認識。

法律

● Brayne, H. and Carr, H. (2010) *Law for Social Workers*, 11th edn. (Oxford: Oxford University Press).

本書由兩位律師合寫，內含詳細而有用的內容訊息，關於英國的社會福利法律，以及社會工作者在法律上的角色與責任。其重點在於陳述成文法中的社會工作者的角色，和諮詢及倡議的角色功能。雖以英國為背景，但與在任何受法律系統影響之脈絡下的社會工作者皆有關聯，值得參考閱讀。

- Slater, L. and Finck, K. (2011) *Social Work Practice and the Law.* (New York: Springer).

  本書由社會工作者與律師合著，闡述法律的本質與基本權力，為受法律形塑的多樣社會工作實務場域提供實用的指引。本書清晰的文字，很值得推薦。

新古典經濟學

- Edwards, L. (2007) *How to Argue with an Economist: Reopening Political Debate in Australia*, 2nd edn. (Cambridge University Press).

  本書引介了新古典經濟學的核心概念與經濟理性學派的意識型態。展現如何策略性的使用經濟理性學派的主張，以及挑戰新古典經濟學限制社會工作者為服務使用者追求人性與公平結果的能力。書中善用當代政策的實例以佐證其主張。

- Friedman, M. and Friedman, R. (1980) *Free to Choose: A Personal Statement.* (Melbourne: Macmillan).

  本書闡述新古典經濟學的核心概念與主張。

新公共管理主義

- Kirkpatrick, I., Ackroyd, S. and Walker, R. (2005) *The New Managerialism and Public Service Professions.* (Basingstoke: Palgrave Macmillan).

  本書完整介紹了新公共管理的理念和其如何形塑英國衛生福利領域的服務。

- Osborne, D. and Gaebler, T. (1993) *Reinventing Government: How the Entrepreneurial Spirit is Transforming the Public Sector.* (New York: Plume).

  本書內容闡述小政府主張，並引介自由市場原則進入公共部門，在新公共管理領域算是一本經典的專門論著。

推薦網站

- http://web.ornl.gov/sci/techresources/Human_Genome/

美國能源部人體基因體計畫，讓讀者能綜覽與回顧人類基因體發展的歷史和成就。其內容包括廣泛討論人體基因體計畫在生物醫學的運用，特別是預防性基因檢測與治療。

- http://cancer.gov
  美國國家癌症中心提供有關癌症類型、部分類型癌症的預防性基因篩檢，以及一系列癌症預防與治療的資訊。

- http://www.socialworkfuture.org
  社會工作行動網站（Social Work Action Network，簡稱 SWAN）是一個以英國為基地的國際性網站，對新公共管理的批判就是社會工作行動網站的公開宣言，致力於團結社會工作者、倡議者及服務使用者社群等，以反抗新公共管理，並促進新一波集體性行動，以尋求更美好的社會，也為加入社會工作行動網站改革行動成員提供資源與網絡串聯的機會。

第四章

行為與社會科學論述
社會工作中的「心理」與
社會學理念

林東龍　譯

社會工作的正式專業基礎仰賴從其他學科所獲得的理念，特別是行為和社會科學。社會工作是一應用性社會科學專業（Rosenman et al., 1998, p. 215）。Pearman 與 Stewart（1973, p. 12）對行為和社會科學的描述是「嘗試說明發生在社會結構的人類行為之特質和結果」。儘管有一系列行為和社會科學的概念影響社會工作者的知識基礎，本章則聚焦在心理學和社會學專業的論述，原因在於大量證據指出這兩個專業的理念對於社會工作實務正式基礎的影響是最主要的。

心理學和社會學專業的理念彼此對抗，已成為社會工作知識基礎緊繃的核心，這兩個學科在社工專業歷史的不同時間點、不同實務脈絡及不同地理脈絡下，所扮演具影響的角色有所不同。即便在今日，心理學和社會學論述仍在不同的脈絡中影響且形塑社工專業知識基礎。本章將提供讀者理解心理學與社會學在社會工作正式基礎知識的歷史和對當代的影響。

圖 4.1 特別凸顯本章所聚焦的社會科學論述被置於第三章介紹的主流論述下方，但彼此有所互動。此呈現出在多數實務脈絡中，相對於主流論述，社會科學論述仍居於從屬位置。雖然社會工作專業基礎主要是由社會科學論述建構

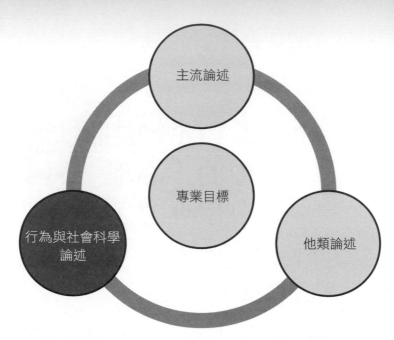

圖 4.1 互動的論述：強調行為和社會科學論述

而來，實務上，社會工作者也必須了解且主動參與形塑他們實務的主流論述。有時候，這些論述建構個案需求和社會工作角色的方法差異，會造成社會工作實質的衝突。當我們受這些彼此衝突的觀點形塑和協調時，我們要有能力對這些支撐我們專業基礎的社會科學論述進行批判性反思，這是很重要的。

　　同屬社會科學專業的心理學和社會學，彼此存有許多內在差異。綜觀專業歷史，社會工作者傾向應用這些專業論述所共有的「人文」取向，亦即人類潛能實現、自主性和自決等（Johnson, 1994, p. 6）。此人文取向與主流論述所仰賴啟蒙運動的相關概念，如個人主義、理性、客觀和進步等，具有複雜的關係。一方面，很多社會科學專業同樣奠基在認同且珍視個人獨特價值。另一方面，社會科學專業也表達與啟蒙運動理念相互矛盾的批判，特別是社會工作等人群服務專業實現這些理念的能力，受限於其工作是在國家和服務使用者間、處於緊張且矛盾的位置（Garrett, 2009）。近來，「心理」論述較少採人文取向，轉而專注在人類問題的科學理解和管理，因而變得更具影響力。

　　本章我將討論歷史上和當代心理學和社會學對社會工作正式知識基礎發展的影響，首先，我們先談心理學論述的影響。

社會工作與「心理」專業

　　社會工作長期以來與心理學和精神醫療有密切相關。1920 至 1950 年間，專業社會工作處於形成階段，大量運用心理動力觀點來建立社會工作實務的共同基礎。今日，人們普遍認為社會工作仍持續與心理學專業知識維持密切關係，雖然實務上社會工作與「心理」知識連結的程度和本質，已隨著地理脈絡和實務場域而有所不同。儘管很多支撐直接服務且被視為理所當然的概念，如同理心和信賴感，被認為是來自「心理」論述，但社會工作對這些實務觀點存有激烈爭論。

　　首先，我們先定義「心理」知識，並介紹歷史上「心理」觀點對社會工作發展的影響，以及這些觀點目前形塑專業實務的多樣方法。之後再討論「心理」觀點有助於或限制直接社會工作實務的一些主要爭論。

「心理」知識在社會工作的歷史回顧

　　「心理」（Psy）這個詞是社會科學者所創造，意指心理科學所發展出來的「異質性知識」，如心理學、精神醫學和行為科學，主要在提供技術用以了解、診斷及促進個人改變（Rose, 1999, p. vii）。依據社會工作者 Parton 與 O'Byrne（2001, p. 38）指出：

> 「心理情結」（psy complex）意指一組關於人類本質、可完善性、行為原因，以及如何被分類、選擇和控制等方法的觀念網絡。目的在於運用人類自身的特質和屬性來管理和提升個人，而這些都依賴科學知識和專業介入達成。人類的特質被視為是可測量的且可計算的，因此，也能夠被改變、促進及重建。

> 「心理」專業的核心假設認為，許多服務使用者面對的問題可以在個體心

理甚或生理過程等層面進行歸類和治療。不可否認的，「心理」的相關觀念對社會工作專業有深遠影響。很多已被專業社會工作者廣為接受的概念可以追溯自「心理」專業的影響，特別是心理分析理論。然而，社會工作專業與這些心理專業存有矛盾情節，「心理」觀念的使用也存在著歷史上和地理區域上的差異。

現代社會工作奠基在 19 世紀末的宗教慈善運動。然而，20 世紀初的十年間，專業社會工作教育的先驅們嘗試與宗教本質保持距離，轉而尋求社會工作實務的科學基礎。首批專業社會工作教育者，著名的如 Mary Richmond（1917）轉向社會科學，特別是社會學與經濟學而不是「心理」專業，以之作為社會工作專業的核心知識基礎（Shoemaker, 1998; Cree, 2010）。

1920 年代開始，社會工作專業逐漸偏離社會經濟理論，轉向心理學理論靠攏，特別是心理動力觀點，並作為直接服務的根本知識（Stein, 1958, p. 226; Hamilton, 1958, p. 13）。就某部分而言，這是從社會學理論，尤其是 Mary Richmond 的社會診斷取向中醒悟過來的反應，然而該取向雖能有效對服務使用者的問題進行分析，卻甚少為社會個案工作處遇提供指引（Hamilton, 1958, p. 24）。在美國居於領導地位的社會工作學院轉向「心理」專業，特別是佛洛依德的理論，以發展社會個案工作的處遇取向（Hamilton, 1958），對於社會工作專業的興起有重大的影響。

自 1920 到 1950 年代，心理動力理論成為社會個案工作主要和統一的架構（Hamilton, 1958, p. 18）。在美國，很多社會工作學院都有設立運用佛洛依德心理動力理論的精神醫學專業（Woods & Hollis, 1990, p. 13; Borden, 2000）。1946 年，Tavistock 診所在倫敦設立，提供針對兒童和家庭心理動力治療的訓練方案，影響了專業社會工作的範疇和焦點。Tavistock 診所運用第二代心理分析理論的觀點，特別是 Donald Winnicott 和 John Bowlby 聚焦在兒童發展和母嬰依附的研究。此觀點為社會工作者提供知識基礎，並擴展實務領域到兒童和家庭的心理治療工作（Rose, 1999, p. 173）。

在戰後階段，「心理」論述對社會工作專業的影響不斷增加，主要歸因於「心理」科學本身的殊異化。精神科醫師治療罹患創傷後壓力症候群的士兵，

開始質疑心理分析理論對於早年人格發展具延宕效果的假設，轉為支持一個更動態且可塑的心理過程觀點（Rose, 1999, p. 21）。此人格可改變的觀點促使精神科醫師將他們的實務取向，從長期心理動力實務轉向短期介入模式的嘗試。由美國精神科醫師 Caplan 和 Lindemann 所發展出的危機干預取向，便是出現在此嘗試階段的一種新模式，認為危機提供人們成長的機會（Kanel, 2003, pp. 14-15）。危機干預在 1960 年代被引介到社會工作，至今仍為一種當代實務模式（參見第七章）。

人類心理可改變的觀點也使得人類發展和預防性處遇獲得更多重視。在戰後時期，Rose（1999, p. 21）指出：

> 瘋癲開始能從社會衛生的思維來考量。心理衛生能夠透過生活和工作條件適當的調整來進行維繫，不良的心理衛生和壓力會造成許多人的神經質。

某些實務脈絡中，社會工作的介入從僅專注於慢性病的治療，朝向心理衛生問題的預防和促進人類成長。在美國，此趨勢開啟社會工作者在個人發展上的利基市場，如 Woods 與 Hollis（1990, pp. 4-5）指出，相較於過去，個案工作者關心他們自身健康條件和能力的發展，而不是只有病態的改正。相對地，在澳洲、紐西蘭和英國等國家，提供私人心理治療實務的機會嚴重受到缺乏第三方基金予付給社工的限制，個人成長治療仍處於專業實務的邊緣。

心理動力理論的沒落

1950 年代間，很多社會工作者開始質疑專業者信奉的心理動力理論。社會工作者與精神醫學和心理學一樣，對心理動力理論缺乏科學基礎和有效證據方面有很多的顧慮。當很多針對長期心理動力個案工作的研究，並未呈現比短期、聚焦問題的處遇方式更有效，此些顧慮在接下來的 20 年中不斷增強（Reid & Shyne, 1969; Rose, 1999, p. 237）。

但社會工作者對於「心理」觀點的顧慮不僅在有效性，也對這些論述認識服務使用者問題的社會面向之能力限制感到不滿意。1950 年代末開始，特別是

在再次浮現的系統性和基變傳統中，社會工作者表現出將「社會」放回社會工作理論的興趣（Stein, 1958, p. 227）。1960 年代間，社會工作專業的威脅來自於與「心理」觀點結盟和與社會科學、新社會運動結盟兩派的分裂。很多實務取向發展出「心理」和社會觀點的再整合，作為社會工作實務的共同基礎。這當中最受歡迎且延續最久的就是運用在個案工作的「心理社會」取向，由美國個案工作理論學者 Florence Hollis 所發展出來（Woods & Hollis, 1990, p. 14）。依據 Woods 與 Hollis（1990, p. 16），心理社會個案工作是「結合精神」醫學、心理學和社會科學的概念，再加上大量從個案工作本身獲得的「經驗知識」。目前心理社會取向仍然受到歡迎，因為他們強調在社會環境中了解和回應個人。

1960 年代開始，社會工作者對於社會工作的「心理」基礎之批判大量增加，雖然「心理」論述與我們的專業仍有強烈聯繫。批判的社會工作者密集遊說他們對於以「心理」為基礎取向失敗的顧忌，指其忽視服務使用者所面臨的結構性挑戰（Leonard, 1966; Lees, 1972, Ch. 1）。為了回應此批判，1980 到 1990 年代間，很多批判的社會工作理論家尋求將基變社會行動觀點與心理社會個案工作模式進行整合。Jan Fook（1993）的基變個案工作模式、反壓迫個案工作取向及多種女權主義發展的個案工作，均是此運動的實例（Bricker-Jenkins et al., 1991）。這些倡導使社會工作者有能力將結構和文化不公正的分析整合入社會個案工作中，至今仍為社會工作實務的主要方法（Maidment & Egan, 2004）。

今日的「心理」觀點

直至今日，「心理」論述持續形塑大部分社會工作的專業基礎，特別是針對個人的直接實務技巧。Nicolson 等人（2006, p. 9）主張，心理學知識與「社會工作實務中的人際接觸」有所關聯。「心理」論述特別影響社會工作關於人類發展、人類調適與改變、人際關係、心理創傷、心理衛生、風險評估與改善，以及近來關於神經科學對傷害、成癮治療和個人復原等議題引發的爭論等。很多社會工作教育課程要求學生需修習心理學的核心單元，特別是在美

國、加拿大、紐西蘭的社會工作學院更合併《精神疾病診斷與統計手冊》
（DSM）的精神疾病類別之訓練。

　　心理動力觀念在社會工作領域中持續作為「心理」理念的一種方法，應用
於中程或長期的心理治療工作（Borden, 2000; Nicolson et al., 2006）。然而，社
會工作者介入心理治療工作隨著不同地理脈絡而有所差異。例如，美國很多州
將有執照的社會工作者是第三方補償的合法對象，給予社會工作者在私人執業
脈絡中提供心理治療服務一個極大的機會（Woods & Hollis, 1990, p. 5; Gibelman,
1995, Ch. 8）。在其他國家，如英國，社會工作者主要受雇於政府機構或非政
府社區服務，對此些單位來說，心理治療並不是社會工作的核心，心理動力觀
點也不是專業知識基礎的要點。在澳洲，近來政府開始補償合格的私人開業心
理衛生社會工作者，使得越來越多的社會工作者從事心理治療工作。

　　然而，即便某些脈絡中的社會工作者沒有涉及心理治療工作，心理動力觀
點對於社會工作正式基礎仍有隱瞞的、不被承認的影響。實際上，有些心理動
力概念已成為社會工作的主流觀點且為專業知識隱性基礎的一部分。當中的實
例如很多社會工作者認為社工與服務使用者間的關係是很重要的，因為它是促
成改變的重要媒介。此即反應心理動力論述強調「同理的理解」、自我了解、
強化因應能力，以及社會工作者與服務使用者需「良好契合」等觀點（Borden,
2000, p. 368; Woods & Hollis, 1990, p. 25）。我們將在本書第三部分看到，當代
多數處遇模式，從問題解決到反壓迫取向，廣泛接受具有同理、真誠、互惠性
等特質的助人關係是重要的，且是有效處遇的核心（Hamilton, 1951, p. 52;
Woods & Hollis, 1990, p. 26; Maidment & Egan, 2004）。

　　社會工作者的「自我認識」（self-knowledge）是另一個心理動力的概念，
廣泛受到社會工作正式基礎的認可。心理動力模式將「自我覺察」（self-
awareness）觀念引介至社會工作，作為有效處遇的重要成分（Hamilton, 1958,
p. 34）。例如，心理動力社會工作的引領者 Hamilton（1951, p. 40）主張：

　　在能夠真正接納他人的「負面」感受、侵略性或愛和感激之前，工作者必
　　須先具備了解自我與自己的情緒驅力和衝動的能力。

　　自我覺察的觀念如今不再單獨與治療形式連結，反而成為一連串實務取向的一部分。實際上，即便是企圖避開很多「心理」概念的反壓迫模式，也主張工作者必須了解自身的經歷（即在多種社會團體中的身分），將影響他們與服務使用者發展有效工作關係的能力（參見第九章）。強調自我認識也是執行反思實務模式前重要的工作，在最近成為主流（Napier & Fook, 2000; White et al., 2006）。這些取向均強調反省個人成長經歷及對服務使用者和所處情境的反應是重要的，以作為實務中知識應用的整合。

「心理」論述和人類問題的科學管理

　　即使有時沒有承認，社會工作除了持續受到心理治療論述的影響，近幾十年間，其他的「心理」論述在衛生福利服務和部分社會工作專業中也取得優勢位置。這些逐漸增加影響力的「心理」論述包含認知行為治療和神經科學等，與以「科學」取向來了解和管理人類問題有關。

　　認知行為治療（cognitive behavioural therapy，簡稱 CBT）在某些衛生福利領域成為主要治療取向，特別是涉及情緒和行為問題管理時。認知行為治療的支持者主張此取向與科學和實證為基礎的實務是一致的，而與社會工作介入通常具有「情感」和價值承載的實務取向不同（Sheldon, 2000）。另一方面，批評者認為認知行為治療處遇焦點太狹隘，忽略某些現象（如犯罪行為）受結構因素的影響，以及文化敏感度在發展適當回應時的重要性（Gorman, 2001）。實際上，Smith 與 Vanstone（2002, p. 819）對運用認知行為治療於緩刑工作有所批判，他們認為認知行為治療是「一種標準化、重複性單軌的取向，主要建立在犯罪個人病態化之意識型態的基礎上，可能維繫了不利社會正義的社會結構」。

　　過去二十多年，神經科學在很多與人類問題科學管理有關的衛生福利領域也越發重要。神經科學涉及「大腦和神經系統的研究」（The Royal Society, 2011, p. 1）。新興的社會神經科學領域主要為檢視「生理和社會過程的關係」，與社會工作者有所關聯和爭論（Matto & Strolin-Golzman, 2010, p. 147）。神經可塑性（neuroplasticity）的概念是神經科學論述的核心，是關於大腦產生

生理的改變以回應社會條件的觀點。神經可塑性在不同領域引起廣泛興趣，如心理衛生、兒童保護、青少年正義和成癮等（Matto & Strolin-Golzman, 2010; Royal Society, 2011; Wastell & White, 2012）。例如，兒童保護倡導者主張大腦適應性的證據顯示早期或高度侵入性測量的必要性，以避免新進的結構性大腦損傷，即是因為假定此大腦損傷與兒童早年暴露在不良生活事件中有關（Perry, 2002, 2009）。新生兒的大腦具可調適性和脆弱性的觀點，已轉為政策創新方案，如針對易受傷害兒童給予早期療遇，包括澳洲新南威爾斯州的點亮未來計畫和英國的穩健起步計畫。

　　關於神經科學論述對社會工作和社會政策領域的潛在貢獻，存有激烈的爭論。有支持者認為社會工作者有「獨特的義務參與，並對神經科學研究做出貢獻」（Matto & Strolin-Golzman, 2010, p. 150; Perry, 2009; Matto et al., 2014）。他們主張，神經科學促使對傷害和風險及服務成果評估，進行有更客觀、更有洞察力的測量，如 Matto 與 Strolin-Golzman（2010）建議，大腦影像技術能運用於評估大腦在有效的生理心理社會處遇中引發的改變。其他人則批判他們過度熱衷於仍處發展初期的科學領域，離「政策完備」尚遠（Wastell & White, 2012, p. 411）。關於神經科學研究具有洞察如兒童保護風險和介入測量時間點等事務的潛力，批評者點出其誇大且矛盾的宣稱。例如，Bruer（1999）指出，神經可塑性概念說明大腦終其一生具調適和復原的能力，因此無法使某些兒童福利倡導者聚焦早期兒童介入的作為被正當化。在很多顧慮中，Wastell 與 White（2012, p. 399）認為，兒童福利領域未加以批判地擁抱神經科學論述，抑制了「國家干預兒童和家庭生活的重要道德爭論」。

檢視問題

你目前或預期的實務領域中有什麼心理學理念較為常用？這些理念是如何延伸或限制你作為社會工作者在實務中實現社會正義的能力？

「心理」論述的優勢與限制

多數社會工作者在與服務使用者進行社會個案工作時，會使用「心理」觀點。這些觀點並不是為「心理」專業所保留，也在後工業社會的主流文化中應用（Rose, 1999）。因此，「心理」的專有名詞如「自我覺察」、「無意識」和「自我控制」，亦廣泛地在社會工作組織脈絡中和專業者與服務使用者等團體中被使用。即便如此，評論家仍區隔「心理」觀點與社會工作實務的關聯性。

「心理」觀點的支持者認為，這些概念為我們提供了一種語言和實務策略，以實現支撐起現代社會工作的人文價值與目標（Borden, 2000）。當然，「心理」觀點可以強化社會工作者聚焦於珍視個人需求和渴望，作為介入的基本指引。許多以「心理」為基礎的概念（如助人關係的核心）有深遠的影響，證明與當代社會工作的人文宗旨有所關聯。

一些社會工作者也倡導在高風險社會工作實務領域，使用以「心理」為基礎的風險評估工具（Summers, 2003）。這些風險評估工具可提供社會工作者一個概要了解與風險上升有關的心理因素，當中有許多可能不是我們與服務使用者互動可立刻顯現的。儘管很多學術評論者對福利實務中日益強調風險管理的現象加以批判，但在某些實務脈絡中綜合了解風險因子是社會工作者的專業和法律義務。以「心理」為基礎的風險評估工具可對風險評估做出重要貢獻，尤其是對新手社會工作者。以「心理」為基礎的評估工具可能對下列這些脈絡有所幫助：

- 造成服務使用者傷害或死亡的重大風險，如兒童保護和心理衛生領域，亦或是加害人對他人的風險。
- 某些官方執法機構第一線人員的嚴重流失。在這些情境中，很多直接服務的提供者缺少直接實務的智慧，便可利用這些工具進行評估，特別是在高風險情境中。
- 聘雇機構或案主團隊期待社會工作者承擔傷害風險評估的責任，在某些環境中，他們可能被要求在缺少其他專業協助下，立刻進行風險評估。

例如，一位衛生官方機構的社會工作者在法令要求下，評估個案對自己或他人造成傷害的風險，同時，當個案表現出高度風險時，社會工作者可能必須立刻決定安排個案接受強制性住院的精神醫療照顧。

- 期待社會工作者的評估有助於正式的決策，這些決策可能衝擊服務使用者且具有延宕效果。例如，有些社會工作者被法院要求需決定有關是否將小孩帶離家庭和罹患嚴重精神疾病者是否需入院治療。其倫理責任就是確保這些決策是依據綜合性且嚴謹的知識基礎所做出，以「心理」為基礎的風險評估工具可成為此知識基礎重要的一部分。

在這些情境中，期待實務工作者依賴社會工作專業日益普遍的反思性知識和實務智慧的觀點，是不合理的。例如，當實務脈絡的第一線工作人員離職率高時，實務工作者不必然有足夠的經驗去利用實務智慧。實際上，直覺性知識建立在生活經驗之上，相對於某些特殊脈絡的直接實務經驗，用於處理高情緒和涉及服務使用者高風險的不尋常情境，是不可採信的（Killen, 1996; Shlonsky & Wagner, 2005）。

此外，在高風險環境中，做出錯誤決策的成本對個案而言是無法接受的，以致於社會工作者有責任採用最小風險可能性的證據（Shlonsky & Wagner, 2005）。很多以「心理」為基礎的正式風險評估工具，是從大量兒童保護個案中，以風險因子統計分析或藉由專家回顧風險因子等方式發展出來的，因此可提供社會工作者了解那些無法從與服務使用者立即互動得知的風險因子。例如，我們可能與一對被列管的重度藥物依賴父母工作，儘管他們符合維護兒童安全的責任，但這不應該使我們忽視父母重度藥物使用與升高兒童虐待和忽視風險兩者之間的關聯性（Semidei et al., 2001）。最後，在正式決策的諸多脈絡中，如法院和生物醫學脈絡，社會工作者通常被要求說明他們評估的原則。以「心理」為基礎的評估工具提供一個決策的證據基礎，可用以統合其他知識來源，如我們與服務使用者的關係，而在這些脈絡中發展綜合性和防衛性的評估。

儘管「心理」論述在社會工作正式基礎中扮演重要的角色，「心理」論述

卻也在此專業中成為廣受批判的對象。社會工作者經常與邊緣人一同工作，「心理」觀點能否妥適的了解和回應案主在其社會、政治和文化等脈絡中受到的壓迫，引起廣泛的質疑。例如，有社會工作者批判成為主流處遇模式的認知行為治療，認為它無法從廣大的結構和文化脈絡中認識服務使用者的需求（Smith & Vanstone, 2002）。

批判社會學家，特別是 Rose（1999）和 Donzelot（1997），提到「心理」論述使政府可以評判和規範個人行為、兒童和家庭的角色（Wastell & White, 2012）。「心理」專業建立各種類別，用以診斷並將兒童發展和家庭功能歸為「正常」和「不正常」等類別。他們被使用來「處遇」和促進個人和家庭功能，但同時也允許政府和人群服務專業在更貼近服務使用者生活的層級行使權利（Rose, 1999, pp. 133-4）。

有些人的顧慮是心理學的理念會對服務使用者有傷害，特別是運用在不同於精神治療脈絡的多元實務脈絡中（Healy, 1998; Smith, 2001）。在社會工作者具有法定責任的脈絡中，如兒童保護、刑事司法和一些心理衛生角色等，有些被強調的概念如「同理」和「互惠性」可能造成服務使用者的誤解和困擾（Trotter, 2004, 2006）。一位英國社會工作評論者 Smith（2001, p. 289）藉由兒童和家庭福利實務提醒我們：

> 每天與兒童和家庭一起工作的社會工作者受制於全套的法規、指引和程序……他們與兒童、父母和寄養照顧者的互動，並不是以信任來管理，而是以正式明文的約定。

簡言之，將「助人關係」的概念視為改變媒介是有問題的，當身處執法的社會工作脈絡時，社會工作的角色不僅僅只是協助。

另一個問題是，一開始從「心理」論述採借的「同理心」和「互惠性」等概念，可能限制社會工作者在高風險情境中承擔決策責任的能力。同理心的取向要求我們將自己的腳放入他人的鞋子中（意指考慮對方的立場），但在某些如兒童保護實務的脈絡下，社會工作者必須與個案維持足夠的情感距離以發揮

保護角色，這是非常重要的（Killen, 1996）。更甚者，Trotter（2004, 2006）在兒童保護、少年司法和成人緩刑觀護服務等領域的研究指出，社會工作者僅表現同理心卻沒有挑戰案主的反社會態度和行為，與案主不良行為的出現有關。換句話說，除非社會工作者以利社會態度來調整同理心的表現，否則服務使用者可能會誤認社會工作者贊同有害的情境和行為的持續存在。即便在非法定的脈絡中，同理心和互惠性的觀念都可能使服務使用者誤認社會工作者角色的本質而受到傷害。關於年輕父母的研究指出，多數被邊緣化的服務使用者對於服務提供者暗示的重視互惠性，可能被他們誤解為提供無條件的支持和友誼（Healy & Young Mothers for Young Women, 1996）。這些服務使用者認為，社會工作者表明與他們關係間的專業界線，對他們而言是重要的。

最後，必須注意那些與「心理」論述有重要連結，尤其是剛發展且具爭論性的知識。特別是神經科學論述，其很多核心知識的宣稱是「完全未確定的」（White & Wastell, 2013, p. 1）。在很多制度性脈絡的實務中，「心理」論述的影響會造成投入新興知識和維護我們的價值（特別是專業正直）等義務間的緊張關係。當神經科學的影響不斷增加，社會工作者將需要持續針對此論述對實務的利弊進行嚴謹的評估。

社會學論述

社會學與「心理」專業對專業社會工作的影響是一樣重要的。社會學論述嘗試以多種方法來解釋人類行為的社會起源和結果。他們提供「一系列關於社會生活與經驗的觀點、評論和解釋」（Cree, 2010, p. 201）。相反的，社會工作者則使用這些觀點去解釋在實務中遭遇的現象和引導他們的回應方式。

如前面所討論，首波社會工作教育計畫主要採借來自社會學而非心理科學的觀點。19 世紀末，依據 Cree（2010, p. 3; Bloom, 2000）所說，社會學和社會工作的計畫雙雙連結於現代化年代的指望：

　藉由科學發現和理性研究，「真理」可能被揭露，將可引領社會運作和個人生活的提升。

　　社會工作和社會學共享的知識基礎，主要可從 Jane Addams（1860-1935）的工作獲得證實，在 20 世紀初期，她在快速發展之社會工作和社會學領域的專業組織中居於領導位置。更甚者，在赫爾館工作的 20 年後，Addams 首次於 1910 年的發表中。說明她的工作取向為社會實驗的形式，關於社會變遷的知識是藉由參與改變活動而建立的（Addams, 1938）。

　　然而，第一次世界大戰後，社會工作者從社會學觀點撤離，「心理」專業則成為社會工作者接收觀念的重要來源。1950 年代末，鐘擺再次回到社會科學，特別是社會學，一系列此主題的出版品破土而出，如 Peter Leonard（1966）被廣泛引用的《社會工作中的社會學》（*Sociology in Social Work*）一書。此時期變遷的政治脈絡促使一套新社會服務方案產生，包括社區發展、貧窮緩解的倡議，以及社區健康服務等。為使這些新的設置是可信且有效的，社會工作者必須重新將其知識基礎，從原本個人化心理分析的架構，轉向能認識服務使用者生活之社會脈絡的觀點。接下來數十年，社會工作領域中持續爭論，關於運用社會學觀點分析服務使用者面對的問題、社會工作專業及社會服務組織等（Pearman, 1973; Brewster & Whiteford, 1976; Day, 1987; Sullivan, 1987）。目前社會學論述仍然持續有助於社會工作理論的建立，特別是與現代批判和後現代實務取向有關（Gray & Webb, 2009）。社會工作連結的社會科學理論並不只限於社會學論述，然而除「心理」專業之外，社會學論述的影響遠超過任何其他專業。

　　如今，社會學論述在社會工作中的位置並非沒有受到挑戰。實際上，隨著新古典經濟觀點和「心理」論述重新獲得主導，社會工作者可能面臨不斷增加的壓力，認為應回歸將焦點放在個人責任和個人改變（Cree, 2010, p. 95）。即便如此，社會科學觀點，特別是社會學，持續遍及後工業世界的社會工作教育方案中（Hutchinson et al., 2001）。更甚者，大眾對於服務提供品質的期待和來自消費者團體要求全人、預防性和民主的實務取向，均使得社會科學觀點對社會工作者而言始終是重要的。接下來，將討論社會學論述影響當代社會工作實務專業基礎的主要途徑。

　　社會學論述主張人類是社會性生物，並挑戰社會和個體問題的個人化解

釋，將焦點轉移到維繫這些問題的社會實務和社會結構（Stein, 2003; Cree, 2010）。例如，社會學家Davis與George（1993, p. 22）批判生物醫學論述並沒有認識到「疾病和健康與其所在的人群社會組織有緊密關聯」。換言之，社會學論述指出，很多我們認為屬於個人的事物如疾病，也是一種社會性組織和產物。

　　社會學論述也重視社會經濟地位形塑個人生活經驗和生活機會的方式。社會科學研究不斷呈現社會經濟弱勢對一系列健康和福祉指標的衝擊，這類研究證實，多數經濟弱勢的人比起具經濟優勢的人，有較高比率會經歷慢性生理和心理健康問題及早產死亡（McLeod & Bywaters, 2000）。藉由揭露社會經濟地位對生活機會的衝擊，社會學論述挑戰新古典經濟論述以個人選擇和個人責任為核心的概念（參見第三章）。

　　此外，社會學論述注意到社會「實體」的社會建構，以此質疑主流論述仰賴「客觀實體」的觀點，同時鼓勵我們質疑前述「心理」觀點的個人化取向。批判性社會科學研究揭露了人們對於本質的共同理解，如健康、疾病、正常、瘋狂和犯罪等，具有歷史和文化的變異性。更甚者，社會學論述也對社會實體如何被決定，且某些人的建構優於其他人，有所質疑。Cree（2010, p. 199）力促我們去檢視那些「試圖展露特殊意義、定義和證據類型的既得利益」。

　　最後，社會科學聚焦各專業如醫學和社會工作，以及被視為研究對象的衛生福利制度。廣泛而言，這些研究計畫撼動了常識觀點，亦即專家知識和衛生福利制度是關懷和仁慈的，而凸顯其是權力壓迫形式實務的媒介。在社會工作範疇中，社會學觀點挑戰社會工作是一種照顧專業的職業自我形象，揭露其控制功能優於照顧功能（Dominelli, 1997, p. 20）。這些關鍵性的研究使社會工作者對自身實務的目的和作用，得以採取更自我反省和批判的姿態。

個案研討　比較「心理」和社會學的論述

　　想像一下，你是一名在非政府社區支持組織工作的社工。就業服務機構的工作人員轉介一位45歲的中國籍男性Michael給你，以進行諮商會談。

這名工作人員說，Michael 的家庭情況導致他很憂鬱，且已影響其找工作的能力。

當你見到 Michael 時，發現他穿著非常整齊，攜帶公事包，像是將去工作。他輕聲的說話並時常向你鞠躬。Michael 告訴你他已經結婚 20 年，有一個 15 歲的兒子和一個 12 歲的女兒。他說，這是一個被安排的婚姻，沒多久他們就移民到澳洲。他的家人都在國外，他是一位會計師，曾經有過成功的自營企業。

Michael 說，大約十年前，他的太太開始攻擊他，包括身體和情感虐待。她騷擾和攻擊他的客戶，讓他的事業難以繼續經營。Michael 說，她的攻擊在過去數個月更加惡化，他描述她在街上跟蹤他且虐待他；當他睡著時，對他身體攻擊且用刀子威脅他。當他在家時，他的兒子也開始以言語辱罵和威脅他。他的生意失敗了，現在依靠福利救助金作為主要收入。

Michael 懷疑他的太太有精神病，但卻拒絕看醫生。他的岳母更暗示他的太太在青少年時期就有心理健康問題。在太太很暴力時，他曾經聯繫心理衛生危機小組，但他們表示除非他的太太願意就醫，否則什麼都不能做。

Michael 相信他一定是做錯了什麼，造成太太變得混亂，但他卻無法找出是什麼事，甚至懷疑是因為前世做了什麼事而被懲罰。他認為留在太太和孩子身邊是他的職責，且因他們是如此的不開心而感到羞愧，並說他不配被稱為男人。

Michael 不願向家庭醫生提及此事，因為這將暴露家庭的恥辱，但他卻無法入睡、緊張、焦慮和憂鬱。他為自己和家人感到無助和害怕，並認為沒有正面的解決辦法，但他想要工作以便能支付貸款和養活家人。他希望獲得協助以恢復自信，並找到策略幫助他因應家庭的情況。

為了引導你的思考，下列這些問題可能是有幫助的：

- 上述何種資訊和議題是「心理」論述所強調的？
- 上述何種資訊和議題是社會學論述所強調的？
- 這兩種論述的何種觀念會如何影響你對 Michael 的處遇？

對個案研討的回應

「心理」和社會學論述都吸收了人文取向，鼓勵我們身為社會工作者應設法了解 Michael 的處境與觀點，並促進他的自決。該個案研討也帶出一些議題，關於 Michael 的安全和他的太太使用刀威脅 Michael。依據心理衛生和刑法，我們有義務將此性質的事件報告給有關當局，如此可能遮斷了我們使用「心理」和社會學論述去分析和回應此案例。儘管如此，這些論述會引導我們以極不同的方式來研究這個案例。

透過「心理」透鏡，我們可能會聚焦在：

- 以診斷觀點分析 Michael 和他太太的心理狀態：我們掌握可能對心理疾病診斷有建樹的資訊。Michael 表現出一些憂鬱和可能是其他心理疾病如焦慮的症狀。他說他的太太也可能罹患嚴重的精神疾病。
- 心理風險因子的評估：目前的資訊指出 Michael 可能面臨嚴重風險，無論是因罹患憂鬱疾病，或來自太太拿刀威脅他。
- 韌性來源：Michael 面對生活中重大挑戰——移民和適應外國文化，以及最近因生意失敗而喪失地位。從「心理」觀點來看，我們將探索 Michael 面對這些挑戰時可用的韌性來源。

就此觀點分析，一個可能的行動方針就是將 Michael 和他的太太轉介給心理衛生專家，進行精神醫療評估和可行的精神醫學處遇，如給予藥物。「心理」專業者也可能提供如認知行為治療等治療，此被發現有助於減緩憂鬱。使用「心理」論述的洞察，社會工作者也需要持續提供支持性個案工作處遇，以協助處理他的無助和孤立感，即便 Michael 接受了精神醫學的評估。

相對地，使用社會學取向時我們可能會重視：

- 家庭生活和性別角色的社會組織：例如我們可以檢視身為一位丈夫和父親的文化期待，即 Michael 必須是負擔家計者且此造成他的憂鬱。
- 心理健康和疾病的文化建構：我們可能會質疑就業服務機構的工作人員將 Michael 的問題建構成「憂鬱」，並以此歸類他的顧慮。我們嘗試了解 Michael 的回應不是一種個人的心理病態，如同「憂鬱」所標籤的，

而是將其視為一種回應結構不公條件的反應。我們應該也要揭露Michael如何看待與太太的經驗，探尋其他可能的解釋，而不僅只有心理疾病的暗示。也可以揭露 Michael 是否是家庭暴力的受害者，且該如何提供他適當的支持和選擇以離開目前處境。

• 聚焦結構和社會不公義：社會學的透鏡鼓勵我們在結構和社會脈絡中察看 Michael 的問題。在很多後工業社會，中年白領階級的男性面臨的失業問題日益嚴重，一部分是因全球化，一部分是工作職場的技術改變。Michael 的情況不單是因為「憂鬱」衝擊其求職的能力，同時也包括中年白領工作者處於勞動力市場弱勢的情形。也有可能是因身為文化少數的成員，導致Michael在找工作時面臨種族和文化歧視。從社會學觀點而言，我們將與他一起揭露這些重要事項。

就此分析，我們可能的行動方案是，首先藉由找出與他所在情境有關的廣泛因素，且幫助他聚焦在這些因素上面，而非針對他的情境進行個人解釋，以減少 Michael 的無助感。我們將鼓勵他批判反思其所承擔的社會期待，亦即找到有酬的工作以成為男人。我們目標在建立社會支持，使他能達成有社會和文化意義的角色。例如，我們可能聚焦於他如何在社區運用自己的會計和企業知識，協助中國機構或幫助年輕人發展這個領域的技術。

檢視問題

現在，我們已經考慮了社會科學論述的關鍵主題及其在個案研討中的應用之後，請討論在你感興趣的社會工作實務領域中，你所看到社會學論述之優勢和局限性。

社會工作中社會學論述的運用與限制

社會學論述提供很多想法給社會工作實務者，使我們在服務使用者的社會脈絡中理解和說明問題（Stein, 2003, p. 105）。很多社會工作的文本明顯使用

社會學的概念，如社會經濟弱勢、地位和烙印化等，用於分析服務使用者的問題和發展社會工作和社會政策的回應（Dominelli, 1997; McLeod & Bywaters, 2000; Cree, 2010）。Cree（2010, p. 6）主張，沒有這些社會脈絡的批判性理解，社會工作者可能會採取病理視角且責難遭遇問題的個人和家庭，以致於「社會工作服務的使用者之生活永遠存在壓迫和歧視」。

　　社會學的分析也可以幫助我們，對於實務和工作中的衛生福利制度進行批判性的思考。例如，社會學取向可以讓我們批判的檢視，衛生福利制度和專業實務是如何與我們的價值觀（如自決）和目標（如充權）相抵觸（McLeod & Bywaters, 2000, p. 12）。批判分析可以引導對消費者的需要發展出新類型的回應方式，如公民引導的制度（McLeod & Bywaters, 2000, p. 12; Crossley & Crossley, 2001）。例如，在 Michael 的案例中，社會學的方法引導社工質疑「心理」標籤如憂鬱，而聚焦於幫助 Michael 在其文化社群中，實現具社會和文化意義的角色。

　　儘管社會學論述被運用於當代社會工作實務，此論述仍有許多問題和限制。首先，社會學（泛指社會科學）的目的和焦點（即系統性的建立有關社會的知識）與社會工作基本行動取向，兩者之間存在嚴重的緊張關係（Bloom, 2000）。Davies（引自 Cree, 2010, p. 6）主張「社會學家問問題，而社會工作者必須行動，好像他們有答案一樣」。社會工作者和社會學家處理問題的規模不同更惡化此緊張關係。特別是當觸及福利議題，很多社會學分析尋求系統性的解析整體社會體系，如監獄組織、兒童福利系統，甚或是整個社會，如後現代社會。相對地，典型社會工作處理較小規模的問題，聚焦在個人、家庭、團體或社區。社會科學研究有大量不同的焦點，特別是社會學研究；社會工作介入則要求謹慎地將觀點從一個領域轉換到其他領域，因為擔心遺漏每個脈絡的複雜性（Leonard, 1966, p. 97）。例如，社會學家分析少年犯罪的社會起源；社會工作者所做的則是另外一回事，是與一位犯法的年輕人一起工作，並與他一同面對其行動對家庭、同儕或受害者所造成的結果。

　　社會工作者和社會學家通常也採取不同的知識發展和運用過程。社會工作的行動取向引導社會工作者聚焦於對實務有直接幫助的社會學知識，如涉及到

他們工作的特殊現象之「事實」和理論，好比心理疾病、兒童虐待等。此資料通常無法與其原本於社會科學研究中較寬廣的型態有所連結。因此，據Leonard（1966, p. 97）指出，社會工作者的行動取向造成他們「賦予社會學知識，比起社會學家更為確實和更簡化的形態」。

更甚者，儘管社會工作與社會學之關係已有長久歷史，但這些專業之間的關係卻缺乏相互尊重和交換的特點。例如，有些社會工作者批評社會學家和其他社會科學家缺乏實務常識，有些社會科學家則評論社會工作者之實務連結缺乏理論素養。此種來自於社會工作者和社會學家諷刺「彼此」分歧的相互敵對，對於探索社會學論述在社會工作中的運用和限制是非常沒有幫助的。

最後，就如其他論述一樣，社會學論述的事實可被用於貶低其他觀點。在某些社會學分析中，其他論述的事實如生物醫學論述，被批評是社會建構和社會生活的「僅有領域」（Williams, 2003, pp. 16-19）。然而這些建構也能提供有用的方法，去了解和回應案主所關心的事務。例如，在個案研討中，社會學論述可能使我們忽略生物學對 Michael 的憂鬱可能產生的影響，以及從生物醫學回應與他有關的情形。社會工作者的工作環境通常存在著對問題的競爭性定義，且服務使用者的問題可能要求我們利用這些競爭論述的資源做出回應。例如，結合生物醫學和社會處遇可能對Michael有幫助。因此，在社會工作實務脈絡中，我們無法將社會學論述置於其他論述之上。如同Leonard（1966, p. 98）所警告：

> 社會學的命題同樣需要謹慎面對，質問支持其的證據，並置於一個考量生理、心理和社會的全人架構下。

結論

社會工作的正式基礎吸收一系列的觀念。隨著社會工作專業的發展，所吸收的一系列多樣化的專業論述中，最主要是心理學和社會學。今天，這些論述仍相當有份量，且它們構建現代專業社會工作的程度，隨地域和實務脈絡而變

化。這些論述被賦予重要的角色，建構我們成為社會工作者和我們的實務目的，重要的是我們要能夠批判性反思這些論述在特殊的社會工作脈絡中，達到社會工作的目標和價值的用途和限制。

摘要問題

1. 哪些心理分析論述觀念，至今持續影響社會工作實務？
2. 「心理」論述的知識如何幫助或限制了社會工作者促進服務使用者自決的能力？
3. 社會工作的評論者認為，什麼是衛生福利服務脈絡中神經科學影響不斷增加下的機會和顧慮？
4. 在協助社會工作者從實務中實現社會正義的價值方面，社會學論述的優勢和局限是什麼？

推薦書目

「心理」論述

- Matto, H. and Strolin-Golzman, J. (2010) Integrating social neuroscience and social work: Innovations for advancing practice-based research. *Social Work*, 55(2), 147-56.

   社會工作者應該主動將神經科學整合到實務中。本文聚焦在成癮領域，指出神經科學說明了成癮的神經學基礎，且可藉由大腦影像技術評估生物—心理—社會（biopsychsocial）處遇的效果。神經科學對提升社會工作實務有重大的潛力。2014 年，與 Michelle Ballan、Matto 和 Strolin-Golzman 等人出版《神經科學之於社會工作》（*Neuroscience for Social Work: Current Research and Practice*）（紐約 Springe 出版社）一書，是此主題可進一步閱讀的有用資料。

- Nicolson, P., Bayne, R. and Owen, J. (2006) *Applied Psychology for Social Workers*, 3rd edn. (Basingstoke: Palgrave Macmillan)

卓越且精錬的概述一系列心理學論述對社會工作實務的影響。詳細討論心理動力理論運用於社會工作的歷史，並說明這些觀點持續到目前的影響。著重在心理學觀點對於生命週期和在一系列人際及鉅視實務環境中，社會工作實務的潛能和影響。

● Rose, N. (1999) *Governing the Soul: The Shaping of the Private Self*, 2nd edn. (London: Free Association Books).

廣泛的引證工作描繪社會學興起的歷史和對心理科學的衝擊，關於心理觀點對社會科學的影響提供有很好的研究材料。批判心理科學對於個人管理的角色，且對於涉及這些理念的社會工作或其他人群服務專業採取批判立場。

● The Royal Society (2011) *Brain Waves, Module 1: Neuroscience, Society and Policy*. (London: The Royal Society).

對於門外漢而言是一本很棒的綜合性入門書。神經科學的研究者和政策分析學家摘錄神經科學的主要概念，並提供關於神經科學對於一系列社會和公共政策領域之潛在的用處、限制和倫理考量等重要的爭辯。

● Wastell, D. and White, S. (2012) Blinded by neuroscience: social policy, the family and the infant brain. *Families, Relationships and Societies*, 1(3), 397-414.

神經科學在兒童福利領域實際和計畫運用的批判分析。警告神經科學的運用，認為此領域的知識尚無法轉換成政策，且很多重要的倫理和實務考量仍然未決。

● Woods, M.E. and Hollis, F. (1990) *Casework: A Psychosocial Therapy*, 4th edn. (New York: McGraw-Hill).

介紹心理社會實務模式很棒的經典文本，嘗試將心理動力分析和生態系統觀點整合到社會個案工作中。

社會學論述

● Cree, V. (2010) *Sociology for Social Workers and Probation Officers*, 2nd edn. (London: Routledge).

淺顯易讀地介紹社會學觀點和其在多種社會服務脈絡中的運用。

● Gray, M. and Webb, S. (eds) (2013) *Social Work Theories and Methods*, 2nd edn. (London: Sage).

綜合性的介紹社會科學、人文和文化研究等領域中，主要思想家對目前社會工作的影響。

第五章

他類論述
公民權、宗教及靈性、
環境社會工作

陳雅玲　譯

　　本章我們將著眼於另一套的論述，這套論述在當代許多實務脈絡中已（再次）出現影響力。論述內容有公民權、宗教及靈性與環境社會工作。儘管這些論述，尤其是公民權和宗教論述，在許多脈絡裡已被日漸納入主流的衛生福利服務，在此，我們將其稱為「他類論述」，因為此些論述雖如同第四章中討論的人文科學論述，涉及對人們的需求提供全人回應，但質疑人文科學論述的觀點，其乃是社會工作者提供實務時所憑藉以建構知識的基礎。他類論述提供更多建構衛生福利服務的方法，但本章所關注的是這些論述如何建構核心概念，像是案主的需求與能力，以及提供衛生福利服務，其中包含社會工作者的角色。圖 5.1 點明我們於本章關注的論述。

　　圖 5.1 中的他類論述置於主流論述的下方，如同第四章的人文社會科學論述，用以顯示這些論述從屬於生物醫學、法律和新公共管理等形塑當代衛生福利制度的主流論述。他類論述與社會工作發展史上正式知識基礎所引用之人文社會科學之間的連接，顯現兩套論述間的強烈互動。

　　許多人文科學以外的論述形塑著案主的需求及建構社會工作實務。有些相關的論述，像是人權和共產主義論述，也影響改革與批判服務提供及社會工作

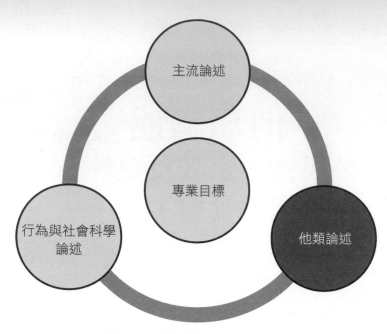

圖 5.1　互動的論述：強調他類論述

實務的某些面向。我們關注於公民權和宗教及靈性相關的論述，將其視為他類論述，因為它們顯現日益壯大的影響力，在主流的衛生福利脈絡裡影響決定案主需求及服務提供的過程，像是醫院、政府單位、大型非政府社區服務組織等等。因為對於環境的考量及環境運動對社會工作實務日增的影響，我們也會討論環境社會工作。

　　儘管此些論述被稱為「他類」，是因為它們並沒有主導社會工作實務工作者的主要服務機構，整體而言也不被視為專業的核心，但它們的影響力仍然重要且在增長中。

　　超過 40 年來，公民權運動挑戰主流建構將服務使用者視為被動接受者，提倡視他們為主動參與者以決定和回應自身的服務需要之參與論述。再者，經過至少 20 年後，宗教及靈性論述於衛生福利服務裡再次成為有力的社會工作實務；但是宗教組織過去於專業發展或是現在於許多國家的社會工作實務場域裡，都一直扮演著重要角色。宗教組織一直是社會福利裡的重要部分，特別是

在 20 世紀的兒童安置提供，今日復興的宗教論述影響力可被歸因於某些當代力量，包括在新公共管理脈絡裡的服務私有化。另外，靈性論述對於衛生福利服務日興的影響力，可被歸因於服務提供者和使用者的激盪，他們一直主張承認靈性需求對於提供具有全人和文化敏感度的衛生福利服務輸送之必要性。在過去十年間，社會工作者加入日趨熱化的環境議題爭論中，承認對物理環境的關注是社會工作者經常引用的生態系統取向之必要延伸（Dominelli, 2012）。

　　他類論述質疑主流論述（第三章）及人文科學論述（第四章）裡構成案主需求和衛生福利提供的方式。藉由提出不同的方式，他們質疑用個人主義、理性、客觀及線性的進步直線主張以鞏固生物醫學、新古典經濟主義及法律。例如，公民權運動挑戰生物醫學的先進地位，因其顯示此類處遇會否決服務使用者達成自身福祉與安康的其他選擇（Sparrow, 2005）。他類論述也質疑人文科學論述中，社會工作過去以來信賴的論述，例如，靈性論述挑戰現代社會工作核心的人文社會思潮，這些思潮關注於人，視人們為達成個人與社會改變的起因，也因著此種認知而否認靈性權威及意義於某些服務使用者生命中的位置。

　　他類論述也和人文科學共享社會工作專業傳統上使用的普遍假設。例如，公民權論述和批判社會學論述承認權力與衝突的關聯，將形塑衛生福利制度中的關係及服務。同樣地，環境社會工作承認系統取向對社會工作的重要，而且試圖將其擴大，納入物理環境（Mary, 2008）。另外，當他類論述挑戰社會工作的正式基礎時，它們也提供新的機會以達成某些社會工作者承諾的價值，像是提倡自我決定、社會正義及全球社會變遷。

　　儘管他類論述具有提供新觀點的潛力，重要的是仍要批判與謹慎地使用。對於服務使用者的需要與服務角色，雖然它們可能提供有用的另類建構，仍會受到質疑。社會工作文獻中，某些實務領域出現對宗教影響力日益增加的批評，本章也將考量此些批評，以及在衛生福利服務提供領域裡對公民權與環境社會工作論述的評論。簡言之，社會工作者對於他類論述必須採取批判的立場，了解達到其擁護者宣稱的解放目標乃是有局限性的。首先，我們轉向分析公民權在衛生福利服務中的特性與影響力。

公民權論述

公民權論述將服務使用者視為具有權利的公民，其具有權利與能力完全參與，以決定自身的衛生福利需求。這種具有權利的公民建構，乃與主流論述和人文科學論述的傾向呈現對比，他們將服務使用者建構為處在衛生福利處遇裡的被動主體（Crossley & Crossley, 2001）。公民權論述意圖鬆動「正常」與「不正常」的主導建構，而且，藉此為之前被視為「不正常」者開創良機，讓他們獲得更多機會，自己選擇生活，過得充實且有生產力。我們是「不同」但我們是「平等」的（We are 'different' but 'equal'），此為許多公民權運動的行動信念，其論述也因而出現。

衛生福利領域裡的公民權運動

公民權運動的出現可以追溯至 1970 年代，那時，不同衛生福利領域的行動主義者開始將服務使用者的經驗與公民權運動連結（Campbell & Oliver,1996, p. 49; Crossley & Crossley, 2001; Shakespeare, 2006）。過去 40 年間，在不同的衛生福利領域裡出現廣泛的運動，包括「復元運動」（Carpenter, 2002, p. 86）及「復健運動」（Bland et al., 2009, p. 43）。今日，公民權運動已出現於衛生福利的各個領域，而且涵蓋廣泛的關注議題，包括乳癌、性健康、HIV/AIDS、器官捐贈、心理衛生、殘缺及老化。

衛生福利領域裡的公民權運動成員，意圖挑戰經常被衛生福利專家附加於他們身上的病理標籤，認為此些標籤貶抑服務使用者的生命經驗及能力。例如，「不同能力的」（differently abled）一詞比「障礙」（disabled）更能被接受，因為前者承認透過障礙而獲得的能力。同樣地，「倖存者」一詞傳達出，從人群服務系統的不當對待或各種健康挑戰裡倖存之人的力量。

公民權運動經常與具特定生命經驗者所組成之社群的發展互相關聯。這類社群的一個目標是建構另類服務，藉此讓此些公民的能力及生活選擇可以被承認及強化。相較於衛生福利輸送中的主流模式乃是依賴著專家，這些另類服務意圖將服務使用者納入服務輸送中各個決策層面（Bland et al., 2009, pp. 48-58）。

　　通常，公民權倡導者視法律為促進及保護服務使用者權利的工具（Barnes, 1996; Shakespeare, 2006）。尤其是 1975 年聯合國「身心障礙者人權宣言」，其被普遍視為障礙者權利運動的轉捩點，此宣言肯定了障礙者的社會參與權（Campbell & Oliver, 1996, p. 19）。運用人權的架構，將看似個人決定影響而被壓迫的衛生福利弱勢族群之議題，被公民權團體再概念為人權的議題。例如，有些公民權倡導者主張某些明顯是個人性的議題，應被理解為人權議題，而不是家庭成員及照顧者的個人決定，像是對於有嚴重智能障礙的年輕女性之避孕及經期管理（進一步討論見 Carlson & Wilson,1998; McCarthy, 2009）。

　　如同其他公民權運動，公民權論述提倡使用批判思考及集體行動。尤其是提升的批判意識被公民權論述擁護者所使用，以發展社群及服務使用者覺察對於具障礙或心智健康挑戰的人士所經歷之源自於歧視及各項不利條件的社會勢力。例如，經由反思心理健康復元運動，Carpenter（2002, p. 89）觀察到充權過程是「自社會對障礙的反應中復元，同於自障礙本身復元」。可以使用公開抗議來吸引注意力至社會規範及慣例，其造成系統地排除某些公民。例如，具障礙的人士已加入公開示威，以抗議大眾運輸及建築等公部門失於確保公共設施（utilities）的無障礙設施（Campbell & Oliver, 1996, pp. 152-3; Shakespeare, 2006）。這些行動不僅達成實務的改變，像是改善公共空間的無障礙設施，還藉由展現具障礙人士是積極的改變原動力，以挑戰文化刻板印象。

公民權論述中的關鍵主題

　　衛生福利領域中的公民權運動甚為多元，本段落我們關注於和新社會運動關聯的公民權論述。這些運動使用批判的社會科學理論和進步主義的政治價值及立場，像是集體主義及再分配正義，廣泛地與政治右派相互關聯（Campbell & Oliver, 1996, pp. 100-1; Oliver, 2001）。

　　公民權論述的一個核心主題是關注於社會結構與文化議題，視其為問題的起源及服務使用者面臨的阻礙。障礙研究學者 Tom Shakespeare（2003, p. 199）主張「顯然地，相較於生物學，障礙問題與社會及文化過程更為相關」（Sparrow, 2005, p. 137）。在許多的障礙領域裡，公民權運動的成員高度批判

個體生物及個人病理觀點，而此些觀點主導著衛生福利制度中案主需求及服務提供過程的建構。相較於生物醫學論述聚焦於生理病因的診斷與改善，公民權論述提出健康及良好狀態（wellness）的社會模型，關注於「移除或改善社會及環境障礙，以達充分的社會、身體、生涯及宗教參與」（Quinn,1998, p. xix; Campbell & Oliver, 1996; Oliver, 2001; Shakespeare, 2003）。案主需求的建構從個人改變擴及至社會改變，已經造成另類服務的形成及開放主流服務給不同能力的人們。

　　深層的主題則是對能力的強調，至少從兩方面切入。第一，拒絕病理觀點而關注於承認服務使用者的能力，此些能力源自於從健康挑戰及／或人群服務制度中倖存的生命經驗。反思心理健康服務中的復元運動之影響，Carpenter（2007, p. 87）說明：「復元運動最為根本的前提，乃是有精神障礙的人們能復元，確實會復元」。公民權論述邀請我們將目光看得更廣，超越遍布於衛生福利服務裡的病理標籤。

　　另一個使能力被承認的方法，是就不同能力與經驗的正向價值而論。公民權論述挑戰「正常」與「不正常」之間的對立，其主導許多衛生福利的論述，像是「心理」及生物醫學論述。公民權論述主張不同能力的人們其需要應被承認，並視為廣大的人群經驗和能力光譜上的一部分。此論述挑戰衛生福利制度，認為此些制度本身應開放給多元的案主需求，而非僅治療特定的案主群，像是心理疾病的「倖存者」，如同帶給此些制度額外負擔的「特殊」個案。

　　公民權論述主張服務使用者的需求是「社群」需求，而不是「治療」需求。此論述顯示許多「進展」（advance）在促進服務使用者的社會融合上沒有太大作為，特別是醫療及助人實務工作，像是支持性個案工作及福利提供。因此需要支持他類社群，在其中服務使用者的需求可在與其對話裡被認可，得到全人方式的回應，而非以片段及個人主義式的回應。當然，有些公民權運動的成員已指出，衛生福利專業的「助人」實務面對服務使用者的擔憂，因未能加以承認及支持社會融合式回應，反而會加深對服務使用者的壓迫（Crossley & Crossley, 2001, p. 1484; Oliver, 2001, p. 158）。例如，有些聾人社群的成員主張，新科技帶來聽的「希望」，卻也反應出聽人社會對聾人全然的不寬容（Hyde &

Power, 2000）。

公民權論述鼓勵我們對於衛生福利服務和一般社會中的權力差異，都要懷有批判，而此些差異乃被用於弱化力量及邊緣化服務使用者（Carpenter, 2002）。此論述凸顯服務使用者的利益是由制度中具權力的專業團體所建構，也主張為了滿足自身需求，服務使用者必須先從制度裡權力團體的手上取得決定權。如同 Mike Oliver（2001, p. 158）主張：「獨立生活……差不多就是從醫生、其他專業人員及福利行政官員手上營救出（障礙的）身體」。透過復元及重視他們身為被壓迫社群成員的生命知識，公民權運動的成員主張他們擁有在自身生活裡，或更具體而言，於定義自身衛生福利需求方面的專長。公民權論述也對專家聲稱的客觀、理性及真實的知識表示懷疑（Crossley & Crossley，2001, p. 1484; Oliver, 2001, p. 158）。專家對於服務使用者生活的說明，僅只是一個真實，而不是唯一的真實。

最後，根據公民權論述，服務使用者在為自身利益行動前，需要對於他們所經歷的壓迫發展出自我覺察。對於有些障礙權利運動的成員而言，帶有批判的自我覺察過程關乎挑戰將障礙視為個人悲劇的主流文化敘述，替代以視障礙為此些人士所面對之困難的結構與文化基礎。另外，發展集體認同對於戰勝壓迫極為重要。例如，個人不再被視為一個患有思覺失調的人，反而被視為一個被壓迫的健康弱勢團體的成員，在這個例子裡，該團體被標籤為「精神病」（mentally ill）。Crossley 與 Crossley（2001, p. 1484）描述這個過程，並檢視心理健康服務裡的公民權運動，觀察後表示：

> 使用集合名詞，像是「我們」（we）和「我們受到」（us），伴隨著像是「倖存者」或是使用者的表述，具有重要意義……此些經驗不再純粹是孤單自我（solitary ego）的個人經驗，而是團體的、集體及互享的經驗。

現在請轉而思考一個實務案例，關於公民權論述如何與案主需求和服務提供的主流建構相互衝突。

實務演練　性健康以及智能障礙人士

　　想像你在政府部門裡一個障礙支持服務的單位工作，你的角色是支持智能障礙的年輕人。你正和 Elena 工作，她是一個 17 歲且具有中度智能障礙的女生。Elena 有個支持她的家庭，她與家人同住且未來也很有可能繼續同住。你除了和 Elena 工作外，你也經常與 Trisha（57 歲）會面，她是 Elena 的母親也是主要支持者。Elena 的父親 Peter（58 歲）也支持女兒，但你去家訪時他常常在工作。Elena 的生活重心在於與年輕男性碰面，她稱他們為「男朋友們」，對你及母親透露她有很多位性伴侶，看起來她與性伴侶會面主要是透過認識的人，包括臉書上的朋友，有時與男子們的會面以糟糕的結局收場。最近，Elena 告訴你，有個她在臉書上遇到的年輕男人，先前他們曾發生性關係，後來他辱罵她，並讓她哭泣。

　　在 Trisha 安排下，Elena 服用避孕藥，但也發現除非是 Trisha 監督，不然有時 Elena 沒吃藥。Elena 不在乎未來懷孕的事，但你和 Trisha 對於她未來養育子女的能力感到焦慮，尤其是在目前的生命階段。Trisha 和 Peter 對於憂慮 Elena 可能懷孕已感到厭倦，也希望你所工作的健康診所為 Elena 注射長效型的避孕藥。他們考慮找些讓 Elena 絕育的方法，這些方法可能需經法庭審視 Elena 的情況。

　　你向 Elena 提過注射長效型的避孕藥的想法，她表示她不想要打針。

- 從身為社工的觀點，你看到的主要議題為何？
- 你的實務工作依據的原則為何？
- 你會如何協助 Elena 和家人做決定？

　　Elena 的例子點出可能存在於公民權、法律及生物醫學論述所建構的案主需求與服務回應之間的緊張關係。與我們的價值觀一致，社會工作者要為服務使用者的「最佳利益」而工作，但在此情境裡變得更加複雜，因為 Elena 對於了解可能的結果及其所帶來之後果的能力有限，例如懷孕以及與透過朋友認識

的男人們短暫相遇，對她而言是有害的。

公民權論述強調 Elena 的自我決定權，儘管 Elena 母親的擔憂也很重要，仍是排在 Elena 的選擇權利達到最大可能性之後（Tilley et al., 2012）。例如，從公民權觀點出發，McCarthy（2009, p. 205）將家庭成員及專家渴望預防具嚴重學習障礙的女性孕育子女，視為「過去優生學意識型態」的遺物。從公民權的觀點，我們與 Elena 的工作主要應關注於將她在各項決定的參與極大化，而且提供支持讓她創造健康與尊重的關係（Stansfield et al., 2007）。

生物醫學論述凸顯生物醫學方面的進步帶來「機會」，實現 Elena 想要性方面的表達，以及她的父母不想要 Elena 懷孕的渴望。不過，公民權論述的倡議者敦促我們去正視此些生物醫學上顯而易見的進步不是政治中立的，而且可能深化對邊緣化團體的壓迫，像是與障礙共存的女性。例如，在生物醫學論述中，特定選擇看似為偏好或無可避免，像是有智能障礙的女性遭受節育手術或服用節育藥物，而其他選項卻被作廢，例如她們想要成為母親（McCarthy, 2009; Tilley et al., 2012）。

與公民權論述進一步比較，當代法律論述意圖平衡 Elena 在決定中參與的人權，與監護人及照顧者等家屬對決定的影響，尤其鑑於 Elena 獨立決定自身最佳利益的能力，可能因智能障礙而受影響。如同 Stansfield 等人（2007, p. 577）所觀察：「普通法指導（common law guidance）裡聲明，對於缺乏能力者的替代決定，必須是其最佳利益和最小限制的選項。」在此脈絡下，要尋求性健康專家在家庭脈絡下提供最不具侵入性及最佳選項之指導，儘管考量 Elena 對於現有避孕方法的矛盾狀態，最不具侵入性的選項仍不太可能是如 Trisha 所提的絕育，Elena 和家人可能要考慮較長效的避孕方法（如注射荷爾蒙避孕）。就 Elena 的最佳利益而言，她與照顧者也須被充分告知任何替代的避孕方法之後果（McCarthy, 2009）。

在此情況下，「最佳利益」的概念在公民權論述裡被不同地闡述，其指涉的是意圖極大化個人的選擇權利；而法律論述意圖承認不同主體的權利，包括具權力的主體，像是監護者與照顧者。在與 Elena 及家人工作時，聚焦於知情同意會很有用處。知情同意的原則意味著，個人被納入「他或她的理解、推理

或決定時不受阻礙，而且能在沒有限制或不正當影響的情況下做決定」（Hyde & Power, 2000, p. 120）。我們可以提倡知情同意，確保 Elena 和家人更充分地被告知現有的可能性，此些選項既可用於處理 Elena 想要的性表達，以及處理家人所考量的讓她能夠在安全的環境下表達，也同時將懷孕的風險降到最低。

與知情同意的原則一致，我們應該要敏感於訊息如何提供給 Elena 和家人，確保健康專家給予的訊息是在特定脈絡下提供，意即敏感於有智能障礙的人士之權利與需求，而且尊重 Trisha 和 Peter 身為 Elena 的監護人與長期照顧者所承擔的責任。在此案例中，純然的公民權觀點有個危險，也就是它可能讓我們貶視照顧者及監護者的觀點，視其為「誇張或沒有根據」（McCarthy, 2009, 引自 Tilley et al., 2012, p. 422）。

公民權論述的批判分析

公民權論述與社會工作價值一致，建立於充權、自我決定和社會正義等價值上，而且提供實務策略予公民以參與決定他們的需要，以及選擇他們的需要將如何被滿足（Carpenter, 2002）。在很多實務脈絡裡，公民權論述日漸成長的影響力，使得社會工作者能夠去倡導案主的決定，即在主流的衛生福利環境裡與主流論述相違背的案主自決。在法律和政策制定當中，有部分是公民權倡議的結果，現在，很多主流的衛生福利制度被要求在決定時需納入服務使用者。在很多服務提供的領域裡，這些倡議活動對於公民主導的另類選擇，也引起更廣大的公眾覺察。社會工作者可以利用這些正在改變的政策工作和公眾覺察的程度，以支持公民的自我決定。

以許許多多的方式，公民權論述已經將部分權力轉回至在當代衛生福利系統中受壓迫的人們手中，而且幫助破除許多服務使用者經歷的孤立、自責和污名化，特別是那些有慢性疾患或障礙的人們。使用衛生福利系統之公民的權利，在法律保障方面已經得到改善。例如，過去 30 年間，在許多國家有智能障礙的人們已經獲得更多的法律保障以對抗強迫絕育，那是一種過去會發生但很少以法律規範的作為（Stansfield et al., 2007）。根據公民權運動成員的證詞（Campbell & Oliver, 1996; Crossley & Crossley, 2001; Carpenter, 2002），支持過

程、批判意識提升、技巧培養和集體行動等已經使許多成員具有能量，而且使其能對自己所定義的生活品質達成實質改善。藉由挑戰服務提供者來認識服務使用者廣泛的需求，而不是「治療」一個疾病，公民權論述已經促進此種對服務的創造，為服務使用者開拓機會，得以在自己的選擇下活得有品質。這些倡議的焦點超越滿足「健康」或「福利」需求，而是提升服務使用者的社會、文化和經濟福祉（Crowther, 2007）。

在衛生福利提供的許多領域中，可觀察到公民權論述已對由公民主導的服務之實質擴展形成貢獻，特別是對於有障礙的人口群（Campbell & Oliver, 2006; Crowther, 2007）。此些服務打破衛生福利專家主導的服務輸送過程，而且使提供給受壓迫服務使用者團體的服務範圍及種類更為多元化。公民主導的服務經常從提供給衛生福利弱勢群體的直接服務，擴及至支持服務使用者的能力，使其參與組織管理與更廣泛的社會改革行動（Campbell & Oliver, 1996, p.169）。再者，在促進社會融合以及頌揚多元社會的目標下，公民權論述從狹隘的案主需求建構，擴及至合併對需求和利益的重視。

儘管公民權論述有許多長處，現在公民權運動內外仍存有許多爭辯，在於此論述對促進服務使用者的利益及福祉的限制（Corker & Shakespeare, 2002; Shakespeare, 2006）。一個爭論點是倚靠著建構於性別、種族、階級、健康、能力和其他社會類別的固著認同。此些認同的類別可以是非常有用及具有政治必要性（Thornton, 2000, p. 19）。不過，倚靠著固著認同，例如自我定義為「一個有障礙的人」或是「一個乳癌倖存者」，會忽視認同的「暫時且流動的特性」（Thornton, 2000, p. 21）。易言之，關注於固著認同會忽略某種程度上個人的認同會隨時間改變，就像是人的狀態會改變，而且每一個認同的意義會隨時間、環境及情境改變。例如，有心理疾病的人，可能會發現他們的心理健康狀態不會一直是認同的顯著面向，特別是健康時期。

當認同環繞特定特徵而建構時——「一位不同能力的人」或是「一位心理疾病倖存者」，公民權論述可憑藉對差異的壓迫和特定團體成員之間的衝突。儘管有時是政治必要，但當涉及壓抑差異時，像是政治觀點、利益和認同的差異，對於固著性集體認同的依賴會變成壓迫（Humphrey, 1999, p. 182）。例如，

具有障礙的女性和不同膚色的女性都關注到，關於性及生育權利之爭辯的想法，某種程度上是針對白人、中產階級、身體無障礙（able-bodied）女性所主導的女權主義（McCarthy, 2009）。同樣地，有些HIV/AIDS公民運動的成員挑戰健康倡議行動的主導是環繞在男同性戀者的需求之上，而其他團體的利益已被邊緣化，像是HIV陽性的女性和女同性戀者（Humphrey, 1999, pp. 177-8）。

再者，當特定的認同與利益支配著一個認同團體時，當中的成員會面臨順從團體規範的集體壓力。Humphrey（1999, p. 183）提出警告：

> 所有社群產出自有的規範，並隨時間強化；而且，一個建立於特定認同的社群，可能會精煉此認同並且強化同質性，只是程度的多寡而已。

因此，選擇不要順從由集體構成團體主張的個人，會面臨制裁的威脅及可能的排除（進一步討論見 Campbell & Oliver, 1996, pp. 78-80）。有時，尋求提倡自我決定價值的社會工作者，可能要支持個人表達與集體認同不一樣的認同及觀點，像是心理健康服務倖存者。

另一套考量和衝突觀點有關，這也是有些公民權論述類型的依據。過去十年間，關於障礙的社會模型之限制的爭論已出現，此模型是許多障礙的行動主義之依據，以確認失能於形塑具有障礙人士的生命經驗時所扮演的角色，以及創造出社會融合與社會正義的選項。當批判障礙的社會模型時，Shakespeare（2006, p. 56）聲稱：「儘管他們（社會模型主義者）說……『人們因社會而障礙，不是因為他們的身體』，我主張『人們是因社會及因他們的身體而障礙』」。鑑於「失能的複雜本質」造成達到平等的獨特挑戰，Shakespeare（2006, p. 65）質疑障礙權利行動主義與公民權運動的結盟。

衛生福利服務使用者的行動主義與公民權論述之結盟，也會造成權力關係之複雜本質的無形化，尤是存在於人際間與機構間各層次的權力關係。當然，公民權論述的倡導者已揭露於人權濫用的領域，像是年輕孩子的絕育（Brady, 1998; Stansfield et al., 2007）。然而，當公民權論述被用為做決定的主要架構，它可能有失於正視在做決定時人際面向的困難，加重像是家庭成員等「利害關

係人」的照顧工作量。例如，上述的案例，降低父母想要預防青少年女兒懷孕的渴望是沒有幫助的，如同「否認生育權利」（McCarthy, 2009, p. 206）。

另一個有關的考量是，對立的認同政治活動用以異化潛在支持來源的可能性，存在於一般社群和衛生福利制度內的權力團體之間。例如，有些行動主義者採用對抗的戰略，來對待負責人工耳蝸植入手術科技之發展與執行的工作者，基於此科技可能否認作為聾人，在自身主導下過著充實且有生產力生活的權利。他們抗議使用植入的傳統醫療方式，抗議標語上將外科醫生描述為新的「貝爾森集中營的屠夫」（Hyde & Power, 2000, p. 119; Sparrow, 2005）。這類對抗戰略，雖修正個人基於認同類別而被視為同盟或敵人，對於促成改變而可能形成的潛在聯盟卻具有破壞威脅。從障礙權利觀點出發，Crowther（2007, p. 794）也提出對此些運動的關切議題造成邊緣化危機的警告：「如果將具生產力的夥伴關係被放在意識型態的純淨祭壇上犧牲，並以孤立主義形塑著行動」。這並非否認有權力的專家及經濟利益在追求改變時可能需被質疑，而是要承認，強大的忠誠或許會發生在個人身上，而他們可能也是這些團體的成員。

另一個問題是，對於權力與認同採取的對立方法，可能引起卓越的哲學家Neitzsche 所稱之的「怨恨」的政治（Healy, 2000, p. 53; Thornton, 2000, p. 19）。「怨恨」一詞意指，由被壓迫群體成員，對看似從不公平的社會結構中受益的個人或群體，所表現出的一種敵意形式。在怨恨的政治裡，被認為享有特權的人要為使他們的特權繼續存在的既存社會結構負起個人責任。當公民了解自己是倖存者，承擔著「見證其他人或是命運在自己身上造成的看不見傷口」時，這樣的態度可能從意識喚醒的過程中形成（Rose, 1999, p. 268）。一方面而言，當個人挑戰，關於自己的負面刻版印象是應由他人全然負責的結構壓迫而不是個人缺陷的議題時，意識喚醒的過程可能被視為解放的經歷。但另一方面來說，這可能限制個人追求權力的能力，因其將改變的責任置於其他更有權力的人或團體的手中，而且將自我認同縮限在被污名化的個人。Rose（1999, p. 269）指出，在怨恨的政治裡：

一個人的認同是環繞著受難、要求補償、做出賠償、承擔責任——一個透過反轉而讓污名有意義的方法，以及讓自己附屬於它，如同個人美德的真正標記。

如果公民權論述的目標是讓個人的選擇多元化，則以公民或團體成員的身分建構我們的認同，將會關上這些選擇之門。

最後，或許無意間公民權的論述會強化新古典經濟論述的某些面向，特別是趨向達成服務提供時更大的經濟效率。要留意公民權運動提出的一些要求，那些要求是為了增加服務提供的控制，以及減少專家涉入被政府及其他補助單位當作合理減少社會服務預算的理由。增加公民參與需搭配對必要的政府投資之要求，如此，所有公民皆被支持，而得以領悟自己參與服務系統及社會的權利（Crowther, 2007）。

宗教及靈性論述

我們現在轉向與宗教及靈性有關的論述，介紹在一般衛生福利制度和尤其在社會工作實務裡，它是如何建構服務使用者的需求和服務提供。儘管大多數的社會工作者視此專業為非宗教性質，我們仍應看到衛生福利脈絡及社會工作專業被宗教及靈性的信念與想法強力形塑。我們從區別靈性及宗教開始，並且列出此些論述中的關鍵主題，然後，討論此些論述如何影響社會工作服務脈絡及服務輸送，並且考量在社會工作脈絡裡，宗教及靈性論述於實務上的運用及議題。

何謂宗教及靈性論述

在非宗教的世界，「靈性」及「宗教」這兩個名詞經常交互使用。然而，對許多學者、實務工作者及服務使用者而言，這兩個名詞有著很重要的差異。Lindsay（2002, p. 48）將宗教定義為「一個有系統的信念及修行體系，其關乎靈性的追尋」。此概念與個人如何為他們的生活創造意義相連結（Zahl, 2003;

Holloway & Moss, 2010）。宗教的靈性信念及修行呈現多樣化，包括冥想和禱告集會，乃至激進社會行動。此外，如同 Hutchison（1998, p. 58）主張：「宗教也關乎互助，以及對人們及其生活環境的慈悲關懷所進行之共同表達」。簡言之，除了支持個人的靈性追尋，宗教論述常產出有組織的活動形式。

　　相較之下，靈性是關於尋求生命意義及目的（Lindsay, 2002; Zahl, 2003）。根據 Hutchison（1998, p. 58）所言，「靈性的主要焦點是在個人以及心理的過程，藉此組成某些類型的世界觀，而且有意識地與世界聯結」。不同於宗教，靈性沒有必要加入有組織的修行及機構以表達信仰。不過，這不代表宗教與靈性有必要彼此分割；只是說明靈性意義的追尋可以是發生在沒有組織與沒有制度化的基礎上。再者，許多團體沒有正式地與宗教信仰或機構有所關聯，像是有些女性及環境團體，仍很強烈地投身於靈性活動，並視其為廣泛改變使命的一部分（Lindsay, 2002, p. 35）。

宗教及靈性論述中的關鍵主題

　　儘管宗教及靈性論述具有相當多的差異，它們具有至少四個相同的主題。第一，宗教與靈性論述讓人們注意到非物質的世界。此種對於非物質世界的相信及關注，與啟蒙運動之理性、可觀察的世界之想法呈現強烈對比。非物質世界可能包括一個人的內在世界，像是一個人的信念與價值。許多宗教論述也關注於超越塵世存在的非物質世界，像是來生。

　　第二，宗教與靈性論述關注於人們與神或是神秘力量的關係。對神的見解在各個宗教及文化團體裡各不相同，如同個人與神的關係。例如，天主教與猶太教想像神是更高的存在。相較之下，原住民靈性中的某些形式，認為靈性存在於自然環境（Bennet et al., 2013）。再者，許多非西方的宗教傳統並未將人與「神」分開，例如，印度教相信人內在的神性（Nigosian, 引自 Crompton, 1998, p. 33）。

　　第三，宗教及靈性傾向活動的主要目標是為了提升靈性的良好狀態。在大多數的宗教與靈性信仰體系中，在世界上做好事是為了尋求靈性之良好狀態的一個可能結果，而不是這些好事的直接目的。根據Swift（1956, p. 1）所言，教

會的中心目的是：

> 透過禮拜以建立及維持使人與神可能變得更親近的方法。關心人類之人道，最終會無可避免地從與愛且公平的神之融洽關係而生，但是就任何宗教，它永遠居次。

　　然而，對其他靈性團體而言，一個人靈性的良好狀態是與物質世界裡的行動交織而成。例如，解放派神學家主張，人與神的個人關係應透過革命行動表達，目的在於將被壓迫者從社會及結構壓制中解放（Lindsay, 2002, p. 27）。

　　第四，宗教及靈性論述的產出根基於其信仰體系的道德架構（Hutchison, 1998, p. 59; Kissman & Maurer, 2002）。儘管不同的宗教及靈性信仰體系有其多元性，但最被提倡的價值系統可以被廣義地定義為，提升人類的福祉及對他人的照顧與慈悲（Hutchison, 1998）。從多元的宗教及靈性信仰體系而生的道德架構，對主流論述的重要想法提出深刻的挑戰。例如，宗教及靈性論述能挑戰生物醫學關於維持生命的原則，像是，一個人或許會拒絕可能得以救命的治療，因為它與其宗教信仰體系相抵觸，並影響其與神的關係。同樣的，關於慈悲及照顧的主張，也會挑戰基於新古典經濟論述而強調的理性及經濟效率。

社會工作實務中的靈性及宗教論述

　　當大多數的後工業社會越來越多是世俗社會（Levine, 1998, p. 118; Lyons, 2001, p. 58），宗教及靈性論述深刻地形塑許多脈絡中的社會服務輸送及社會工作實務，尤其是非政府部門。新公共管理的影響意味著在有些國家，像是澳洲、紐西蘭、加拿大及英國，通常具有宗教基礎的私人慈善團體在服務提供重新發揮功能。再者，儘管社會工作是個世俗的專業，國際社會工作者聯盟（International Federation of Social Workers）及國際社會工作學校協會（International Association of Schools of Social Work）承認社會工作者「對靈性議題的正視將是社會工作知識基礎的必要成分」（Holloway & Moss, 2010, p. 19）。此處將考量這些論述形塑當代社會工作的重要方法。

專業的社會工作是根基於宗教組織（進一步討論見Lindsay, 2002; Holloway & Moss, 2010）。在大多數的後工業社會，包括澳洲、紐西蘭、北歐國家及英國，信奉主流的天主教及新教之慈善團體是當代社會工作的先驅。在美國，天主教及猶太教信仰提供社會工作的基礎（Levine, 1998, p. 119）。由於源自宗教慈善，專業的社會工作與一些主流的宗教信仰具有相同的價值基礎，尤其是天主教及猶太教信仰。認可此些共通處，有些社會工作者視此專業為一個天職，與他們服務眾人的宗教或靈性承諾乃是一致的。例如，從對 30 位投入天主教或佛教的社會工作者的研究，Lindsay（2002, p. 77）發現他們全部都堅稱「常見關於社會正義及使人們充權以活在充實且真實的生活中之重視，把社會工作連結至他們的靈性信念」。

另一個宗教及靈性論述影響社會工作實務的方法乃是，有時社會工作者被要求回應服務使用者的宗教或靈性需求。有些領域的社會工作者面對案主的靈性議題是非常明確的，像是安寧照護，但是服務使用者可能在其他很多實務領域裡也提出靈性及宗教的議題。根據 Speck（引自 Lyall, 2001, p. 48）所言，使靈性及宗教議題顯得重要的情境種類，包括：

- 失去意義，像是重要人際關係的破裂，或是失去工作。
- 強烈的痛苦，像是與嚴重精神疾病或藥毒癮有關的痛苦。
- 罪惡感或是羞恥感，可能發生於受虐兒童的父母。
- 對於涉及不同專業處遇方式之倫理議題的關心，像是從事體外人工受孕治療的決定。
- 缺乏對神的信心或是對神感到憤怒，例如可能是因所愛之人的死亡。

服務使用者可能尋求社會工作者處理宗教或靈性議題，正是因為他們視此專業為非宗教專業。服務使用者可能見到此專業沒有與特定宗教或靈性基礎結盟，視為提供可以討論靈性議題的安全環境，像是對神的憤怒或是失去信念。有些評論者主張，了解服務使用者的宗教或靈性需求是全人照顧的重要面向，與照顧物質及情緒需求不可分離（Edwards, 2002, p. 83; Kissman & Maurer, 2002, p. 35）。按理說，實務工作者應要留心個人對他們自身的經驗賦予意的方法

（Bland et al., 2009, p. 64），以及自在的討論服務使用者提出的靈性議題（Holloway & Moss, 2010）。

對於文化敏感的實務工作而言，對靈性及宗教信念與修行的理解很重要。原住民經常表達對土地及社區的靈性連結，這也影響他們如何與衛生福利系統互動（Bennett et al., 2013）。例如，靈性信念可能要求個人及家庭要服喪一段特定時間，也可能要求在工作或正式約會中缺席，像是與衛生福利專業人員的會面。了解與社會工作者一起工作的多元文化團體於此些靈性儀式的本質及重要性，得以協助案主與衛生福利系統協商。Holloway 與 Moss（2010, p. 2）也指出，當社會工作者尋求以文化敏感的方式與少數族群一起工作，此專業一直被挑戰之處是關於一種程度上的辨識，即對很多人來說「宗教架構對他們的生活而言，是生活品質及解決問題方法的根本」。

宗教論述形塑社會工作的另一個方法是透過宗教組織在社會服務提供上復興的影響力。社會工作專業源自於 19 世紀末英國及美國的宗教慈善團體，但是當國家承擔更多提供社會服務的責任後，此專業從宗教慈善團體轉向公部門。橫跨後工業世界，從 1980 年代快速發展的社會服務私有化趨勢，已經讓宗教組織在服務提供中的角色更為擴大（Harris et al., 2003）。私有化涉及服務提供的責任從政府轉移至非政府部門（Healy, 1998, p. 10），而在後工業社會中，許多中至大型的非政府社會服務組織都有一個宗教基礎（Industry Commission, 1995; Hutchison, 1998, p. 63）。此外，很多這類的機構是立基於後工業社會裡主流宗教的傳統，尤其是天主教及猶太教（Hutchison, 1998, pp. 63-4; Harris et al., 2003）。因此，社會工作學門的畢業生越來越多在宗教附屬團體工作。同樣地，也會有越來越多案主被具有宗教及社會服務雙重使命的團體所服務。

然而，就宗教論述灌注於社會服務的結構與提供的程度而言，宗教組織仍面臨限制。法律及宗教論述之間存在著緊張關係，尤其是關於人權與平等機會的法律，宗教論述尋求的是促進基於特定信念及價值的不同處遇。在2012年，英國上級法庭駁回私人收養機構「天主教照顧」（Catholic Care）的上訴，該機構尋求排除同性伴侶使用其收養服務的權利（National Secular Society, 2012）。法官在判決中考量了法律裡對平等的規定，以及「促進對異性戀及同性戀平等

對待的一般社會價值」（Catholic Care and Charity Commission for England and Wales, 2012, p. 24, para. 66）。而在某些脈絡裡，宗教慈善團體仍基於宗教論述，而肆意採取差別待遇。例如，在澳洲，非政府社區服務組織可以將對特定宗教彰顯的承諾，納為這些慈善組織的高階工作之雇用標準，即便是這些慈善組織接受了政府對此類職缺的大額補助經費。

檢視問題

在何種情況下，如果有的話，宗教附屬組織應該被允許要求員工展現對機構宗教信仰體系的信奉？在何種情況下，如果有的話，這類的要求應是不合法的？

宗教及靈性論述的批判分析

在此，我們要想想宗教及靈性論述可能如何支持及擴展，或是限制社會工作實務及社會服務輸送。首先，很多宗教及靈性論述，包括佛教、基督教、伊斯蘭教及猶太教，與社會工作的人道價值基礎一致或提供了支持（Canda, 1988; Lindsay, 2002）。因此，某些實務脈絡中，組織的宗教使命及社會工作服務的使命是相容的。例如，Hutchison（1998, p. 57）主張：

> 在猶太—基督傳統中……教會相關的機構有很好的條件在提供慈悲的照顧予脆弱和貧窮的人們中擔任主要角色，並代表這些人們倡導使服務更可負擔也更可及的政策。

宗教論述的一個好處是，相較於透過許多非宗教福利服務而存在的典型服務，藉由此論述建構的服務可能提供更為全人的回應予服務使用者。特別是在宗教附屬服務裡的服務提供者，很可能視靈性需求為服務使用者眾多需求中的一部分，此在某些脈絡裡對服務使用者而言很重要。宗教附屬組織傾向將對需求的回應建構為不只是服務專業獨攬的事件，而是整體信仰社群的責任。於此

觀點視之，在補助機構與宗教組織之間的正式服務契約之外，這些機構有能力動員信仰社群裡的成員去提供支持及照顧（Harris et al., 2003）。例如，宗教附屬的就業機構可能有能力與社群中的商業人士接觸，以尋求就業機會給服務使用者；或者一個宗教附屬的心理健康服務，可能將社群成員納入提供精神疾病人士的一般社會支持。如此一來，有些案例裡，基於宗教社群的服務相較於非宗教組織可提供更廣泛及更具成本效益的服務（Harris et al., 2003, p. 95）。

儘管具備此些好處，許多社會工作評論者仍提出關於宗教及靈性論述在社會服務提供裡的考量。這些考量包括，歷史上，宗教制度在某些服務使用者團體的壓迫及剝奪上扮演著特定角色。例如，在某些國家，如澳洲及加拿大，主流的教會被控參與歷史上對原住民的殖民，其透過傳教活動，未能承認原住民的靈性信仰體系，而是企圖強加基督信仰體系於他們身上。而且，如同歷史及最近的調查顯示，對被照顧及保護的兒童而言，具宗教基礎的兒童福利機構是提供良好照顧的場所，但也是發生可怕虐待的場所。因此，有些服務使用者的團體，像是兒童福利機構的成年倖存者，可能不情願接受來自宗教組織的服務。另外，宗教及靈性論述有時是惡意的。如同 Holloway 與 Moss（2010, p. 37）所觀察：

> 我們需要承認，不是所有的宗教及靈性表達在他們的凡人意圖裡都是善意的，惡魔崇拜及納粹在華格納音樂裡的歡欣，即是兩個我們可放在這個類別的實例。

另一個批判是宗教論述與社會工作專業所立基的人文科學論述不相容。有些學者主張，是宗教及靈性想法與當代專業立基於理性和客觀知識的形象並不相容（Edwards, 2002）。

另個衝突的領域是，宗教及非宗教社群服務可能以不同且相當衝突的方式建構他們的主要目的。對於宗教組織是否應涉入非信仰的服務提供，宗教團體的成員及非宗教的評論者都對此表示懷疑。以信仰為基礎之服務中的部分成員擔心，政府的補助可能會淡化他們服務的宗教使命及價值基礎（Levine, 1998,

p. 123）。宗教組織的自主因依賴政府補助而被嚴重地限制，例如，方案受到補助標準及服務契約的規定而形塑。如此會限制宗教附屬服務提供者的活動。例如，基於宗教的服務可能有核心的使命，要為貧窮及被壓迫者進行倡議，但是他們的服務契約可能規定他們要避免公開批評政府的政策。

　　某些評論者提出，以信仰為本的服務對於非宗教的服務使用者及服務提供者而言，存有潛在的難以接近及不適當之擔憂。如同 Levine（1998, p. 133）指出的：「顯然地，各派別的機構是建立於服務特定案主群的需要，或是傳播特定目標。」這些目標或許與社會服務提供相衝突。例如，少年及家庭支持機構通常提供的服務，如轉介至家庭計畫服務或是健康性行為的訊息，這可能和有些宗教附屬組織的信仰體系相衝突。同樣地，有些服務提供者可能不願接觸連結於特定宗教團體的服務，即使這些連結主要是歷史的關聯。例如，一個穆斯林家庭可能不情願使用一個名稱上冠有基督字眼的機構所提供的服務。

　　另一個已出現的考量，是對於社會服務行政及輸送裡的服務提供者及其他人員潛在的宗教歧視。很多宗教組織具有核心使命，即是要宣揚神的話語及愛，並且將其視為必要，而組織的成員包括服務提供者都必須共享此使命。在很多國家，信仰為基礎的組織在接受政府補助時，必須遵守伴隨著宗教自由之平等機會的規定（Levine, 1998, p. 128; National Secular Society, 2012）。然而，對於其他信仰或是沒有信仰之人的歧視，可能以更細微的方式發生。例如，Hutchison（1998, p. 68）後來同意宗教組織是：

> 清楚表達現實的靈性闡釋，其視人們為社群成員，由其提供支持及互動的樣式，再由其促成健康成長及發展。他們試圖招納有著相似價值的委員會及工作人員。

　　對於相似價值的重視，也可能造成非主流基督教或宗教傳統的團體之邊緣化，像是具原住民信仰、佛教、印度教、錫克教或是穆斯林的人們。其他形式的宗教差異則較不細微。例如，信仰為基礎的社區服務組織，通常要求受雇者宣告對於機構之宗教使命的接受；可能以工作人員贊同工作中價值立場之意願

聲明的形式出現，或透過更壓迫的操作，像是要求受雇者簽署信仰聲明，或是提出上教堂的證據以作為聘雇的條件（Levine, 1998, p. 128）。

實務演練　認可靈性需求

　　想像你是在兒童醫院血液腫瘤（血癌）病房工作的社工。住在這個病房裡的兒童病人通常面臨極為痛苦的治療，而且他們當中有許多人死於癌症。很多家庭來到病房都會向你抱怨，儘管對於醫療及護理水準感到滿意，他們卻不相信自己的靈性需求被適當地認可，尤其在此最具有靈性需要的時刻。

　　來自眾多宗教教派的家庭都提出他們的擔心，但是那些非基督的信仰在靈性修行方式上受到最少的認可。尤其是非基督信仰的家庭聲稱，當他們提出靈性修行方式之認可的要求，醫院的工作人員通常會忽略，像是在兒童最初入院時，要先對他們孩子的病房加以祈福，或是與孩子在重大治療前有進行禱告時間的機會。

- 身為社會工作者，在此實務脈絡下，你會如何著手進行以提升更多對宗教及靈性需求的多元認可？

環境社會工作

　　過去的 20 年間，對於氣候變遷的影響之公共辯論及擔心已經增長，環境論述已經成為公共政策裡許多領域的重要考量。過去五年間，環境社會工作的文獻已經出現，其試圖闡明環境論述可以如何再形塑我們的專業基礎（Besthorn, 2012; Dominelli, 2012; Gray et al., 2013）。該論述在此稱為「環境社會工作」，其挑戰人類環境專業的特權，以及強調理性的問題解決；特色為，可歸因於非人類環境的疏忽和對人類需求的全人回應。環境社會工作論述的主要擁護者 Besthorn（2001, p. 38）主張，深層的生態觀點要求社會工作者「尋求全人及靈性靈敏的思考與工作方法……而且有一個與自己、他人和周遭世界全新的

相處方式」。

　　環境社會工作論述的特徵仍備受爭議；不過，數個特色已被指認。首先，對物理環境的識別是「人在環境中」觀點的必要延伸。運用深入的生態學，Besthorn（2012, p. 255）主張「深刻的正義……對於宇宙中所有事物的認識，如同套疊在一個由人類與非人類相互連結的複雜網絡之中。所有一切皆被視為具有內在價值及道德重要性（moral considerability）。」

　　再者，環境社會工作者主張，社會正義的價值迫使此專業涉入環境永續的活動。如同 McKinnon（2013, p. 156）聲稱：「越來越明顯可見，負面的環境結果有過大的比例被社會上最脆弱的成員經歷」。根據環境社會工作論述，社會工作者擔負倫理之責去處理環境議題，部分原因是環境惡化影響弱勢人口群甚劇（Dominelli, 2012; McKinnon, 2013）。

　　環境社會工作論述的擁護者極力主張，社會工作者應投入對於環境資源分配批判性的審視，以及建立當地社區的可靠性與永續性。例如，Dominelli（2012, p. 62）建議，社會工作者應該確保「在地化及具文化適切性的策略已經到位，其尊重社區中共享生存地域和物理環境的人們及有生命之眾生」。儘管有些人主張，環境社會工作論述應該形塑社會工作所有領域（McKinnon, 2013），但至今社會工作實務意涵的闡釋已經與微視工作方法的論述一致，尤其是政策倡議及社區發展。而在主要關注於個人及家庭的衛生福利制度裡，再形塑實務脈絡的意涵仍是不清楚。

　　儘管對於環境社會工作的興趣仍在增長，要社會工作者對於此論述採取批判與謹慎態度是基於某些好理由。第一個考量的議題為，環境社會工作是否提供新的見解或機會給社會工作者。社會工作專業自開始發展以來，一直具有關注於人在環境中的特色。社會永續的概念可能較少關乎實務的再定位，而較多是對於為了達到社會環境改變之專業責任的提醒。

　　相反地，於社會工作實務的範圍裡，社會工作者需要對於活動達到環境永續的程度提出疑問。毋庸置疑地，相較於其他人，服務使用者有很高的比例被環境惡化所影響，但社會工作者一般不會投入這類會造成環境傷害的活動，這個專業也沒有實質能力去影響那些造成主要傷害來源的工業。社會工作者影響

工業，像是開礦、全球運輸或是化學製造業，之能力及範圍有限。再者，試圖將環境永續活動納入實務之中，我們冒著取代或是忽視某些工作面向的風險，像是心理健康、家庭支持或是兒童保護工作，那些已經被良好建構的專業領域。

第三個考量是，對於不批判的欣然接受社會永續之概念，可能導致社會工作者免除政府及私人工業進行改變的需要。Smith（2010, p. 51）堅信，在環境社會工作的論述裡經常被提到的社會永續概念，可以支持新自由主義的待議事項：

> 其辭令是將權力移轉至公民，在第三部門的協助下將會表現得像是「新自由主義的主體」，而且處理新自由主義的緊張，乃是藉由提升社會能力、社會凝聚及社區主義。

在此的考量是，比起提升社會正義更重要的，社會永續可被政府用來免除自身因不公平的社會與環境政策所造成傷害的責任。

結論

這個章節裡，我們已經考量他類論述建構案主需求及服務使命的方式。在與公民權、宗教及靈性和環境社會工作有關的論述中，也考量此些論述可以如何擴大我們達到實務目的之能力，尤其是此些想法如何挑戰著形塑諸多當代實務脈絡的主流論述。然而，這些論述就像其他論述一樣，帶著真理的宣稱，會讓其他理解、回應服務使用者需求，以及識別實務目的與價值之方法，默不作聲。

摘要問題

1. 想想你的社會工作實務領域，或是你打算從事的領域，指認你所看到為了達成服務使用者的社會正義，公民權論述的長處與限制。

2. 宗教論述如何形塑當代的社會工作實務？

3. 有些社會工作者和服務使用者主張，社會工作者對案主靈性需求的回應應是全人實務裡不可或缺的面向。你的看法為何？

4. 環境社會工作論述中的主題為何？

推薦書目

公民權

- Shakespeare, T. (2006) *Disability Rights and Wrongs.* (Hoboken, NJ: Taylor & Francis).
  批判地檢視障礙的社會模型及障礙權利運動的重要原則。為了與障礙共存的人士，就其與障礙經驗共生和創造更公平的選擇與社會融合而言，而批評社會模型有失於適當地承認失能的角色。生動地說明障礙的不同哲學概念在醫療、社會照顧和行動主義者展現的實務方法中。

宗教及靈性

- Bennett, B. , Green, S. , Gilbert, S. and Bessarab, D. (2013) *Our Voices: Aboriginal and Torres Strait Islander Social Work.* (South Yarra: Palgrave Macmillan).
  由原住民及托雷斯海峽群島之社會工作者撰寫，文中包括對自然和靈性儀式的重要討論，以及在原住民和托雷斯海峽群島島民的社會工作實務中，可以如何示範對靈性面向的尊重。

- Holloway, M. and Moss, B. (2010) *Spirituality and Social Work.* (Basingstoke: Palgrave Macmillan).
  綜合地介紹社會工作實務中關於宗教及靈性的當代辯論，以及對社會工作者的責任與角色的分析，以肯定社會工作實務裡的宗教及靈性面向。

- Lindsay, R. (2002) *Recognizing Spirituality: The Interface between Faith and Social Work.* (Crawley, WA: University of Western Australia Press).
  檢視宗教組織發展專業社會工作的歷史。這是一份研究社會工作者及服務使用者的「社會工作實務裡，宗教及靈性主題上的經驗」之報告。對於所有對此主題有興趣者都有助益，特別推薦給澳洲讀者。

環境社會工作

● Dominelli, L. (2012) *Green Social Work: From Environmental Crises to Environmental Justice.* (Cambridge, Polity Press).

從社會工作觀點出發考量環境議題。主張融入我們所生活的物理及自然環境為社會工作實務的一部分。從預防環境惡化至創造更具環境正義的社會之實務連續體裡，分析及試圖延伸社會工作者的角色。

● Gray, M., Coates, J. and Hetherington, T. (eds) (2013) *Environmental Social Work.* (New York: Routledge).

藉由納入在環境社會工作新興領域裡，某些居於領導地位之作者的著作，試圖將注意力拉到一個幾乎是社會工作裡獨有的社會系統觀點之限制，並且在社會工作實務中，鼓勵併入自然環境和承認環境議題。

● Mary, N.L. (2008) *Social Work in a Sustainable World.* (Chicago: Lyceum).

概述從社會工作論述轉向至欣然接受環境概念之事例。利用社會工作專業的歷史發展，主張如果此專業要挑戰對全世界所面臨且對弱勢人群影響最大的重要環境造成改變，社會工作者必須運用環境永續及變革之概念。

推薦網站

● www.un.org/disabilities

United Nations Enable網站致力於障礙議題。提供「身心障礙者權利公約」之訊息，以及其他關於聯合國支持障礙者之社會與經濟參與的資訊。

第三部分

社會工作理論的實務

我們現在專注於理論的實務。與其他社會工作理論家一致（Howe, 1987, p. 16; Payne, 2005），「專業實務理論」一詞也被稱為社會工作理論，在這裡指正式理論，用於指導和解釋社會工作實務。此些理論是為涉及社會工作實務特殊領域所發展的，如社會工作實務的動態模式（圖 2.1）所概述的，正式理論是社會工作專業基礎的組成部分。這些理論大體上形塑了我們在社會工作實務中的目的，因為理論中界定了社會工作介入的主體，以及實現這些理論提出的社會工作目的所應使用的實務方法。

第六至十章討論了五種社會工作理論（見圖P3），每一種都有不同的方式來構建我們的專業目標、實務原則及應用。

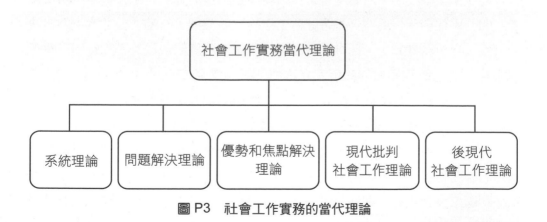

圖P3　社會工作實務的當代理論

在這五種實務理論的介紹中，我們認真討論了每種方法發展的歷史、地理和制度性脈絡及其原初目的。在每一章中，將討論至少一個（有時更多）相關的具體實務理論包括此些理論在實務中應用的假設、原則和技術，並藉由批判地檢視其假設和支持原則出現的脈絡，幫助讀者評估每種理論在社會工作實務脈絡下的潛力和侷限。

這五種取向是根據一些標準選定的，所有標準都以理論與社會工作實務的相關性為中心。第一個指標是關於當代衛生福利服務之制度性脈絡部分。社會工作通常由衛生福利機構的社會工作者執行，而不是由個別服務提供者執行；對於新手社會工作者尤其如此（Donnellan & Jack, 2010）。在這些情況下，社會工作者往往面臨著明確的時間和其他的資源限制，這使得資源密集型方法是不可行的，例如心理動力理論。實際上，儘管我們已經概述了心理動力理論觀念對主流實務的持續影響，但是完整的心理動力理論架構很少被用作主流服務機構實務的指導理論，且由於社會工作者對心理動力理論的廣泛批評（見第四章），因此它不包括在這裡。這些約束使得實務社會工作應用更多結構化與有效性的方法，例如任務中心的理論，即是與許多實務的脈絡有關（見第七章）。

第二個指標是與社會工作的目的相關，因為這是透過我們的價值觀及在當代實務脈絡下構建的。所有社會工作的理論強調並促進社會工作者與服務使用者之間的夥伴關係，此關係符合社會工作的核心價值，有助於促進案主的自決和公平（Trotter, 2013）。此外，夥伴關係的概念已經體現於身心障礙到兒童保護服務之衛生福利領域的政策和立法中（討論參見 Campbell & Oliver, 1996; Healy, 1998; Connolly & Morris, 2012）。對夥伴關係的新重視使得右派政治的影響變小（如新古典經濟論述的影響越來越大），融合服務使用者的自我負責與左派的政治影響（像是公民權論述相關的新的社會運動），進而支持以權利為基礎的服務提供。在各種方式中，這些不同的政治力量和論述促使對專業技能和福利國家父權主義的關注日益增長。反過來說，這正是對以夥伴關係為基礎的實務取向提供了政策性的支持。

第三個指標是理論與社會工作的正式知識基礎間的相關性。此些理論基本

上都是在社會工作實務與社會工作相關領域的研究者和實務者所發展出來的，而參考自其他學科來發展的實務理論，例如動機式晤談，則唯有當它們可以協助開發或實施社會工作實務理論。一些社會工作實務的理論也可以看為是跨學科的，例如焦點解決理論和敘事取向理論。重要的是，雖然承認其有跨學科的基礎，我們還是會看見社會工作者實質上參與領導這些理論的發展，並闡明其與社會工作實務的相關性（White & Epston, 1990; Berg, 2000; Berg & Kelly, 2000; White, 2003）。

第四個指標是擴展社會工作理論基礎的界限。近幾十年來，「後現代」理論如後現代主義和後結構主義，影響了社會科學和社會工作理論的發展。來自後現代理論的敘事治療，其聲名與流行程度也促使實務工作者對這些理論產生相當的興趣。第十章介紹了「後現代」理論，並表明社會工作者經常在實務中使用後現代的概念，因為他們認識到背景脈絡和個人差異是構建個案需求及實務目的的知識。

對於這些理論的最初背景脈絡和目的，以及這些理論在實務中的原理和技術的討論，目的不是指導你選擇一種特定的方法，而是幫助你積極地參與目的構建，並為你在實務服務中提供理論實務的綜合性選擇。

第六章

系統理論的三波風潮

王明鳳　譯

　　系統觀點鞏固了社會工作專業上的知識發展。有些社會工作理論學者主張人類問題的系統性以及需要介入以增進案主與環境的互動，使社會工作從其他的人群服務專業裡被區分出來（Meyer, 1976）。系統分析著重在內部與多元的「社會」系統，包括親友關係、鄰里系統、組織系統、社會政策及社會結構體系上的人際互動。系統理論旨在強調促進個人與社區福祉的作用，以及在社會工作介入方法上提出了許多要點以增進個人與社會環境的合適性。

　　系統理論在社會工作的教科書與實務上歷久不衰，可歸功於其對人們周遭環境的理解與回應與社會工作的長期任務是一致的（Gordon, 1969, p. 6; Bartlett, 1970, p. 89）。雖然系統理論提供了方法來了解問題和爭議，但大家普遍一致認為系統理論無法提供介入方法（Leighninger, 1978; Wakefield, 1996a, 1996b; Mattaini & Meyer, 2002）。過去 30 年以來，複合系統理論的發展，已經對喚起社會工作的系統觀點有了很大的助益（Warren et al., 1998; Hudson, 2000; Stevens & Cox, 2008; Wolf-Branigin, 2009）。

　　本章節將細覽系統觀點在社會工作的起源，以及討論三波系統觀點的假設和實作應用：一般系統理論、生態系統理論，以及複合與混沌理論，並推斷出系統理論在實務應用上的優勢與限制。

系統理論的脈絡

　　系統理論就像本書中所涉及的所有實務理論一樣，利用了源自社會工作領

域之外的論述。因此，儘管系統理論有助於社會工作的指導和解釋，但這些理論的核心概念卻沒有在社會工作實務上被發展及打算運用。如圖 6.1 所示，系統理論被擺在第一位以反映其歷史地位，它是第一種被社會工作者特別運用在社會工作實務上的理論。首先，我們將思考系統理論在社會工作的起源及應用。

社會工作的系統理論起源

　　根據 Woods 與 Hollis（1990）所提及，一位美國史密斯大學社會工作學系的社會學家 Frank Hankins，於 1930 年首先在社會工作中提出「系統理論」一詞。在「系統理論」被提出以前，新興的社會工作者採取了「人在環境中」的觀點（Kemp et al., 1997, p. 23; Richmond, 1917）。Richmond（1917, p. 365）認為社會工作者必須協調個人與社會變遷的方向，並主張「社會變遷與社會個案工作必須一同進步」。

　　在本世紀中期，心理學的關注議題主導了社會工作的實務知識，特別是在美國（Kemp et al., 1997, p. 21），直到 1960 年代，個人與環境並重才得回在社會工作理論的顯要性。1964 年，社會工作理論先驅 Florence Hollis 呼籲社會工作者採取「社會心理」觀點，也就是要認知介入評估的「社會和心理學」層面（Woods & Hollis, 1990, p. 14）。此時，心理動力論已經失去它在社會工作領域

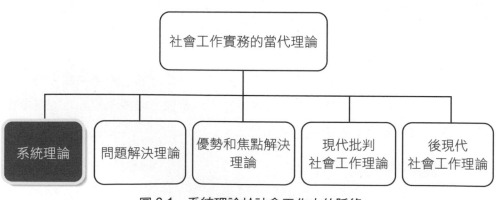

圖 6.1　系統理論於社會工作中的脈絡

統合的影響力，社會工作的專業性也因社會工作者採取心理途徑和致力於社會脈絡兩者的緊迫情勢而變得支離破碎。在 1960 與 1970 年代，有些評論家認為系統理論可以為社會工作專業帶來統一的架構，正如同此架構可以為社會工作者的介入辨別個人與社會的系統（Bartlett, 1970）。

第一波：一般系統理論

系統理論於 1930 年代已被運用在專業的社會工作領域上，直到 1960 年代社會工作者在實務上制訂了一套特殊的系統途徑。在此期間，Gordon Hearn 和同僚們於美國社工協會率先發表這一個理論在社會工作上的應用（Hudson, 2000, p. 216; Hearn, 1969）。最初的系統理論強調其具潛力為社會工作專業提供科學可信性，並發展整合理論基礎：「用不同形式獲得社會工作實務的核心要素」（Gordon, 1969, p. 5）。一般系統理論（general systems theory，簡稱GST）質疑上個世紀中期的專業社會工作文獻過度注重個人主義，鼓勵社會工作者「要更加關注於環境變化」（Hearn, 1969, p. 65）。

一般系統理論是來自生物學家 Ludwig von Bertalanffy，他嘗試將生物系統理論應用到社會工作（Leighninger, 1978, p. 448）。在 1920 年代早期的著作中，von Bertalanffy（1968, pp. 11-12）認為系統途徑比「因果」模式更加適合處理所有系統類型之間（包含生物學的系統、機械學的系統、社會學的系統）的複雜交互關係，並認為系統概念和人群服務行業有著相當的關聯性，尤其是心理學和精神病學。他質疑行為主義學家發表的人類像「反應機器人」，並主張認可「積極人格系統」（von Bertalanffy, 1968, p. 207）。von Bertalanffy（1968, p. 219）提醒要注意個人和社會環境間的「交易」，並提倡個人心理健康只能當個體「在特定文化框架內保持完整框架」的情況下被理解；換句話說，從一般系統觀點來看心理病狀，我們能發現它是由個人及文化環境產生的，並非是由個人心理所產生。von Bartalanffy（1968, p. 219）質疑心理諮商師，並要他們轉移注意力，從「挖掘過去」轉向著重並了解目前的衝突，致力社會及心理的重新整合，並為未來目標定向。20 世紀中，這項提案讓心理學、精神醫學以及社會工作在精神分析框架中徹底分離。誠如第三章所提及，時至今日，系統觀點

可被用來質疑著重個人主義之衛生福利服務的主流論述。

一般系統理論的概念

　　一般系統理論的原提倡者用生物術語解釋社會工作實務中案主需求、情況及其目的。雖然生物術語是為鞏固社會工作的科學可信度，然而許多社會工作者對生物術語卻非常陌生。在此，我們會將一般系統理論的核心概念考慮進去，包括交流作用、恆定作用、趨疲原則、殊途同歸性及回饋。以下，將用 Stella 的案例來思考如何運用一般系統理論的概念。

個案研討　Stella

　　Stella 是一名患有中度自閉症的 10 歲女孩。自閉症是一種會影響個人對其社會環境的感知能力與互動能力的發展性疾病。自閉症診斷普遍來說是男性多於女性，所以 Stella 的情況有點不一樣。Stella 年幼時便被診斷出患有自閉症，而且她也患有中度智能障礙。Stella 並沒有參加針對自閉症的特定復健計畫或治療療程，她的雙親致力於讓她能參與並融入主流社會，而且她有去托兒所和學校上課。

　　Stella 和她的雙親到了兒童心理健康服務處來見身為社工人員的你。Stella 和她的雙親擔心她在建立朋友社交圈所遇到的問題，她在學校受到霸凌，沒有任何一位小朋友想和她玩，而且還推她、罵她。Stella 在手臂以及大腿部分有大塊瘀青，但是從她自己的觀點來看，她覺得自己最大的問題是沒有朋友。Stella 的雙親為了她被孤立及受到攻擊而感到心力憔悴。他們之前有嘗試幫她換學校，但是到了新學校問題還是會反覆發生。他們想要把 Stella 留在這間學校，因為他們覺得有些能提供支持的老師會給她協助。

交流作用

　　首先，人和環境之間的「交流作用」（transaction）概念對一般系統理論而

言是至為重要的（Gordon, 1969, p. 7）。從一般系統理論的觀點來看，社會工作者的角色即是去了解個體與環境之間的交流以及推動「為了產生誘發成長與環境改善交流之目的」的改變（Gordon, 1969, p. 10）。社會工作者為了聚焦在交流作用上，他們試圖解析來自個人或環境的「輸入」，接著透過「有機個體到環境與環境到有機個體」的「生產」來達到目的（Gordon, 1969, p. 7）。在 Stella 的案例裡，交流作用分析會部分聚焦在辨別她在遇到問題之環境裡的輸入。舉例來說，社工可以跟 Stella 和她的雙親一起探究，到底是為什麼 Stella 的溝通技巧與行為會導致她成為霸凌者的對象。交流作用分析也可以觸碰到環境層面是如何引起並維持 Stella 所遭遇到的問題。舉例來說，可能可以探討缺乏的資源，像是學校裡面可能缺乏可以促進 Stella 參與融入學校環境的身心障礙人士輔助服務。

恆定作用

「恆定作用」（homeostasis）的概念是指「一種生物有機體的傾向，在其體內運作中尋求和保持某種操作平衡，或者至少在某些限制中保持運作」（Leighninger, 1978, p. 448）。社會工作者將此概念表示為維持一個穩定狀態「是人體組織成長所必須的」（Bartlett, 1970, p. 103; Gordon, 1969）。在 Stella 的案例裡，可以把恆定作用的概念用在至少兩個方面。首先第一個方面，它讓我們能夠辨別Stella以及許多她在學習歷程中所使用的系統，對於改變的抗拒。比如，校園的群體可能會抗拒改變，因為他們察覺到其會對現有資源分配造成威脅；換句話說，他們可能會害怕資源假如被直接用來解決 Stella 的問題，那麼其他學校問題可能就會被忽視。有一種解決此情況的方案就是社工與學校合作，以確保並增進給予身心障礙孩童的資源分配。第二個方面，來尋求改善對人類成長至為重要的環境狀況。Stella 的雙親不希望她換學校，所以可以探究的部分便是其他非校園的區塊，好讓 Stella 拓展並建立朋友圈。社工可能試著聚焦在 Stella 的天生才能與後天能力，像是藝術和運動便可用以將她與一個非校園的網絡進行連結。

趨疲原則

「趨疲原則」（entropy）的概念起初是論及「宇宙趨於混亂的傾向」（Hearn, 1969, p. 65）。一個關於恆定作用與趨疲原則的觀念提到，恆定作用是有其必要性的，趨疲原則則是需要被控制的。Hearn（1969, p. 66）認為社會工作者的角色是為了增加個人與環境系統協同運作的次序。回到 Stella 的案例上，從一般系統理論的觀點來看，可以了解到 Stella 的社會環境是在符合趨疲原則的狀態下，因為她與同儕和學校環境的互動不良好。社工在此的角色便是改善環境的交流作用，以便減少系統內在與系統間的趨疲原則。

殊途同歸性

「殊途同歸性」（equifinality）是指對一個問題總是有很多解決之道的假設（Leighninger, 1978, p. 452）。根據 Mattaini 與 Meyer（2002, p. 6）所提到的殊途同歸性的實務意涵，是指「一位社會工作者可以從很多方面進到一個個案裡，其中有許多進入方式能得到相似的結果」。把這個概念用在 Stella 的案例裡，發現其中有很多可以用來解決問題的系統。與其尋找單一的解決方法，我們可以將大範圍的解決方法都納入考量，其中包含了下面幾項：

- 家庭諮詢可以讓 Stella 和她的雙親去處理他們所面臨的壓力。
- 訓練 Stella 的社交技巧，包含建立她對評估情緒和生理安全的能力。
- 把學校層面納入考量，包含會晤老師以建立減少霸凌的策略和尋求身心障礙支持者的基金援助。
- 政策的介入主要目標是增加學校對身心障礙孩童的認知與資源的分配。

殊途同歸性的原則認為，所有的介入措施都有助於改變 Stella 面臨的問題。

回饋

「負向回饋」（negative feedback）的概念是透過系統自我調節來進行監控和矯正的過程（Leighninger, 1978, p. 460）。有個關於回饋的例子是，以過去經驗為

基礎而進行的學習與改變自我的行為（Bartlett, 1970, p. 103）。在 Stella 的案例裡，我們能辨別出 Stella 過去成功處理此類問題的經驗，並將這些技巧統整到她現在的環境中。

「正向回饋」（positive feedback）的概念是一個處理過程，在該過程裡系統特色被放大與確立。舉例來說，我們時常在社會系統裡看出某些不同處，像是班級、性別與道德的觀念，其被強化然後整合在各式各樣的社會關係裡。在一般系統理論裡，「正向回饋」並不是指所屬的特質就必須一定正向，應該說正向回饋是一種「以破除既有迷思，躍入更高的創造與功能層次」（Hudson, 2000, p. 218）。Stella 的案例裡，這種概念可以被用來分析同儕對她的霸凌行為是如何變成既有現象，然後探究什麼樣的介入方法才是「抑止」此種惡行的捷徑。

一般系統理論對系統導向之實務模型的發展有助益，其中最著名的是由 Pincus 與 Minahan（1973）以及 Goldstein（1973）所提出的單一模型。在社會工作理論實務發展上，這些模型的萌生與發展曾有顯著的國際影響力（Specht & Vickery, 1977; Boas & Crawley, 1975）。然而最後，諸多社會工作者認為一般系統理論有根本上的瑕疵（Mune, 1979; Payne, 1994, p. 9）。評論家認為一般系統理論對抽象概念以及「機械式的、非人本質的表達方式」過度依賴，導致疏遠了大多數的實務社會工作者（Kemp, et al., 1997, p. 4; Mune, 1979）。此外，一般系統理論狹隘地關注在人與環境間的直接互動，並不能處理影響服務使用者生活的廣泛系統與結構。另一批評是，「系統平衡性」（system equilibrium）的概念導致在維持問題上過分強調負向回饋循環和系統維護功能（Hudson, 2000, p. 217）。例如，家庭成員的暴力行為可被當作是系統的表徵，因此家暴行為是全體家庭成員應該負責的。第二波系統理論的提倡者試圖去克服並解決這些問題。

第二波：生態系統觀點

1970 年代，生態系統理論方法取代了一般系統理論。從生態系統角度來看，Germain 與 Gitterman 的社會工作實務生命模型及 Carol Meyer 的生態系統工作，皆被廣泛認定是社會工作中生態系統觀點的主要構想（Wakefield, 1996a,

1996b; Payne, 1997, p. 143; Kemp et al., 1997, p. 41）。在此，我們將聚焦在這些社會工作領導者上。

生態系統觀點匯集一般系統理論和生態觀點，以擴充系統及其相關觀點來指導社會工作實務。生態系統觀點保持了環境整體性的一般系統理論概念，也就是該系統的各部分無法完全相互分離（Mattaini & Meyer, 2002, p. 6）。某些一般系統理論中使用的生物術語也保留在生態系統的模型中（Mattaini & Meyer, 2002, pp. 11-13）。

首先，生態系統思想家以生態學做比喻，鼓勵社會工作者聚焦在系統內部及跨系統的交流作用，並尋求可持續發展的，非短期性的改變（Kemp et al., 1997, p. 44; Mattaini & Meyer, 2002, p. 8）。在這個比喻的基礎上，系統理論學者認為社會工作的評估與介入時，應注重「人在環境中」（person: enviroment）的交流作用（Mattaini & Meyer, 2002, p. 6; Meyer, 1976, p. 129）。生態系統途徑的提倡者在人與環境間使用了獨特的術語「人在環境中」及「修復概念上破碎的關係」（Germain & Gitterman, 1996, p. 1）。用生態學的比喻，人在環境中的交流作用是複雜且非線性的。在認識複雜性上，Germain 與 Gitterman（1996, p. 7）勸社會工作者不要去尋找「原因起源」，無論是心理或社會本質上的，而是鼓勵把了解與介入的重點放在促進人與環境的交流。

第二，生態系統觀點鼓勵社會工作者認識到，問題乃因「人的環境和其需求、能力、權利及志向之間配合不良」而出現（Germain & Gitterman, 1996, p. 8）。人與環境間缺乏配合的可能原因很多，包括預期的人生轉變如退休，還有慢性的環境壓力如貧窮。針對之前的評論，生態系統觀點沒有解決結構性的不公平，後來這個觀點的規劃整合了對能力、「棲地」或社會位置及多樣化生活方式的識別（Germain & Gitterman, 1996）。

第三，生態系統介入的核心目標是透過促進人與環境之間的適應，以增進交流作用。根據 Germain 與 Gitterman（1996, p. 5），「生態比喻有助於社會工作專業」制定助人的社會目的，並增進環境適應力以支持人類成長、健康、滿足人體機能」。生態系統途徑的提倡者經常聲稱生態系統是著重在系統的交流作用，而不是提高獨立系統的功能，以區別出社會工作和其他人群服務專業，

例如精神病學及心理學。

如同一般系統途徑，生態系統觀點引導評估，且提供一般指示進行介入，但沒有提出具體的方法（Germain & Gitterman, 1996, p. 45; Mattaini & Meyers, 2002, p. 18）。生態系統觀點的目的是讓社會工作者在評估與介入時，認識到其複雜性，並避免簡化。

社會工作實務的生命模型

在本節中，我們將討論由 Carel Germain 與 Alex Gitterman（1996）所制定的「社會工作實務的生命模型」之生態系統觀點的應用。生命模型的特點是分為三個階段：初始階段、進行階段、最後階段。我們將參照下面的個案研討，接著來討論每一個階段。

個案研討 Tracy

想像你是一名提供家庭支持服務的社工。青少年拘留中心的社工轉介 Tracy 給你，要你提供支持給個案工作給即將出生的第一個小孩。Tracy 是個有 7 個月身孕的 17 歲女孩，最近剛從少年感化院被釋放出來。從 14 歲開始，Tracy 因為一系列的罪刑在青少年拘留所度過很長的一段時間，主要罪刑是偷竊及非法入侵。

Tracy 來自盎格魯—撒克遜文化，而她前任老公，就是未出生孩子的父親，是來自印度社區。Tracy 不打算讓他在孩子的養育上擔任任何角色，他的家人完全不知道 Tracy 懷孕。Tracy 和她的父母關係不和睦：當她還小的時候，因為父母嚴重酒精中毒而被安置寄養。Tracy 與寄養家庭不再有任何聯繫：她陳述曾被養父性虐待，並希望能與寄養家庭毫無關聯。自從 14 歲開始，除了被拘留的時間外，她都無家可歸。

Tracy 的姊姊 Leanne 現在已經提供一個地方，讓她只要有需要的時候都可以待著。Leanne 現年 24 歲，育有兩個小孩（6 歲及 3 歲）。Tracy 欣然接受 Leanne 的幫忙，並表示她與 Leanne 會一直保持良好的關係。根據政府

部門轉介文件中得知，Tracy很想要復學。拘役期間，她因為正式的教育而有了很好的進步，並且想要完成學業。你也得知，政府機構擔心小孩出生後，Tracy是否有養育能力，特別是因為她的家庭背景及她有使用毒品和酒精。Tracy 在 14 歲的時候，因為嚴重酗酒而接受康復治療；她也承認有時候會使用海洛因。然而，Tracy堅稱她在懷孕其間已經沒有吸毒，也沒有喝那麼多酒了。

初始階段：開始

初始階段的主要目的是為社會工作者與服務使用者建立「互信和互惠」的積極夥伴關係基礎（Germain & Gitterman, 1996, p. 94）。這個夥伴關係指出社會工作者與服務使用者所擁有不同的知識與技能：「社會工作者將專業知識和技能帶到有治療效力的工作上，那些服務帶給了他們生命議題及生命故事的經驗知識」（Germain & Gitterman, 1996, p. 94）。首先，透過同理，這個目的就達成了。因此，我們要釐清 Tracy 是如何看待自己的處境，特別是她想從和你的工作中達成什麼。我們應該清楚自己的角色，包括由該機構或其他機構所附加的義務與限制，例如法定權力。

再來，於此階段時，社會工作者與服務使用者一同工作，而在必要時優先考量「生活壓力」。Germain 與 Gitterman（1996, p. 60）將生活壓力稱作是一個事件或過渡期，能促使「人在環境中」的適應不良逐漸契合。因此，社工可以和 Tracy 一起識別她生活中的優勢、能力還有壓力。

進行階段：朝向終點努力

在這個階段，我們主要的目的是增進「人在環境中」的適應關係，進而重視 Tracy 和她孩子的福祉（Germain & Gitterman, 1996, p. 8）。生態評估在這個階段奠定了實務的基礎，其核心技能是：目標的澄清、促進與協調，以及個人和系統的宣導（Germain & Gitterman, 1996）。在一個生態評估中，服務提供者和服務使用者共同工作以蒐集相關數據，並分析複合系統對於服務使用者的影響。

　　許多生態系統理論學者使用生態圖協助評估過程（Meyer, 1993; Mattaini & Meyer, 2002）。生態圖是「為了查看相關聯的狀況，將元素組合在一起的圖形系統，並在一個界線內清楚表達實務者在個案系統中的工作重點」（Mattaini & Meyer, 2002, p. 4）。此種圖像式的表現方式比單獨的文字更能增加我們看清服務使用者複雜情況的能力（Meyer, 1993, Ch. 6）。另外，利用生態圖也能提高個案在評估過程中參與的機會。

　　繪製生態圖有許多種方法（Meyer, 1993）。不少社會工作評論家使用Bronfenbrenner（1979）的途徑，以一系列同心圓來表示不同系統層次（圖 6.2）。這個模型的術語中，微視系統（microsystem）指的是非正式系統，如家庭、家族及當地社區。中視系統（mesosystem）指的是正式系統，對服務使用者的生活產生直接影響，如學校和社會服務。最後，鉅視系統（macrosystem）是指整個社會、政府以及企業等大型社會機構。

　　利用生態圖，我們將評估不同系統在Tracy案例裡的影響，基於這個基礎，開發出針對每一個系統的行動計畫，如表 6.1。

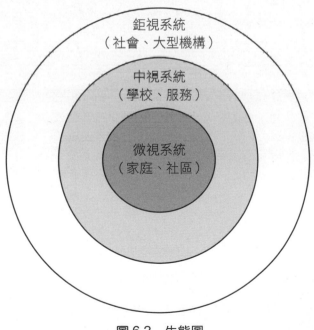

圖 6.2　生態圖

表 6.1　Tracy 的生態系統介入計畫

系統的位階	優勢和議題	行動目標	實務工作方法
微視系統（家庭與家族）	1. 跟姊姊 Leanne 有良好的關係 2. 跟她的雙親分居，然而她承認想要雙親成為小孩子生命中的一部分 3. Tracy 也表明她在 10 到 12 歲的時候，曾經被養父性虐待	1. 強化姊妹的連結 2. 處理與原生家庭的不和睦 3. 與 Tracy 討論虐待的影響，並考慮各種選擇，包括法律補救和個人創傷處理的援助	1. 個案工作、家庭支持技巧、支持性機構的資訊 2. 與雙親進行家族團體會談，以改善家庭關係 3. 考慮進行性侵創傷諮商
微視系統（社區與鄰里）	Tracy 最近剛從長期監禁被釋放。她也跟她的同居人分開了，除了姊姊以外沒有其他人可以給她支持。她就快要生產了，與其他年輕父母間的連結對她有益	1. 處理同儕間的孤立 2. 處理地方社群的孤立	1. 連結同儕網絡，強化社交技能 2. 連結社群支持性服務，特別是能夠協助育兒的，例如：生產服務及育兒支持服務
中視系統（機構和組織）	Tracy 經歷到教育程度不足的缺憾。當有機會時，她會有興趣並且認真學習	促進 Tracy 教育管道	取得有關教育機會的資訊，挑戰阻礙 Tracy 重返校園的阻力，例如：缺乏足夠的托育設施
鉅視系統（社會政策改變）	政府的政策對年輕雙親而言，僅提供了有限的教育和工作機會，以及有限的育兒支持	處理支持性服務缺乏、年輕父母和無居所女性的教育及托育問題，以及寄養青少年受虐的不平等議題	1. 研究與政策擬定，促進支持性服務、教育、兒童照顧及替代性的照護選擇。在此基礎之上，推動實質的政策改革 2. 連結同儕支持系統與倡議團體，從集體的角度處理 Tracy 所遭遇的不公不義

在提高人在環境中契合度的總體目標上，這個階段的主要目的之一是提高和增強服務使用者的「適應力及解決問題能力」，同時促進環境的可被適應性（Germain & Gitterman, 1996, p. 50）。社會工作者的作用則是促進微視、中視及鉅視層面的變化。Germain 與 Gitterman（1996, p. 50）建議社會工作者透過「授權、研究、調動、指導和協助的方法」提升服務使用者的能力。有一種方法是我們可以透過認識 Tracy 已經擁有的優勢來提升她的能力。舉例來說，我們承認 Tracy 所展現的從受虐經驗及街頭生活中生存下來的能力。在「指導」的角色上，為了符合已確定的需求，如產前護理，社工可以協助 Tracy 確認策略。

從生態系統觀點來看，我們可以為 Tracy 促進一個支持性社群。社群支持能確保她從個人支持如姊姊，以及從對她的生活有重大影響的衛生福利系統中，獲得一定的獨立性。微視層面上，我們可能尋找 Tracy 與同輩的連結，如年輕媽媽或中學復學的青少年。如果這些社群網絡不存在時，社工可能會擔任的主動角色與 Tracy 一起創造。

在制度層面上，我們能支持 Tracy 復學的心願，透過確認及協助她進入教育機構。如果找不到支持性機構，可能需要在當地機構及更多樣化的政策面上提倡，以幫助 Tracy 和有類似情況的青少年可以接受教育。

社會工作者意識到並回應政策改變的需要是重要的。根據 Germain 與 Gitterman（1996, p. 53）：

> 社會工作者和個案為了社會正義，一同試圖影響組織實務、立法以及地方及國家層面的相關規定。其影響的方法包含了聯盟的建立、定位、遊說以及證明等技能。

Tracy 的情況指出了一些公共政策問題。除了對青少年教育機會的支持問題外，還包括替代性照顧系統受虐青少年的困境、提供年輕父母早期介入及支持系統的重要性。

第三階段：最後階段

　　良好計畫的介入收尾在系統取向的整體結構中是不可或缺的（Germain & Gitterman, 1996, p. 56）。我們可以採取一些實用的方法，以為 Tracy 準備進入工作的最後階段，包括討論整個介入過程的期間。Germain 與 Gitterman（1996, p. 59）強調，社會工作者與服務使用者應針對服務關係終結的實質意義及情緒反應進行討論。在全面服務輸送裡，與生態系統強調的重點一樣，為使社工的介入是完整的，應該要讓 Tracy 參與介入成效的評估，並確保在介入結束後有足夠的計畫支持她。

第三波：複合系統理論

　　自從 1980 年代晚期開始，第三波的系統理論已在社會工作領域得到廣泛的認可。此系統理論被視為「複合系統」或「複合系統理論」，這種系統理論途徑最先是出現在數學、物理學和工程學（Bolland & Atherton, 1999; Capra, 1996）。根據 Byrne（1998）的著作，Steven 與 Cox（2008, p.1322）指出混沌理論與複合系統理論有著密不可分的關聯（Doll & Trueit, 2010）。「複合系統」指的是複合的適應系統，也就是在「線性先決順序與非先決混亂」的範疇內。複合系統理論的提倡者認為開放系統是動態的且具有非線性的改變過程（Doll & Trueit, 2010）。

　　在過去 30 年間，這些理論對於一系列領域的影響越來越大，包括資訊技術、商業、管理、健康科學、社會科學及人文科學（Doll & Trueit, 2010）。澳洲社會學理論學者 Colin Peile 是複合系統理念在社會工作領域的最早提倡者之一（Peile, 1988, 1993, 1994）。到了 1990 年代後期與 2000 年代早期，一些社會工作理論學者聲稱要將複合理論的概念納入並運用到社會工作實務裡（Warren et al., 1998; Bolland & Atherton, 1999; Hudson, 2000）。

　　如同 Hudson（2000）所預期的，當第三波理論尚未在社會工作領域達到新典範的地位時，複合系統理論的應用已然進行著（Wolf-Branigin et al., 2007; Stevens & Cox, 2008; Wolf-Branigin, 2009; Green & McDermott, 2010; Jones, 2010;

Doll & Trueit, 2010）。一些理論學者認為，複合理論藉由變化過程中的非線性及不可預測性，提供了社會工作實務者直覺知識的表達方式（Warren et al., 1998; Bolland & Atherton, 1999）。這些理論學者認為，複合系統豐富了社會工作領域裡現有的系統理論概念（Hudson, 2000; Stevens & Cox, 2008）。

　　整體系統大於部分的總合，而複合系統是其中之一。Darley（1994, p. 1）指出：

　　　複合系統的特徵是某些特點，在總體大量中，相對簡單的部分之互動的結果，無法簡單地從那些潛在互動規則中被預測。

　　複合系統研究員利用引導式途徑細看局部現象，包括看似簡單的互動，以及用更大的複合系統來促進發展。以下即是複合系統的諸多特色。

　　首先，複合系統是以非線性為特徵。線性意謂著兩個變項間的恆定關係；舉例說明，失業率增加，犯罪率也會跟著提升。對照非線性關係，一個變項或一組變項的變化將與另一個變項或另一組變項不成比例的變化聯繫在一起；舉例說明，當區域內的失業率上升，犯罪率就會突然且不成比例的大幅提高。從俗話說「壓垮駱駝的最後一根稻草」可以得到事件和結果間不成比例關係的概念。

　　再來，一般系統理論學者認為社會系統是穩定的；複合系統理論家則是認為，變化是複雜社會系統的常見特色（Warren et al., 1998, pp. 364-5）。反饋機制造成這些系統日漸發展的複雜性（Capra, 1996, p. 123）。尤其是，系統中關係的錯綜是由「反覆自我增強的反饋」所加強的（Capra, 1996, p. 123）；這有點類似一般系統理論的正向回饋概念。非線性系統中的某些事件或經歷可以形成滾雪球效應，即事件或經歷的重複（或反覆）效果，讓個人、團體、家庭或社區的生活產生很明顯的結果。打個比方，機構護理的某些環境可能會增強而非緩解人的痛苦或疾病，尤其是反覆強化「病人角色」的特點，讓人即變成那個角色（Goffman, 1991）。再來，常見的表達方式如「走下坡」，或者相對的意思如「繼往開來」的逆向思考，皆捕捉到「自我增強反饋」的概念。

第三，複合系統的另一特點是極度敏感於初始條件，系統發展初期的細微變化都可以導致系統特點大量且複雜的改變（Capra, 1996, p. 132）。複合系統理論學者稱這個極度敏感為「蝴蝶效應」；這個比喻是因為一個半開玩笑的說法「今天一隻蝴蝶在北京振翅，會引起紐約下個月的暴風雨」（Capra, 1996, p. 132）。「蝴蝶效應」這個概念是關於全球化的世界，只要改變世界的一部分就會直接且嚴重的影響其他部分。同樣的，在社會工作實務中，有時短期且合乎時宜的介入，對於服務使用者達成其目標的能力有十分顯著的正向影響。事實上，對於短期介入帶來高度影響之潛力的認可，加強了問題解決與焦點解決治療實務模型的基礎。

第四，複合系統的特點是複雜的，而不是隨機的。Warren 等人（1998, p. 363）將此稱為「確定性混沌」。重要的是，複合或混沌理論並不是意指「現實世界」中包括不可預測的隨機事件，複合系統特點顯示出「更深層的形態秩序」（Capra, 1996, p. 122），「而非一般社會科學家較熟悉的線性因果關係」（Warren et al., 1998, p. 358）。舉個例子，最近關於環境劣勢的討論表明，父母親選定（或被迫選定）的住所著實影響孩子的教育成果，但此影響是複雜的。一些研究顯示，來自所得混合區域的孩童，其生活發展優於來自普遍高所得或低所得區域的孩童（Carpiano et al., 2009）。複合系統理論認定，任何「結果」如兒童福利，都是在人際、社會及結構背景多種因素互動下決定的（Mainzer, 1996, pp. 279-80）。總體而言，複合系統理論學者不認為人們是社會背景下的犧牲者，也不認為他們是完全自由的行動者，而是存在於人與環境的複雜互動中（Wolf-Branigin, 2009; Doll & Trueit, 2010）。

最後，「階段轉換」的概念被複合系統理論學者應用，尤其是在社會發展脈絡下的社會工作者們。「階段轉換」一詞指的是，系統從一個複雜模式切換到另一個模式的特定時刻（Mainzer, 1996, p. 10）。Warren 等人（1998, p. 364）觀察到人類系統可以從組織的一種類型迅速變換到另一種，例如，階段轉換的關鍵時期出現在城市惡化或貴族化的過程。在這些時期，社會生活品質的指標，如犯罪率、志願服務投入程度，可指出一個地方品質好壞的差異。就方針提倡上，了解階段轉換的過程有助於我們促進或維持對社會有建設性變化的政

策。舉例來說，假如我們可以顯示特定社會混合的程度，如一地理區屋主的數量，其會影響其他結果，如兒童保護風險；這個資訊將能用在某些社會裡爭取增進房屋產權的選擇（Mainzer, 1996, p. 277）。

複合系統理論質疑線性因果的觀念，並且專注在了解關係，認識到自身的理解能力在了解關係時是偏頗的。Doll 與 Trueit（2010, p. 846）聲稱：

> 複雜地思考就是去思考關係，更多與我們自己、我們的同事及我們自身的狀況保持關聯。接受在此狀況中的關係，了解到我們對環境中的複雜之理解最好是偏頗的，並且確實可能跟其他人的詮釋有所不同，因此對於自己對情境及自我詮釋的評估要保持謙虛。

複合系統理論鼓勵社會工作者容許意義的不確定性，並認識到知識的限制性，不論是專家評估得到的或是親身經歷的。這些理論也強調了行為者之間的互動，因此鼓勵我們了解現象如何透過實務局部的交流作用而組成產生，並拒絕線性因果關係（Wolf-Branigin, 2009）。社會工作實務人員也被要求要辨別這些互動是如何成為其所試圖了解與改變之系統中的一部分（Stevens & Cox, 2008）。

社會工作研究員漸漸有興趣將複合系統概念應用到學術界。Warren 等人（1998, p. 366）表示「非線性動力學提供了對於人類系統形成及改變之方法，較現今更深遠更細微的理解可能」。此外，Bolland 與 Atherton（1999）聲稱，在人類系統的非線性特徵上，這些理論肯定已經被大部分從業中的社會工作者所掌握住了。例如，個人系統和社會結構間複雜互動的識別，與社會工作者長年關注的「人在環境中」的途徑是符合的。Stevens 與 Cox（2008）也稱複合系統理論把注意力都吸引到了開放系統的時常改變性，以辨認出系統可以突然的改變，而不是只有線性與可預期性的特質。舉例來說，我們知道人類的生命可以被突如其來的疾病或意外這類災難所改變，同樣地，社區可以因新引進或是新移除的資源而產生劇烈地改變，像是一個就業地點或是一項社區服務的移除與新增都可能改變整個社區。

　　儘管如此，我們還是可以從社會工作理論應用上找出複合系統理論的直覺訴求之限制。對社會工作者而言主要的困難，就是複合系統理論對於數學專長的依賴，有時候會需要進階統計技巧的應用。舉例來說，Wolf-Branigin（2009, pp. 120-1）聲稱為了研究複合系統，社會工作研究員需要整合空間分析、階層線性模式及社會網絡分析等方法。Hudson（2000）及Bolland與Atherton（1999）也指出混沌理論研究對於專業數學知識的依賴，如幾何學，限制了複合系統理論在社會工作中的運用，如同第一波系統理論對生物學術語的依賴。廣泛的數學專業知識已經涵蓋了社會工作學科，如專業統計方法及複雜數學，讓我們不得不質疑社會工作者發展專業知識的可行性。此外，我們必須注意社會工作者將複合系統研究結果轉譯至實務工作的能力，因其可能受到數學學科知識的限制。

　　另一個相關問題是，研究者模擬複雜的天氣系統甚至是經濟系統的研究方法，是否應該被應用到社會發展研究上。Puddifoot（2000, p. 84）指出「理想的理論模型和任何真實社會行為之間還是有相當大的差距」（Mainzer, 1996, p. 280; Hudson, 2000, p. 228）。在社會工作研究中，複合系統理論充其量還在初期的探索階段，不能保證典範能有所轉移。然而，過去十年裡在社會科學方面已經大有進步，特別是空間分析領域，這在社會工作實務中則有發展知識的潛力（Wolf-Branigin, 2009）。

　　複合系統概念有潛力證實社會工作實務及政策進展的複雜性。但對於這些概念的評論顯示，我們也要小心這些過分簡單地應用此些模型到社會工作上。這裡有兩個相關問題：第一，社會工作的哪方面能以複合理論說明之，而不用現行實務模型（Puddifoot, 2000, p. 92）？例如，複合系統理論重建我們對於在地社會互動之重要角色的評價，其不僅僅只是反映而是創造了更廣泛的社會進展（Mainzer, 1996, pp. 276-9）。第二，社會工作研究與實務之間的代溝考驗著我們，該如何利用模型方法連結而不是擴大其之間的隔閡？一些研究者建議使用質化研究方法，整合邏輯性和非線性式的知識發展過程，可以協助啟發複雜的社會進展（Vallacher & Nowak, 1997）。看來，複合系統理論在整合用以建構量化與質化之間的橋梁是非常重要的（Wolf-Branigin, 2009）。

系統理論在社會工作裡的優點與限制

本章已經將對於每一波系統理論的支持與反對都納入考量。在此，將對系統理論的整體優點與缺點做出結論，以達到在社會工作實務的目的。

優點

系統觀點的一個關鍵優勢在於提供了一個架構來了解及應對人們與其環境。系統途徑不是阻止任何個人或所處環境的病態化，而是鼓勵社工分析系統內部或系統之間的互動。根據 Mattaini 與 Meyer（2002, p. 4）：

生態系統觀點是看見複雜現象（人與環境）相互聯繫及多層事實的一種方法，以整序及理解複雜性，且避免過度簡化和化約。

除此之外，當社會工作專業是注重在理解及回應人們時，系統理論可以成為社會工作的一個共同概念基礎。在社會工作實務環境中，新古典經濟學的論述越來越佔上風，我們將面臨更大的壓力去界定在社會服務輸送的貢獻，系統觀點提供了另一個選項，舉例來說，身為系統「專家」，專業社會工作者可以提供個人、團體、社區評估的方法，亦包含促進系統理解及持續系統改變的組織層級。

再來，系統途徑鼓勵社會工作者尊重不同途徑在實務或基礎訓練上的貢獻，以發展操作介入方法的基礎能力，正如同 Germain 與 Gitterman（1996, p. 474）指出：

生態觀點有助於我們意識到沒有任何理論、概念、模型或途徑時，能考慮所有事情。人類條件的複雜性使我們需要發展寬闊的觀點且特殊的適應力和能力。

此架構可以緩解實務方法間的競爭；系統理論傳達的訊息為我們需要一系

列的觀點及介入方法。

缺點

　　儘管系統觀點在社會工作的知識基礎上有相當程度的影響力，我們也應該清楚其大致的限制。首先，某些社會工作評論家批判其欠缺清楚的系統核心概念，比如系統的組成、界限以及屬性分別是什麼（Mune, 1979, p. 65）？在實務中因為系統觀點缺乏理論性和實證性的理由，而沒有明確的貢獻（Wakefield, 1996b, p. 206）。相反地，實務者被請求接受由系統理論衍生出的主要主張，例如主張系統所有部分都是糾結在一起，且改變系統的一部分時，必定會引起其他部分改變，然而此主張並未經外部證實。總之，系統理論提出了一項對實務很有吸引力的比喻，但尚未經過社會工作實務觀點的驗證。假如社會工作者能發展並整合質化與量化研究來分析系統，那麼在社會工作領域裡發展系統觀點的實證基礎就是可行的（Wolf-Branigin, 2009）。

　　其次，一些評論家提出社會工作價值觀與系統理論間的不一致（Wakefield, 1996a, 1996b）。系統理論注重功能及交換，可能忽略結構性不公平和濫用權力的問題（Wakefield, 1996b, p. 201）。比方，女權主義理論學者顯示，家庭系統功能往往取決於婦女勞動的剝削。此外，Wakefield（1996b, p. 201）還指出，系統集中在互動和網絡有可能會導致社會工作者失去對人的獨特性之關注。在實務中會遇到的困難是，將重心放在個人與環境的互動時，則可能貶低個人的能力以及改變的責任。

　　評論家擔心系統觀點利用了許多與社會工作不同的學科論述。例如，第一波的一般系統理論大量借用生物學論述；而第三波複合和混沌理論則廣泛借用數學和物理的論述。一些評論家也質疑這些學科概念是否可以直接運用到社會程序裡，好比社會服務輸送（Mune, 1979; Wakefield, 1996b; Puddifoot, 2000）。除此之外，正如我們先前討論的，用特定語言，如生物學、物理學或複雜的數學語言來描述關鍵概念，可能會隔離在工作上涉及大量概念領域的實務者。如果是這樣，從其他學科帶入的系統概念將進一步確立在社會工作正式知識與實務知識之間的分裂。

　　進一步問題則是，系統觀點幾乎未提供如何從整體分析推動到系統介入的引導。這三波系統觀點協助我們理解人在環境中是一體的，但若要採取行動，就必須將這個型態解構成更小的碎片。這裡有個問題是，系統觀點認同所有有用的資訊，但卻無法協助我們安排優先順序。舉例來說，回到 Stella 的案例，她的家庭、同儕與學校對她而言都是非常重要的，但是系統觀點並不能協助社工釐清哪一個系統對 Stella 的健全發展而言是最重要的。

　　最後，系統分析未必能讓我們使用蒐集來的大量資訊，以發展正式系統行動策略；的確，十足的資訊有可能阻止這類行為。正如同 Leighninger（1978, p. 454）挑釁地提問道：「社會工作者雖然認同許多問題的社會性，但是發現這些問題是如此複雜，並不抱任何希望解決，而回歸個人治療，此種情況下社會工作者能發揮自己的才能嗎？」系統途徑的提倡者認為，特別是生態系統觀點，為了要全面實施，社會工作者應該有一項通用技能。在日新月異的社會工作實務中，這提議看似是難以置信的要求。如同 Wakefield（1996b, p. 196）指出，用最複雜的努力「專業化不是藉每個人提升效率及效益的綜合途徑」。

結論

　　本章探討了三波系統理論及其對於社會工作者知識基礎的影響力，也看見系統觀點在社會工作上仍有爭議，但無論如何系統理論提供了明確表達個體與環境間複雜互動的方法。對於很多社會工作者來說，這是一個從一開始便很吸引人的架構。即使如此，我們不難察覺對於社會工作實務採用這些觀點的憂心。儘管有這些限制，系統理論仍是現代社會工作實行的關鍵概念架構。

摘要問題

1. 對於第一波系統理論（又被稱作一般系統理論）的評論是什麼？
2. 生態系統與複合系統間的相似與不同之處為何？
3. 你覺得複合系統在社會工作實務上的運用與限制是什麼？

推薦書目

生態系統理論

- Germain, C. and Gitterman, A. (1996) *The Life Model of Social Work Practice: Advances in Theory and Practice*, 2nd edn. (New York: Columbia University Press).

  這是生態系統觀點實務模型中最重要的先驅著作之一。本書對生態系統理論以及生態系統理論在社會工作實務中的角色做出了完整的詮釋。

- Meyer, C.H. (1993) *Assessment in Social Work Practice.* (New York: Columbia University Press).

  本書在社會工作領域裡的生態系統觀點被一位此領域的先驅廣泛引用，它提供了易了解的社會工作評鑑裡的生態系統觀點，還有對生態圖的使用有完善的解說。

- Wakefield, J. (1996a) Does social work need the eco-systems perspective? Part 1: Is the perspective clinically useful? *Social Service Review*, 70(1), 1-32.

- Wakefield, J. (1996b) Does social work need the eco-systems perspective? Part 2: Does the perspective save social work from incoherence? *Social Service Review*, 70(2), 183-213.

  這兩篇文章提出了反對社會工作生態系統觀點強而有力的個案案例，但也有與其他系統理論實際應用有相關聯的部分。文中主張社會工作被促進最小化分配正義的普遍目的所統一，文中也有提到生態系統觀點並不是必要的，因為其可能無助於目標的達成。兩篇文章對社會工作領域中系統觀點的發展提出了強而有力的關鍵性分析。

複合系統與混沌系統理論

時至今日，僅有少數幾本書致力於複合系統與混沌理論的領域，然而，我在此提供了許多有趣的期刊來解釋系統觀點的第三波風潮，以及它們在社會工作領域的實際應用。此清單對於複合系統和混沌理論的性質與在社會工作領域的實務提供了增進知識的，且有引論性的額外閱讀題材。

● Hudson, C.G. (2000) The edge of chaos: a new paradigm for social work? *Journal of Social Work Education*, 36(2), 215-30.

此期刊完美的概括了複合系統理論與混沌理論在社會工作領域的實際應用。

● Stevens, I. and Cox, P. (2008) Complexity theory: developing new understanding of child protection in field settings and in residential child care. *British Journal of Social Work*, 38(7), 1320-36.

此期刊把複合系統概念如何協助兒童防護實務的大綱列了出來。文中強調這些觀點的價值，並認識社會工作實務中的系統動態特徵。此篇期刊之所以有一讀的價值，是因為它為社會工作實務核心領域的複合系統概念建立了基礎。

● Wolf-Branigin, M. (2009) Applying complexity and emergence in social work education. *Social work education: The International Journal*, 28(2), 115-27.

此期刊針對社會工作領域的複合系統概念提出有一讀價值的序論，特別是在增進使用複合系統觀念以建立社會工作實務知識的研究方法上。

推薦網站

● www.complexssociety.eu

複合系統社群是一個致力於推進各學科之間的研究發展以及應用複合系統理論的網站。網站上有相關討論部落格，以及研討會與其他事件的相關資訊。

第七章

問題解決取向
聚焦於任務中心取向實務的方法

王明鳳　譯

　　問題解決取向的特點是協作式、高度結構化、有時間限制和以目標為導向的方法進行實務。我們會考量到所有出現在此書中的方法以及解決問題的模型，並提供最全面的框架與直接的做法。這些從問題解決理論得到的實務模型，定義了社會工作於每個評估和處遇階段的目標和實務策略。因此解決問題的框架對缺乏經驗的社會工作者而言是容易使用的，但是對於應用這些方法來發展進階的社會工作實務有其限制（Reid, 1977, p. 11）。大多數的評論家，包括問題解決取向的批評家，認為這些模型可使社會工作者於機構的資金需求下，有效的運用資金來平衡增長的成本效益，並且為客戶提供可信且負責的服務（Kanter, 1983; Epstein & Brown, 2002）。儘管這些方案於社會工作輸送已有施行，仍然存在諸多爭議。

　　在本章中，我們會先討論問題解決取向的起源，接著再探討任務中心取向的模型特色與應用，並簡要的將它和危機介入進行比較。再來會討論動機訪談與考量它如何增強問題解決取向的主旨，最後則會逐一探討問題解決取向的優勢與劣勢。

問題解決實務的脈絡

　　圖 7.1 指出了問題解決取向。從圖我們可以得知問題解決取向被置於系統

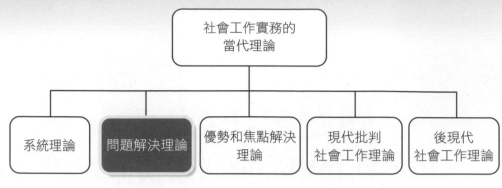

圖 7.1　問題解決學派於社會工作中的脈絡

理論之後，顯示它被視為一個已經有良好發展的健全理論，雖然就歷史而言，它比系統理論還要晚發展。雖然系統理論在社會工作的正式領域裡占有一席之地，但是和問題解決實務比較起來，系統理論在專業社會工作的心理動力學層面仍然未獲支持，只有在 1960 與 1970 年代以一個重大有影響力的方式再次出現，而在那個時候問題解決學派早已在正式社會工作領域占有一席之地。

問題解決取向的起源

　　1957 年，芝加哥大學一位著名的社會工作學者 Helen Harris Perlman（1906-2004），發表了《社會工作個案：解決問題過程》這一本著作。這是一本具有開創性的書，定義了問題解決是社會工作實務的首要任務（Epstein & Brown, 2002, p. 46）。由於心理動力學理論在當時社會工作領域有強大影響力，所以這個想法飽受爭議（詳見第四章）。Perlman（1957, p. xi）依然支持並且強烈致力於推動心理動力的想法，視問題解決過程的信念是再次增強，而不是取代心理動力學取向的個案工作。的確，在問題解決實務中的危機介入，結合了心理分析中關於創傷心理效用的概念。

　　實用主義哲學家 John Dewey（1859-1952）的觀念，也影響了 Perlman 以及後來的問題解決學派所擁護的概念。Dewey 闡明並帶入了協同合作與目標取向的要素，認為「所有人類行為及活動都是為了解決特定問題的工具，而其真相

則是不斷演化的，並以所有參與者驗證和分享的經驗為基礎而得到」（Epstein & Brown, 2002, p. 70）。這樣的觀點和精神動力學派大相逕庭，並且針對心理動力學派提出了很大的挑戰，因為後者假設人們的困擾是來自於隱藏和無意識的內在衝突，不是外表可察覺到的。

　　Perlman 提出了一個以高度結構化和聚焦取向的社會工作處遇，雖然看似矛盾，但這樣的服務方式能讓社會工作的過程發揮更好的彈性與潛力。身為「全球思維，在地行動」（think global, act local）的先驅，Perlman 期待社會工作者得以從不同層次的視角去理解和回應人們遭遇的問題。她（1957, p. 29）說道：

> 即使我們能從一個多元全面的視野去了解服務對象的困境，但當我們處於直接服務時，我們卻很難從問題的整體著手並企求改變所有的阻礙。在個案工作中，猶如任何一種問題解決的行動，我們的處遇需要是局部性的、聚焦性的、有順序性的，但於我們心中對個案的理解仍然是全面性的，也就是說我們必須看見問題的全貌。

　　時至今日，Perlman 這樣將問題分析與處遇介入分開的工作模式，仍舊於社會工作領域受到廣泛的討論與迴響，因為目前社會工作個案執行時之資源與時間會受到某些局限；但 Pearman 的這套方法依舊可以達到有意義且有效的服務提供，對於面臨資源限縮和時間壓力的社會工作者而言是可以運用的實務理論。

　　Perlman（1957, p. 87）強調問題解決的過程可以被視為一個需靠社會工作者與服務使用者雙方的共同努力，其最終目標應該是讓服務使用者具備問題解決的能力，讓他們可以獨立面對生活中的困難。不過，問題解決學派的夥伴合作概念仍然重視「診斷」的步驟，最理想的雙邊關係並不代表社會工作者與服務使用者的付出是一樣的。的確，Perlman（1957, p. 166）認為社會工作在服務剛開始時有必要為現狀做出一個診斷，把混亂的情緒和未經整理的想法釐清成明確而有條理的問題，並找出對於問題解決有助益的資源。在現代問題解決實

務裡釐清彼此的關係與準則是 Perlman（1957, p. 166）堅稱的理念，她認為診斷簡單來說就是「為使我們半意識、不嚴謹的操作，變為有意識的、有系統的論據」。

問題解決模式的興盛

雖然 Pearlman 提出的模式為社會工作專業帶來了挑戰，但也提供了一片沃土，部分原因是它首次出現時，社會服務機構正醞釀改變。特別於 1960 年代，社會工作者經歷了公部門就業機會可觀的成長，這是伴隨著不斷變化的任務以及對社會工作者之期望（Dominelli, 1996, p. 155）。20 世紀中葉，一直主宰著社會工作的精神動力框架顯得不適合這些新環境的實務，欲關注更廣泛的議題而不僅只是聚焦於服務對象的心理健康。問題解決的模式在社工專業裡是可接受的，也為一系列具有意義的研究樹立了開始質疑長期且相對非結構化的處遇措施之里程碑，這些皆已成為臨床工作中普遍的做法（Trinder, 2000; Kirk & Reid, 2002）。除了這些新的服務組織背景，社會工作者面臨了人員需求的增加，是為了要專注於效率並提供社會服務；而且聚焦於實務的透明度與評鑑的任務中心取向跟這些需求的增加有著密不可分的關係。

任務中心取向實務的發展簡史

任務中心取向實務為廣泛的現代實務方法提供了一個基礎，它被認為是通才社會工作實務的基礎，任務中心取向實務整合了微視、中視、鉅視三個實務途徑（Garvin, 2003），而且與個案管理相符。當被運用在人際實務時，任務中心取向與其他目標為導向的人際改變實務相符，像是認知行為治療和動機訪談。任務中心取向實務把社會工作者的角色視為改變過程中的主要參與者。

Perlman 的問題解決模式為社會工作的實務理論提供了新的方向，但它很快就被其他問題解決途徑取代，其中最著名、最顯著的即是任務中心取向的方法。如同 Gambrill（1994, p. 578）所定義的「任務中心取向模式是個問題解決取向的簡短版，此模式主要是專注於案主與實務工作者一同去解決案主已經同意著手解決的問題。」這起初是來自於 William Reid 與 Laura Epstein（1972）

這兩位北美的社會工作學家所提出的任務中心模式，取代了傳統的問題解決模式。任務中心模式的發展源於個別治療和家庭治療，原本是針對主動求助的個案所設計的處遇方法（Reid, 1977, p. 2）。現代的社會工作者調整了這種取向而實踐在更廣泛的場域中，包括法定監護服務、兒童保護以及不同的社區服務領域（Epstein & Brown, 2002, p. 99; Marsh & Doel, 2005; Trotter, 2006）。

　　任務中心取向發展自 Reid 與 Shyne（1969）所提出對長期與短期治療及 Studt 的建構性處遇之比較（Reid, 1977, p. 1）。這些方案認為，案主在短期處遇後較之長期處遇反而能有更大的進步（以八次的會談單元為限制）。此外，研究者發現長期或短期處遇時間的改變並未有統計上顯著的差異（Reid & Shyne, 1969, p. 151）。Reid 與 Shyne（1969, Ch. 7）提出有時間限制的、結構化的、聚焦的處遇，會引導處遇方法之重點放在問題解決的成效上。短期結構性處遇之正向的研究發現，從一開始便具有爭議性，部分原因是因為其所面臨的挑戰是來自心理動力學的典範，但也因為社會工作質疑該模式有概推的可能性（Kanter, 1983）。我們將在稍後討論這些問題。

　　1970 年，為回應關於短期治療在行為改變上的成效之研究發現，Reid 與 Epstein 在芝加哥大學規劃了任務中心取向的方案計畫。該專案的目標是發展有效的社會工作方法，「該方法可以有效的學習，並且增加直接服務的效益，以及提高進行處遇實務之研究能力」（Epstein & Brown, 2002, p. 92）。他們認為此模式主要是為了解決人們「生活中的困難」（problems in living），即 Reid 與 Epstein（1972, p. 20; Reid, 1977, pp. 2-3）所描述的以下重點：

- 人際關係的衝突（interpersonal conflict）
- 對社會處境的不滿（dissatisfaction with social relations），例如社會孤立
- 正式組織的問題（problems with formal organizations）
- 角色表現的困擾（difficulty in role performance）
- 社會轉換的問題（problems with social transitions），例如是否進入或離開一個社福機構
- 反應性的情緒壓力（reactive emotional distress），例如遭受重大創傷事件
- 資源的缺乏（inadequate resources），例如金錢或住宅缺乏

有些問題被排除在此清單外，如與慢性精神病患者的實務。然而，最近任務中心取向的實務工作者已增加另一類「其他類別：任何無法分類的問題」在問題的清單中，認為任務中心取向的模式可以解決此類問題（Epstein & Brown, 2002, p. 135）。任務中心取向的一些擁護者認為，此種模式為社會工作提供了一個統整的取向（Doel, 1998; Garvin, 2003），雖然我們會看到仍有其他學者對此持保留的態度（Gambrill, 1994）。

若要比喻的話，任務中心的架構就像是一個「殼」。只要遵循結構化、聚焦、有時間限制的原則，社會工作者能把任務中心的方法和其他理論結合運用，發展屬於自己的實務介入風格。的確，Reid 與 Epstein 鼓勵社會工作者在發展實務處遇介入時，要在廣泛理論觀點的利用上慎思（Epstein & Brown, 2002, p. 103; Reid, 1992）。英國社會工作理論學者 Mark Doel（1998, p. 197）主張，任務中心取向的方法途徑已經進入到「更激進地接受夥伴關係、充權和反壓迫實務概念的領域，以及實現這些想法的實際途徑」。簡而言之，這種模式似乎為實務工作者和服務使用者提供大量的自由裁量權，而這些裁量權是關於他們用來實現目標的途徑。我們會在這一章的後面討論到，動機會談的原則如何支持問題解決取向，如任務中心取向的實務。

任務中心取向的核心準則

在進入實務模型之前，我們在此大致列出八個任務中心取向的核心準則。

1. 尋求與服務使用者的相互澄清

任務中心取向之實務社會工作者會尋求釐清社會工作者與服務使用者之間的處遇目的與過程（Ford & Postle, 2000, p. 53）。釐清的溝通極為重要，以促進專業工作關係的建構是基於介入過程的實際期待。明確的釐清是透過社會工作者與服務使用者雙方共同決定處遇焦點與過程、建立書面與口頭的契約，以及定期合作檢視工作目標的達成情形。

2. 定位小目標而非巨大的改變

　　任務中心取向的實務聚焦於促使服務使用者能夠達成「微小但有意義」的生活改變。Doel 與 Marsh（1992, p. 106）認為「這和過去追求巨大變革的社會工作理想有一段差異。雖然我們能理解人們希冀在個人或社會層面有極巨的改變，但結果常常使人灰心」。此種聚焦在微小、局部、可達成的改變行動是基於一個假設，亦即產生巨大的變革是超過社會工作實務的能力範圍，其實將所有認定的困境一次呈現並解決是沒有必要的。因為問題解決成功的經驗會形成人們其他問題解決的連鎖反應，而此也會促使他們學習與這些困境共處，或在不需要社會工作處遇的情形下面對問題（Epstein & Brown, 2002, p. 144）。

3. 聚焦於「此時此刻」

　　任務中心取向是建構在有限數量的問題，此即其處遇的標的最多不要一次處理三個以上。清楚界定欲工作之問題的界線來增加實務過程的效率與效益，這樣可以避免鬆散、發散、蜻蜓點水的服務（Epstein & Brown, 2002, p. 143）。相較於心理動力模式的服務，任務中心取向不太關注個案的生活史，除非過去的某些經驗直接影響到目前問題解決的效力。Epstein 與 Brown（2002, pp. 102-3）斷言「過度探究個案過往的生命史不僅冗長耗時，且很有可能產生誤導的連結，讓個案質疑實務社會工作者的意圖」。

4. 促進社會工作者與服務使用者的夥伴合作關係

　　如同 Perlman 的問題解決模式，任務中心取向是以社會工作者和服務使用者的積極參與為基礎，雙方成為致力問題解決的夥伴。在解決問題的過程中，社會工作者與服務使用者分別要主動，但是各自於過程之中扮演不同的角色。依照 Epstein 與 Brown（2002, p. 73）的說法，任務中心取向的實務工作者「傾向更加主動，給予直接的指導、教育、建議等等」。透過他們的互助契約，服務使用者也有責任協助發展、執行、監督服務目標的達成及策略的改變。

5. 建立個案行動的能力

任務中心取向的實務工作者得以在地化和務實的方式回應個案的問題。依照 Epstein 與 Brown（2002, p. 99）的說法，大部分的困境都包含了兩個面向：服務使用者缺乏可得的資源以脫離困境，或是缺乏足夠的技巧以排除困難。雖然社會工作者也承認某些困難源於其他的起因，像是「更深層」的心理問題或者是外在不公平的結構壓迫，但任務中心取向的實務工作者主要做的是讓服務使用者能夠辨別出標的問題（target problem），再針對這些問題培養服務使用者因應的能力。雖然不一定是忽視案主個人或結構的問題起源，但任務中心取向的實務工作者認為處理這些起因超出了問題解決效用的範圍，且對於解決服務使用者的標的問題是不需要的（Reid, 1977, p. 12）。

6. 短期（實務）計畫

Reid 和 Epstein 所說的「短期計畫」，是指任務中心取向提出的介入是不超過 15 次會談且不超過三個月的服務（Reid, 1977, p. 7）。時至今日於諸多實務脈絡下，這不會被認為是短期處遇，但是當時引入任務中心取向時，長期的治療處遇是很常見的。而任務中心取向實務的提倡者認為，短期的處遇計畫對服務使用者和服務提供者的組織是有利的。服務使用者受益是因為實務研究顯示，截止日期會給予刺激，並且讓社會工作者以及個案的解決問題能力有所上升（Reid & Epstein, 1972）。服務提供者的組織會由於短期處遇，使不斷延伸之福利機構的人力資源部署更符合成本效益。

7. 提倡系統性與結構性方式的介入

任務中心模式提供了一個標準化的服務流程讓社會工作者依循，同時又保有操作上的彈性，而可以運用到廣泛的實務脈絡之中。標準化的流程保障了服務過程對服務提供者及使用者而言皆是明確的，因為介入架構是漸進式的、預先設定的、可以檢驗的。Epstein 與 Brown（2002, p. 96）聲稱：「系統性可以保護案主和實務工作者免受迷惑、沮喪和無關的極端影響。系統性實務最小化

了時間、效用和金錢的浪費，並鼓勵有效的實務。」但在整體模式中，社會工作者與服務使用者在決定實際的處遇脈絡時仍會有很多的考量（Reid, 1977, p. 11）。

8. 採取科學化的方式施行評估

任務中心取向模式出現的時期，對於專業建立實務方法的信度及可說明性湧現懷疑。這些處遇的壓力於這幾年之間繼續增強。為了回應上述的問題，Reid 與 Epstein（1972）在建立理論時即表明，任務中心模式是依據科學化的研究發現，以及透過科學化的方法證據建構的。它透過科學性的方法發展而來，也經得起科學研究的考察。大多數任務中心取向實務的提倡者認為，社會工作者應該使用科學方法和科學研究進行有系統的回顧，並監測個案工作的過程，而不是依賴直覺或進程的軼事證據（Epstein & Brown, 2002, pp. 217-18; Trotter, 2006）。

任務中心取向實務：付諸實務

在任務中心取向模式中，社會工作者與服務使用者要共同努力解決達到共識之標的問題。「任務」（task）是釐清標的問題和發展服務使用者技能的媒介。Reid（1992, p. 38）道：「運用任務的最終目的是讓案主掌握權力，使其能夠自行計畫並執行自己的問題解決行動」。以下針對任務中心取向模式的描述，是以 Reid 與 Epstein（1972）的原初模組為主要基礎，以及 Epstein 與 Brown（2002）和 Trotter（2006）分別對該模式提出更進階的應用與貢獻。任務中心取向分為五個階段，這五個階段應該要井然有序的進行下來，如此才能達到案主期待的結果（Epstein & Brown, 2002, p. 93）。有時候重探與案主的先前階段可能是必要的，但我們應該在整個歷程結束前回到目前的處遇階段。假設問題解決模式的處遇有八次，大致可以得知每個階段約略會有什麼步驟要做。我們將會在接下來的篇幅裡用一個案例來協助探討，並演示與這些階段相關的實務技能。

個案研討　任務中心取向實務

　　想像你是一位在大型教學醫院任職的醫務社工，其中一項職責是為病患和其家庭擬訂出院準備計畫。

　　某天你接到了轉介的個案，George 是一位將近 80 歲的高齡長輩，兩天前因不明原因的胸口疼痛緊急入院，接受了各項醫學檢查。他非常擔心自己的妻子 Flo，她患有阿茲海默失智症，目前亦將近 80 歲。看著轉介單上的初步資料，你發現 George 平常打理了 Flo 所有的日常起居，包含換衣服、洗澡、上廁所等等。你同時發現，當 George 入院的時候，喘息服務中心馬上安排了一位居家看護人員到家中協助 Flo 的生活照顧，並預期 George 大約四日後便可出院返家。

　　第一天看護到家中幫忙後，便立刻向督導反應 Flo 的照顧情形，當她為 Flo 更衣與洗澡時，發現 Flo 的體重明顯過輕，而且很有可能營養不良。看護巡視了廚房的櫥櫃和冰箱，發現裡面幾乎沒有食物，喘息服務中心因而打電話和你聯繫。你初次和 George 見面時他顯得非常焦急，一直希望能盡快趕回家照顧妻子，而且堅持不需要任何的協助。他認為只有自己能夠了解妻子的需求，而且才有能力看顧她。個案記事指出，他們有一個住在國外的兒子，每年大概會登門拜訪一次。15 年前退休之後，George 和 Flo 搬到離他們以前工作與養育兒子的社區有一段距離的海邊。從先前 Flo 入院的個案記事不難看出，George 和 Flo 的支持關係很強，而且他們結婚已經超過 50 年了。

前干預期：了解介入目標與服務情境

　　此階段的目的在於了解和建立在第一次會談之前或之間的介入脈絡，包含了解轉介的原因（如果轉介已經發生），並與服務使用者針對實務關係去釐清限制或界限。

　　任務中心取向模式原本是針對臨床實務中的自願性案主設計的，在此脈絡下，標的問題通常會藉由個案的「認知、理解、認識，以及期待改變的訴求」

而被辨別出來（Epstein & Brown, 2002, p. 93）。然而，由於社會工作者進入公共福利機構的人數遽增，任務中心取向實務模式的倡導者認為，不是由服務使用者本身辨識的任務可能影響標的問題的解決效用（Trotter, 2006）。如果有涉及轉介，更應該澄清轉介來源的目標：

- 是否有任何強迫、合法性或其他要素在支撐這些目標。他們與你的聯繫是被第三方像是法院或其他服務機構強迫？
- 你或服務使用者對於原始的轉介來源有什麼要求？如果是這樣，誰有責任向轉介來源做出反應？

在了解轉介來源的過程中，社工需要清楚知悉轉介的緣由和澄清轉介來源的目標，並且牢記個別社工機構有關於保密性的政策等等。相互釐清的實務原則是，應該向轉介的來源或是其他任何人以及服務使用者，溝通你的職務義務。此外，了解轉介機構的看法，並不代表必然要接受他們的看法與做法並將其視為你的工作要務。當我們與服務使用者一同定義標的問題時，推遲甚或拒絕參考轉介來源對最緊迫問題的看法可能是必要的。

相互澄清原則要求我們，在此前干預期階段，無論是與自願或非自願服務使用者工作，都要釐清機構和服務提供者的角色。Trotter（2006）建議，應該在初始參與階段處理的主要問題包括：

- 社會工作者的角色：強調社會工作者在該領域能協助的層面，以及會影響到社會工作過程的任何法律或其他的義務，例如若有任何通報要求，應告知案主。
- 保密原則和其界線：服務使用者本身應注意個案工作過程中有什麼樣的條件存在，在何種情況下個案處理過程的資訊能與其他人分享，以及關於這件事要如何通報案主。
- 服務使用者針對個案處理過程的期許。
- 工作過程中可以協調和不能協調的事情：有些可以協調的事情，像是會面的地點與時間也許能夠協調，而不可協調的事可能包含虐待或暴力的指控。

第一階段：界定標的問題

　　此階段的目標（第一次會談）是希望讓社會工作者與服務使用者能夠對問題達到共同的理解，然後嘗試將服務的目標逐漸聚焦。任務中心取向的社工人員會盡可能探索，並把服務使用者對問題的觀點優先化，雖然於諸多案例裡，社會工作者的觀點與外在命令相關的因素也要被列入考量，如法院。社會工作者與個案之間要對標的問題的界定達到一致同意是件困難的事，因為社工身為服務提供者與個案身為服務使用者有著角色上的差異。社會工作者和個案之間可能因為世界觀、義務、價值，或如性別、種族、階級、年齡等等的認同不同而產生心理上矛盾的摩擦，尤其是非自願性的案主可能因此對處遇過程產生厭惡感（Trotter, 1999, Ch. 5）。問題調查與問題排序的策略是為了確保服務使用者和相關利害關係人的觀點，於形成標的問題的共享定義之前就已被理解了。

　　了解服務使用者對問題的看法重點與「服務使用者要從哪裡開始（處理他們的問題）」的社會工作信念一致，對於與服務使用者建立工作關係至關重要。除此之外，任務中心取向的實務工作者也認識到，服務使用者參與定義問題，對於要把重點放在改變的過程上至關重要（Epstein & Brown, 2002, p. 136）。在 George 的案例中，George 更有可能著手於和他的目標及問題定義達成一致的標的問題，而不是療護人員或是醫院強加的外部問題。

問題問卷調查

　　在此第一個步驟中，任務中心取向的實務工作者運用問題問卷調查或問題探索的方式，讓自己本身以及服務使用者針對手邊的議題發展出一個全面性的理解。在這個過程中，服務使用者和社會工作者列出一些他們覺察到的問題，並且盡可能地以具體實用的方法和服務使用者的語言來陳述（Trotter, 2006, p. 110-12）；這也確保社會工作者和服務使用者雙方皆對問題和需要採取的行動清楚了解。社會工作者和個案討論之後，請案主用自己可以表達的陳述寫下具體的目標或問題清單，讓雙方清楚什麼事情需要達成。以下以 George 為例：

　　• 我需要協助好讓我盡快的回家。

- 我發現要自行處理生活上的基本事務，像是準備食物，對我而言非常困
  難。

因為我們就是要去理解標的問題，所以社會工作者應促進對每個問題之簡
史及背景進行討論，例如案主的問題持續多久了、其困擾的程度高低、怎樣影
響生活作息、目前嘗試過哪些解決方法等等。

雖然案主的觀點是問題澄清過程的核心，但社會工作者可以發揮更積極的
角色來確定需要重新解決的問題。在這個角色中，社會工作者可能會改變不切
實際或不理想的問題的定義。例如，在與 George 一起工作時，我們可以承認
他在照顧妻子 Flo 的優勢，同時，也可以對他不需要進一步支持的觀點提出質
疑。 在這裡，「不想要（支持）」的問題定義，會與我們的法定任務或專業
價值基礎產生衝突。再如，如果醫療團隊將問題定義為「George 不能做好對
Flo 照護，所以 Flo 應該被轉介到護理之家」，我們可能會質疑這個定義，與
我們對致力案主自決的專業價值是不一致的。

我們如何處理相互牴觸的問題定義就要仰賴我們的實務脈絡。當服務使用
者是一個自願性的案主，並不會對別人有立即性的威脅，則服務使用者針對問
題所下的定義應該被視為首要的考量（Epstein & Brown, 2002, p. 162）。然而，
至少於兩種情境下社會工作者有責任堅持需在這個階段考慮特定問題。第一個
情境是，當社會工作者於法律規定下要去解決特定問題時，像是兒童保護或是
處理個案自殘的問題（Trotter, 2006）。第二種情況是，社會工作者已經對於一
個服務使用者可能對自己或他人形成的潛在風險所做出的判斷。在向服務使用
者說明我們的專業責任、我們的雇用機構與專業價值基礎時，需要在最初的階
段便提出這些重要議題。回到個案研討中，如果 George 尚未針對 Flo 的狀態提
出關切時，我們應該視 Flo 可能的營養不良狀態為需進一步調查的問題。

問題排序

當問題清單完成後，社會工作者與服務使用者雙方應共同討論問題解決的
輕重緩急和先後順序。任務中心取向的實務工作者堅持只有有限的問題可以在

任何採用任務中心取向的處遇循環裡被解決。在任務中心的介入模式中，Epstein 與 Brown（2002, p. 155）認為處遇目標應以不超過「三個」為原則。在問題排序過程中，案主最擔心的問題通常被排在第一解決順位（Reid & Epstein, 1972, p. 21），雖然法律所命令的問題也應該被擺放到第一順位。有些可以在這一階段提出的問題包括了下列幾項：

- 目前最重要的問題是什麼？為什麼？
- 什麼問題是服務使用者最想要解決的？
- 假如有的話，什麼問題是社會工作者跟服務使用者被外在的命令要求而要立刻去做的？例如跟你一起工作的健康團隊可能會堅持，把有關於Flo的健康照護問題與 George 的問題一併處理。

第二階段：擬定服務契約

訂立契約是社工負責任的表現，社工的工作目標和服務方法也在此時正式確立，讓雙方達成一個明確的協議。此協議將形成服務提供者和服務使用者之間的契約基礎（Epstein & Brown, 2002, p. 189）。契約的主要目的是為了確保社會工作者和服務使用者之間的相互明確性和責任性，在面對非自願的個案時通常會有書面化的契約（Epstein & Brown, 2002, p. 167）。契約中也應該條列工作關係的細節與雙方的職責，例如會面的地點和頻率、持續時間、是否收取費用、預期結果及保密原則等等。一份契約至少應包含以下三個部分：

介入目標

利用第一階段界定的標的問題，社會工作者和服務使用者應確認並辨別出三個標的問題以作為一起努力的聚焦點。服務使用者應該對決定問題的優先順序負責，這些目標應該運用服務使用者自己的話與術語加以陳述。如果服務提供者本身代表機構而有其他處遇目標時，像是和法律有關的合規性，這些都需要標明在契約裡作為服務提供者的目標。回到個案研討，在與 George 的工作中，可能的介入目標包括：

- Flo 的健康狀態要由一個專業的醫療團隊診察，並設計一個針對她目前

身體健康問題的解決方針。

- 使 George 與 Flo 得到更多的居家協助，來讓 George 得以持續擔任主要的照護角色。
- George 的健康問題要被完整的評估與監控。

對任務的描述

任務中心取向實務所指涉的任務具有雙重目標，一方面是直接解決標的問題，另一方面則是培養服務使用者的問題解決技巧。一旦社會工作者對於所涉及的任務加入這類目標的考量，便可以和服務使用者一同決定實務的任務內容。一旦決定了任務，雙方應該想出詳細和具體的可達成方式以完成任務。以個案研討為例：

- George 將聯繫居家服務機構，並於二月三日前安排為居家照顧的可行性進行評估。
- Karen（社工）將於二月三日安排社區健康團隊來檢視 Flo 的健康狀況。

雙方的職責所在

在完成詳細任務列表的過程之中，必須弄清楚誰必須為任務的成果負責。在責任分配中，應牢記任務中心取向實務中最重要的目的是發展案主的問題解決能力，因此社會工作者須「與」服務使用者一起努力，而非單方「替」案主達成任務。在訂立契約時，應注意時間限制，並確保任務能夠於所規定的時間範圍內達成（Epstein & Brown, 2002, p. 183）。

任務中心取向的實務工作者認為，契約能夠協助社會工作者和服務使用者雙方達成明確性的最大化，並為一同定義實務目標和過程提供了工具。一個契約的成立還得以為雙方提供處遇過程承諾的具體證據（Epstein & Brown, 2002, p. 169）。而另一方面，社會工作評論家對於訂定契約提出種種顧慮。Dominelli（1996）質疑契約訂定過程的交互關係，認為案主可能僅有少數選擇，或只能接受契約的安排。例如：個案可能只單純希望尋求物質資源的協助，但如果不同意服務契約的條件，似乎就沒有辦法獲得幫忙，還需要受到許多的詢問與家

庭調查。另一些人則對契約的履行抱持懷疑，因為社會工作者和服務使用者很難同時達到契約的各種要求，違反契約規範的情況也將衍生更多複雜的議題。

第三階段：問題解決方法的施行

大部分的改變工作都在這個階段產生，約介於第三次會談到第七次會談之間。標的問題和任務越來越明確，社會工作者和服務使用者一面支持著任務持續進行，又一面回顧任務達成的進度。

再次確認問題和任務

在前面的階段已定義了標的問題，所以在採取行動的過程中需要時時檢視標的問題的狀態是否有所改變，並依此調整任務目標。例如：若醫療團隊發現 Flo 的體重過輕是因為罹患某種疾病，而非營養不良，那麼標的問題就改變了，社工便需要與 George 和 Flo 一起討論新的問題定義，然後再次擬定任務計畫。為確保相互明確性及任務之於標的問題的適切性，在過程中持續回顧問題的定義及任務是重要的。

支持行動表現

為了增進個案的問題解決能力，所以在服務使用者同意的情形下，社會工作者可以透過模擬練習等方式發展案主的技巧。假如 George 沒有任何和正式機關聯繫的經驗，你可以和他進行練習，讓 George 了解服務流程和機構可能提供的協助，最後鼓勵 George 自己打電話給長照服務中心。社會工作者可以鼓勵服務使用者預期成功完成任務時可能遭遇到的阻礙，並且針對這些問題來探討問題解決的策略以便解決之。例如，當我們指派任務時，可以詢問 George 對每個任務難易度的感受，接著考慮如何協助他解決所辨別出的問題。為了提高任務成效，社會工作者也可以和服務使用者討論達成任務的獎賞，藉此增加行動的動機。例如，假如 George 非常享受在保齡球俱樂部打保齡球和用午餐的話，我們可以讓他去一次保齡球俱樂部，作為完成標的問題相關任務的額外獎勵。

回顧任務成效

　　任務中心取向實務工作者強調系統性的處遇和評估，其與直覺的執行成效以及軼事證據相反，系統性的處遇和評估要求有系統的蒐集關於服務使用者任務成效的資訊，以及標的問題的狀態。定期回顧先前的紀錄能檢視標的問題的改善程度，還有任務的達成進度。如此一來才能知道個案的困擾在哪些方面有所進展，哪些又是沒有處理到的議題。未達成的績效（non-performance）是回顧中的重點，可以幫助我們發現處遇過程的不足，並且提供修改服務契約的機會。舉例來說，我們可能發現 George 始終沒有聯繫長照中心，追問之下發現 George 懷有許多擔憂，害怕自己的照顧角色被取代，會喪失自己的尊嚴和獨立性。此時便是重新探討服務目標和任務的適當時機。

第四階段：結案準備

　　一個規劃完整的結案準備（termination）是任務中心取向架構裡不可或缺的重要元素。任務中心取向的實務工作者相信，對專注於工作的社會工作者與服務使用者而言，一個清楚與迫近的截止日期對雙方而言都是非常重要的（Reid & Epstein, 1972）。實務工作者認為時間限制是讓社會工作者和案主積極投入服務過程的重要元素，所以不應該任意延長服務的時間。正如 Epstein 與 Brown（2002, p. 230）的警惕，「不要讓服務的結束流於開放式的收尾」，在會談的過程中也可以適時提醒服務使用者時間限制的事情。

　　打從一開始，社會工作者就應該跟案主進行處遇時間限制的溝通，而且要在每一次的會談都提醒案主。舉例來說，假如跟案主訂下會談八次的契約，應該要提醒他們目前在整個會談期中進行到了第幾次會談：「這是我們第四次的會談，還剩下另外四次；你覺得我們目前進展如何？」

　　結案會談主要是為了回顧整個服務歷程中達成的成果與解決的標的問題，以及展望未來（Epstein & Brown, 2002, p. 230）。為了符合系統處遇的準則與回顧，對於完成或未完成事項的回顧需要整合一系列的資訊與資源，像是案主與社會工作者對整體過程的看法，與任何達成成功會談的「證據」，比如在整個

處遇期間所蒐集的資料，以及反思雙方所學到的事務與對未來的期望。Epstein 與 Brown（2002, pp. 233-4）也建議雙方應該討論如何持續保持在處遇期間所達到的進步。舉例來說，我們可以深入探討 George 要如何持續 Flo 照顧者的角色，並爭取到所需的支持。

任務中心取向與危機介入的比較

提到問題解決方法時都必定會提到「危機介入」，它是另一個非常普遍的處遇方法。針對這兩個方法的比較，有助於點出不同的問題解決實施原則之應用，也點出了兩者之間的實際應用層面的迥異之處。

「危機介入」常被社會工作者描述在高危險與高壓力情境中應用的工作方法，但其實它也代表了一種明確的問題解決取向。危機介入最早出現於 1940 年代 Gerard Caplan 與 Eric Lindemann（Kanel, 2003, p. 14）兩位精神病理學家的著作，爾後又在 1960 年代經由心理衛生領域被介紹到社會工作理論之中，尤其是透過 Howard Parad（1965; Parad & Parad, 1968）和 Naomi Golan（1978）這兩個人的著作。

Caplan 將「危機」（crisis）定義為：「發生在人們於重要的生命目標（important life goals）所遭遇的困境，而且在一定的時間歷程中，人們無法藉由過去嘗試的任何方法克服之。」（引自 Golan, 1986, p. 302）。在危機介入中，危機被看作是生命歷程中無可避免的一個部分，也時常與生命的變化相關聯，例如從兒童進入青少年期時；危機也可能是突如其來的重大巨變，例如失業或嚴重的疾病。危機介入方法聚焦於危機是雙面的，它代表著威脅也代表著機會，假如處理得當或將其克服，危機便會帶來個人的成長。Caplan 甚至認為，面對危機是促成個人成長不可或缺的必經過程（Kanel, 2003, p. 3）。正如同任務中心取向模式，危機介入提供了一個有時間限制、架構完好與藉由明確的處遇進程所塑造的方法，在處遇的各個階段裡，都有明確的目標與特定的任務。

危機介入模型和任務中心模型皆強調嚴謹的結構和時效性，同時都是以個案的長期充權和培養個案獨立面對困難和解決問題的技巧為目標，並和認知學

派與行為學派的理論有相關（Kanel, 2003, p. 39）。然而，兩者在有些極為重要的理論性假設與共享之實務原理的內在層面有顯著的不同。雖然這些不同的模式具有折衷性，但危機介入模式更強烈的與心理動力學的觀點和聚焦於案主的內在心理世界有相關聯。舉例來說，危機介入是試圖把危機視為機會，並促進案主的心理成長；而任務中心取向的實務工作者則是意圖去解決案主「生活上所遭遇的問題」。

　　此外，兩種模式都強調短時間的處遇介入，但原因各異。任務中心取向的實務工作者限制了處遇的時程，部分原因為他們相信人們會因有限的時間框架和可達成的目標而受到鼓舞；危機介入實務工作者強調時間限制，則不是為了讓社會工作者和個案更加聚焦在任務達成上，而是因為危機本身以及可帶來改變之機會的時效性使然。通常危機事件的發生都是相當短暫的，如果說危機就是改變的契機，那麼服務介入就要在短期內達成（Golan, 1986, p. 298; Kanel, 2003, p. 3）。

　　危機介入的提倡者也把自身的角色視為包含在一個即刻發生之危機的解決方法中。Cournoyer（2012, p. 159）道：「危機介入主要關注的地方是在解決就快要發生的問題，並且追求達成短期的目標」，包含減少案主的壓力與讓資源更加行動化。相對之下，任務中心取向不是特別聚焦於危機的發生點，而是在問題解決技能的發展上，也因此才能建立案主的獨立問題解決能力。簡單來說，危機介入方法視危機為轉機，而任務中心取向則把處遇視為一個知識與技能發展的良機。

　　這兩個模式之間更大的不同是，危機介入模式更加著重於服務對象的情緒探索與情緒表達的面向。這是因為危機介入學家將感情的表達視為有意義的轉變前兆。最後，使用這兩個模式的社會工作者之間也存在著差異性。這兩者都假定社會工作者應當在問題解決過程中扮演積極的角色，但在危機介入的模式裡，當個案「準備好再次挑戰自己的困難時」，危機介入模式的社會工作者會逐漸撤離，以減少其指導性（Golan, 1986, p. 324）。

與動機式晤談法的連結

現在來了解動機式晤談法（motivational interviewing，簡稱 MI）如何支持問題解決途徑，例如任務中心實務取向。過去 20 年來，動機式晤談法已經被視為是廣泛使用的互動協助方法。尤其是那些處理個別個案的社會工作者，已經逐漸對動機式晤談法產生濃厚的興趣。Hohman（2012）指出動機式晤談法與社會工作實務的核心價值一致，特別是與個案之間的夥伴關係及為服務使用者充權，且可以被整合進不同的互動工作脈絡中。動機式晤談法主要是心理學理論，一開始是由臨床心理學家在行為心理治療的領域發展出來的，但社會工作者的實務領域並未納入此治療法（Miller & Rollnick, 2002）。然而，此處大致把動機式晤談法的大綱描繪了出來，也就是說明此方法在問題解決社會工作領域的關聯性及使用性。動機式晤談法與由社會工作者發展的問題解決途徑一致，因為其共同關注在目的取向的方式下，與個案合作以達到行為的改變（Hohman, 2012）。

Miller 與 Rollnick（2002, p. 25）將動機式晤談法定義為「以案主為中心且直接藉由探索與解決心理矛盾來增加內在改變的動機」。動機式晤談法有四個準則，第一個是表達同感（expressing empathy），Miller 與 Rollnick 將第一個準則稱為個人對於所處情境的感覺以及個人觀點的「接受程度」。如同多數社會工作者認可的，對個案的同理可以是一個有力的改變基石，其可形成對社會工作者的信任，並減少對問題探索的防衛心（Trotter, 2006）。在 George 的案例中，我們可以藉由與他討論他的家庭生活來表現出我們的同理心，包括他與 Flo 的長期伴侶關係、他對 Flo 的期許以及他們的生活都是可以討論的範疇。

第二個準則是「發展差異性」（develop discrepancy），指的是社會工作者

能夠促進對「現在行為與個人標的和價值之間不一致」的知覺（Miller & Rollnick, 2002, p. 39）。舉 George 的案例來說，我們可以一同探討他想要讓 Flo 在未來所享有的生活品質，然後進而檢視他到目前為止所做的努力與成效；藉此，進一步探索實現所期望之未來尚需的改變。

　　第三個準則是「協同抵抗性」（rolling with resistance）（Miller & Rollnick, 2002, p. 40）。社會工作者認出個案對於改變的矛盾心理，進而協助他們探索這個區塊。回到 George 的案例，我們可以一同探討他對目前家庭生活的喜好，有什麼是他想要的、什麼是他不想要的；有什麼照顧是他可以提供給 Flo 的，有什麼是他不行的；改變對策像是引進家庭看護服務，可能如何對他與 Flo 的目標帶來正面與負面的影響。

　　第四個準則是自我效能（self efficacy）。社會工作者應該要增強「個案對自己能力的信任並藉此完成特定的任務」或目標（Miller & Rollnick, 2002, p. 40）。與問題解決觀點一致，社會工作者的角色應該是支持個案去完成標的，而不是自己幫個案完成。與優勢觀點的樂觀看法一致（第八章），動機式晤談法也看到了希望與樂觀在達成標的時所扮演的有力角色。社會工作者可以透過傾聽以及反饋個案的類似情況與成功經驗，這項技巧有時候被稱為「利用法」，包含利用個案過去的人生經驗來展現出他們可以達到目前目標的能力。舉例來說，在 George 的案例裡，我們可以辨別出他生命裡的成功適應改變的地方，像是逐漸習慣退休生活。

　　至此，我們已經概述動機式晤談法的準則，以及如何用到 George 的案例中來加強問題解決途徑。現在，已經有許多學者投入動機式晤談法的領域，並研究其在社會工作實務中的應用成效。在本章最後面的推薦書目處有許多文獻，可提供對此領域有興趣的讀者參考。

問題解決方法的優勢、劣勢與相關議題

　　以下討論主要是針對任務中心取向，雖然討論裡所提及的諸多內容也跟危機介入有關。

優勢

　　問題解決模式恰好跟當今盛行的個案管理（或是照護管理）的取向不謀而合，它們都是現在普遍的社會服務供應模式（Dominelli, 1996）。特別是任務中心取向的模式，讓社會工作者提供了具時效性、高度結構化和聚焦於問題的服務，而且任務取向中心的模型對社福機構而言相對容易執行與評估，且可以減輕社會工作者有時感到自己的專業實務架構與機構規範的架構之間的衝突感，也就是說這個模式讓實務社會工作者的壓力稍稍減輕，緩解了一些機構要求與社會工作者服務提供的兩難。除此之外，任務中心取向模型的提倡者也對此提出了幾個重要的優勢。

　　任務中心取向的模式最主要的優點就是，它促進了服務提供者和服務使用者之間思考與行動的明確性（Goldberg et al., 1977, p. 6）。此明確性降低了服務提供者和服務使用者之間遇到問題時會困惑與沮喪的可能性。另外，備受讚揚的「互信合作」與「明確性」原則，大大降低了社會工作者和服務使用者之間的誤會和挫折，雙方可以更加仔細的討論所欲達成的目標，塑造一種共同解決問題的參與感，減少不切實際的過度期待，並同時增進彼此的信任。

　　此外，藉由讓案主參與決定處遇的目標、結果和過程，任務中心取向的觀點和社會工作的尊重與自我決定核心價值相符合。Doel 與 Marsh（1992, p. 97）甚至認為任務中心取向的方法開啟了一個窗口，讓我們可以看到服務使用者有能力陳述他們的困難，因此，與反壓迫實務做法是一致的。 與尊重的價值一致，它挑戰我們去承認和支持服務使用者解決問題的能力（Doel & Marsh, 1992, p. 97）。

　　並且，此模式也讓服務使用者在沒有社福機構的持續支持下，能有能力面對並解決日常生活的問題。社會服務中眾所皆知的長期問題，像是案主狀態的監控範圍和讓案主有獨立性，應該是服務提供者和服務使用者要意識到的。

　　任務中心觀點的另一個優勢則是對於責信的承諾。研究顯示社會工作者對自身實務的評估是傾向主觀、不一致的，且很難由其他人員評估（Munro, 1998; Healy & Meagher, 2001）。所以，藉由把持續的實務評估放到直接實務的中心，

好讓社會工作者必須從一個客觀公正的角度評量服務的成效，同時必須將此結果告知利害關係人，例如主管機關、服務的使用者和捐款人。

劣勢與相關議題

　　儘管問題解決模式在某些實務或學術脈絡中相當盛行，仍成為大量批判的主題。有些評論家批評問題解決模式的通用性，認為它只適用某些表面化的問題，而且適用的服務對象並非典型的社會福利使用者。Gambrill（1994）認為任務中心的實務模式仰賴行為主義的選擇性使用，所以會導致策略的簡單化和問題的複雜化，就像是 Reid 與 Epstein 運用這個模式至抑鬱症上。Kanter（1983, p. 229）隨即針對 Reid 與 Shyne 所做的短期處遇研究提出批判，因為其問題解決模式所依據的是「研究參與者都是年輕、有中等收入、具有動機、沒有任何疾病或精神疾患困擾的人」。根據 Kanter（1983）的說法，任務中心取向的模式與不得不面對根深蒂固和複雜問題的大量服務使用者毫無關係。所以，有很大的風險在應用模式時，把遇到的問題歸因於服務使用者，有可能被置於「太困難」的籃筐中，而不是進一步質疑去模式。因此，問題解決模型的關注對象事實上，和大部分的服務使用者是大相逕庭的，它簡化了人們生活的複雜性，也看不見問題可能根深蒂固的透過時間或結構而不斷被強化。

　　結構化的、時間有限的以及目標實現框架這幾個要素並不適合於某些有爭議的實務，尤其是具有太多情感參雜的實務。換個角度來說，於社會工作實務某些領域中，問題解決取向的高度以任務為重和工具性意圖，使得它在某些領域中幾乎難以施行，因為社會工作是和「人」的互動，一定會有情感性的面向，某些時候「與案主同在」比起「解決問題」更加重要。例如，假如有一位年輕的媽媽罹患乳癌末期，經過手術後仍復發，再過不久即將辭世。任務中心取向或許能協助她為自己的死亡做準備，但也可能導致社會工作者忽視在此情況中所產生的重大情感問題。就某個層面上而言，危機介入模式可以在情感方面的狀況提供另一個可行的解決方法，但它的背後假設是危機需要在四到六周內被解決，若讓社會工作者提供長期看護的話可能會導致其他問題。是以，危機介入的取向可以彌補問題解決的一些不足，因為它重視人們內在的心路歷

程，但強調的時效性卻限縮了長期關懷陪伴的可能。

此模式也被批評為未將造成服務使用者明顯個人問題的結構性因素納入考量。Gambrill（1994, p. 593）評論到，任務中心取向的實務「鼓勵不去碰觸案主面臨諸多問題的情況」。這種見解指出，任務中心取向與我們專業的社會正義核心價值的潛在不相容性。由於沒有認清案主問題的結構性脈絡，因此質疑此模式是否會導致我們的專業忽視了案主生活的結構性情況，並忽略追求實現更大社會與經濟平等目標的責任。

從公民權利的角度來看，我們也可能對夥伴關係與參與模式的範疇提出質疑。Dominelli（1996）認為問題解決模式所標榜的夥伴合作關係是虛幻的，因為無論從直接服務的脈絡或者社會的層面來看，不對等的權力關係始終沒有被探討。我們知道在服務提供者、服務使用者、相關機構三方之間的權力不平等，於社會工作實務中是一個一直存在的事實，但對於Dominelli（1996, p. 157）而言，任務中心取向的模式未能充分地承認這些差異，也並未「鼓勵針對導致案主困擾的系統提出挑戰」。

當服務提供者和服務使用者對問題有著不同的且可能不可調和的觀點時，夥伴關係也是有問題的。在此模式中，夥伴關係的價值反映了它的治療起源，以及針對自願性案主的實務用途而提出的。但在案主不完全自願的情況下，或者身為社工的你所注意到的部分與案主的意見相衝突的時候，會有什麼情況產生呢？舉例來說，回到個案研討，可以發現如果身為社工的我們所關切的是夫妻之間的家庭暴力，那麼與 George 一起合作工作就會變得困難重重。在該情況之下，可能很難與 George 針對處遇的重點達成共識，因為我們有職業道德的責任規範且在某些情況之下有法律的責任，所以應當盡可能的將 Flo 的受虐情況視為第一考量。的確，我們需要全面性的探討所關切的要點，才能在確定幫助 George 達到他的標的目標（回家）之前，不會使 Flo 的事情變得更糟糕。同樣的，在法定社會工作脈絡之中，社會工作者受到法院命令並授權處理特定的問題。如果案主無法同意並為這些問題處理簽署同意契約，即使是作為合約內容中的一部分，那麼採取任務中心實務便是不恰當的。

強調結構化且有時間限制的處遇，對於某些文化團體的案主而言，可能是

有問題的。盎格魯─撒克遜文化趨向於重視如時效性和結構化，以及和問題解決方法有一致性的線性處遇；然而其他文化團體如原住民，往往持有不同的看法。對於擁有時間循環觀點，且重視建立關係與故事分享的文化團體成員，可能不適用這種方法。

　　著重於每個實務步驟的嚴格時間限制，即使於主要的衛生福利機構之中也可能會產生問題。在這背景之下，實務工作者與服務使用者對於一同工作的持續時間僅有少數的選擇。任務中心取向實務的基礎為八次會談時間，在一些現今社會工作脈絡之下可能太久，例如在急性住院的情境之中，實務關係可能會局限於一次或兩次的會談。換言之，在其他延長參與會談是不可避免的情況之下，例如在社區支持性方案中，時間有限的模式也是不合適的。Doel 與 Marsh（1992, p. 85）指出，長期工作可被切分為「可管理的社會工作區塊」。然而，這似乎變得違反了短期處遇計畫的原則，即問題解決模型的核心要點。

結論

　　對於新進的社會工作實務工作者而言，問題解決模式提供了全面和有結構性的框架且適用於實務；對於進階的從業者而言，它提供了實務全面性的方向，以發展更尖端、更具創造性的取向。然而，很多社會工作評論家對這些模式表示強烈的保留。不對，問題解決模式仍在許多實務領域受到歡迎，在不久的將來似乎也不會消退。因此，重要的是我們完整地認識這些模式，並了解它們在特定實務脈絡的用途和限制。

摘要問題

1. 簡要描述這一章所述的任務中心實務的步驟。
2. 簡要描述任務中心處遇的原則，如何應用於你感興趣的社會工作實務之特定個案群，如年輕人或心理疾患的倖存者。
3. 任務中心實務與危機介入有何區別？
4. 什麼是動機式晤談法？它在實務上如何支持問題解決途徑？

推薦書目

- Epstein, L. and Brown, L. (2002) *Brief Treatment and a New Look at the Task-centered Approach*, 4th edn. (Boston: Allyn & Bacon).

  此書包含了任務中心取向實務的綜合架構，並利用此架構處理一些當代實務脈絡中的議題。

- Gambrill, E. (1994) What's in a name? Task-centered, empirical and behavioral practice. *Social Service Review*, 68(4), 578-99.

  本文裡有大量對任務中心實務提出的評論，並以任務中心的實務與行為治療為關注點，進而評論任務中心的方法會忽略個案問題的結構性因素。

- Hohman, M. (2012) *Motivational Interviewing in Social Work Practice*. (New York: Guilford Press).

  本書介紹了動機式晤談法的準則；並概述其與社會工作價值及實務脈絡的關係。本書也納入社會工作人員在廣義的實務脈絡下使用動機式晤談法的實例。

- Marsh, P. and Doel, M. (2005) *The Task-centered Book*. (London: Routledge).

  此書對任務中心實務的做法提出了完整的介紹，內容主要聚焦於實務工作者與案主對此途徑在社會工作實務中的看法。

- Miller, W.R. and Rollnick, S. (2002) *Motivational Interviewing: Preparing People for Change*, 2nd edn. (New York: Guilford Press).

  此書點出了動機式晤談的核心準則與證據基礎，對那些尋求了解動機式晤談法起源的人是非常有幫助的。書中有提供實際應用相關諮詢的部分，其他領域的社會工作者也可以考慮閱讀 Hohman 的書。

- Reid, W.J. and Epstein, L. (1972) *Task-centered Casework*. (New York: Columbia University Press).

  此書中為任務中心的實務提供了有發展性的內容，並概述了任務中心方法的原理、過程與實際應用。

- Trotter, C. (2006) *Working with Involuntary Clients: A Guide to Practice*, 2nd edn. (London: Sage).

此書對實務中的問題解決方法給了極佳的詮釋，尤其是個案的執行以及一步步的實行方針。書中涵括了面對保密性與權威性等困難議題的小技巧，以及對個案執行的有用方針。

第八章

優勢和焦點解決理論
未來導向的取向

李新民　譯

　　1980 年代，實務工作上發生了重要的轉折，諮商和家族治療開始出現在社會工作和認知領域。這些新興觀點的支持者，駁斥了長期盤據在社會工作和人群服務專業的問題焦點（problem focus）看法（Berg & Kelly, 2000; Saleebey, 2012），而以找尋案主的優勢、希望和未來的夢想來尋求解決的觀點取代之。這種未來導向方法的思維包含優勢觀點（strength perspectives）、焦點解決短期治療（solution-focused brief therapy，簡稱 SFBT）、敘事取向（narrative approaches）。本章將聚焦在優勢觀點和焦點解決短期治療，敘事取向則留待第九章和後現代概念一併討論。

　　在本章中，我們將討論優勢觀點和焦點解決短期治療的特色，說明兩者的源起、理論基礎、共同特色、共同策略、共同實務技巧，以及它們的差異之處，並闡述優勢觀點和焦點解決短期治療的優點與限制。

當優勢和解決焦點取向成為一種社會工作實務

　　社會工作者早已投入在優勢觀點和焦點解決短期治療的發展中。優勢觀點來自北美一些學者的看法，特別是堪薩斯大學社會福利學院的 Dennis Saleeby、Charles Rapp 與 Anne Weick 三人的研究成果。近年來，優勢觀點已經在許多國

家和實務領域中盛行（Chapin, 1995; Parton & O'Byrne, 2001; Pichot & Dolan, 2003; O'Connell, 2005; Sharry, 2007）。源自心理健康領域的優勢觀點，現在已經被廣泛的應用到實務領域和實務操作，包含兒童保護（Turnell & Edwards, 1999）、成癮（van Wormer & Davis, 2003）、發展障礙（Quinn, 1998）、社會政策（Chapin, 1995）和刑事司法（van Wormer, 2001）。

優勢觀點在 1980 年代晚期開始大受歡迎，部分要歸因於優勢觀點具體展現了社會工作的價值，特別是強調對服務使用者的尊重與自決。優勢觀點強調樂觀、希望和創造性，這對於第三章討論的主流論述所導致防衛性、規避風險的思維，提出了另類的思考方向。

焦點解決短期治療可以追溯到 1950 年代 Milton Erikson 關於催眠諮詢理念與技術的著作，並在 1970 年代開始流行。焦點解決短期治療收納了廣泛的傳統學科觀點，包含心理學、哲學和人類學的看法。儘管焦點解決短期治療兼容並蓄各傳統學門，專業社會工作者自 1980 年相繼投入這個取向的理論基礎建設工作，而其中最具代表性的人物莫過於 Insoo Kim Berg 和 Steve de Shazer 這對夫妻（Berg, 1992; de Shazer et al., 1986; de Shazer & Berg, 1992）。近年來，社會工作者已經把這個取向應用在一系列的個體、團體與家庭社會工作的場域裡（Pichot & Dolan, 2003; O'Connell, 2005; Sharry, 2007）。

圖 8.1 強調了優勢觀點和焦點解決短期治療在社會工作理論脈絡中的位置。它們排在系統理論與問題解決理論之後，反映其在社會工作實務基礎上的新近影響力量。排在批判和與後現代理論之前，以表明其在過去 30 年來對社會工作實務基礎建構的貢獻。焦點解決短期治療可簡稱為焦點解決治療，或是短期治療。

如本書所提到的其他理論，優勢觀點和焦點解決短期治療取向從行為與社會科學論述中取得它們的知識基礎，一如特定服務領域的實務。優勢和焦點解決取向最早出現在心理健康服務和精神醫療觀點中，特別是心理復原力（psychological resilience）的觀念對理論的形成有所影響。焦點解決短期治療取向的創立者吸收了 Milton Erickson（1954）和位在 Palo Alto 的心理研究機構（Mental Research Institute，簡稱 MRI）的研究成果（de Shazer et al., 1986）。

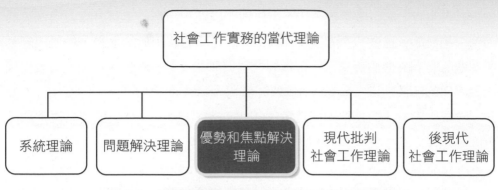

圖 8.1　優勢觀點與焦點解決於社會工作中的脈絡

　　社會學的論述，特別是有關產生污名（stigma）歷程的研究成果，對優勢觀點的開展也有所貢獻（Saleebey, 2012）。而焦點解決短期治療則是向人類學取經，特別是著名的人類學家 Gregory Bateson 的著作（Weakland et al., 1974）。

　　優勢觀點和焦點解決短期治療都吸收了第五章所討論過的他類論述；它們的許多觀點都和消費者權利論述一致，藉由重視案主對自身議題的知識來挑戰專業專家的看法。優勢觀點特別強調幫助服務使用者了解與強化其能力的支持性社群之重要性，也認同一些和宗教、靈性有關的論述，把服務使用者靈性需求的滿足，視為整體服務提供的一部分。

　　在優勢觀點和焦點解決短期治療之間，存在相同的觀點和實務技術（Turner & Edwards, 1999; O'Connell, 2005）。本章所討論的優勢觀點和焦點解決短期治療，都是奠基在對許多社會工作觀點和人群專業服務者所抱持的問題導向和病理模式之反動。優勢觀點和焦點解決短期治療的提倡者都把問題焦點視同醫療模式取向，只專注在病態與缺陷，而忽略了重要的人類潛能（de Shazer, 1988; Saleebey, 2012, p. 3）。在這些從業人員眼中，這種問題焦點乃是與改變背道而馳的。所以，優勢觀點和焦點解決短期治療，都強烈主張「案主如果做出什麼改變，而導致生活品質更好，那都是來自於其優勢的發展而非缺陷的矯正」（Sharry, 2007, p. 27）。

　　優勢觀點和焦點解決短期治療的提倡者也都強烈批判問題解決取向，強力

主張對人生挑戰的有效反應，並不需要對問題進行詳細的了解，以及有計畫的因應。相反的，社會工作者需要詳細了解的是服務使用者的優勢、他們已經克服問題的勝利、他們對未來所懷抱的希望與夢想（Saleebey, 2012），乃至他們面對問題的解決之道（de Shazer, 1988; de Shazer et al., 1986）。

檢視焦點解決短期治療的特色（O'Connell, 2005），可發現其與優勢觀點有許多類似之處。優勢觀點和焦點解決短期治療的相似處如下：

- 釐清與聚焦在服務使用者因應問題時的優勢與潛能。
- 把服務提供視為服務使用者與服務提供者之間的相互學習歷程。
- 將服務使用者的問題「去個人化」（depersonalize），意即人不是問題，問題本身才是問題。
- 注重未來可能性的探索，而不是陷入過往事件的挖掘。

雖然，優勢觀點和焦點解決短期治療有相似之處，但它們之間也有點差異。Saleebey（2012b, p. 302）指出，焦點解決短期治療不像優勢觀點「重視環境中的解決辦法與資源」。焦點解決取向重在幫助個體去構思解決他們問題的對策，而不是改變環境。焦點解決取向認為人與所處的環境是一種互動的關係，改變個體與環境互動的方式，就能解決問題（Weakland, et al., 1974; de Shazer et al., 1986）。焦點解決短期治療的提倡者認為只要改變案主與其環境互動的方式，就有可能瓦解問題，並取得解決問題的辦法（Weakland et al., 1974; de Shazer, 1988）。值得注意的是，優勢觀點是採用宏觀的方法（macro-methods），可應用在社會發展（Kretzmann & McKnight, 1993）和政策工作（Chapin, 1995）。而焦點解決短期治療則幾乎是專門應用在個體、家庭或團體的實務上。

第二個差異出現在這兩個取向對自身作為實務的「理論化」程度之歧異。優勢觀點的提倡者質疑「優勢觀點」是否是一種「理論」，還是只是一個看世界的獨特觀點、價值主張。Weick 等人（1989, p. 354）提出以下的建議：

如果有差別的話，優勢觀點是一種看待事情的策略，一種學習如何認知與運用服務使用者已經擁有之東西的方法。專業人士因而成為一位轉化者，

幫助人們看到自己已經擁有通向其所選擇之道路所需的一切。

在本書中，我們把優勢觀點被視為一個社會工作實務的理論，那是因為它如同其他實務理論，提供了分析與實務的指引。在第一章的概述中，已經說明社會工作理論是由社會工作者發展以解釋其社會工作實務的理論，就這個角度而言，優勢觀點是可以被視作社會工作實務的理論。

相對之下，焦點解決短期治療的提倡者明顯表示，焦點解決短期治療是工作實務的理論，且有實務基礎的研究支撐。de Shazer（1988, p. xiii）強調他致力於焦點解決短期治療的發展，乃是奠基於他所持續投入的「解決方案發展的研究」上。他更進一步表示「我們在做什麼（實務）和我們如何討論與描述我們在做什麼（理論）是密切」連結的（de Shazer, 1988, p. xiv）。

我們現在首先說明優勢觀點的起源和特色，包含優勢觀點延展至社區發展工作，即資產為基礎的社區發展模式（asset-based community development）。稍後我們再討論焦點解決短期治療取向。

優勢觀點的起源

優勢觀點最早出現在北美心理衛生脈絡的社會工作實務裡，特別是服務那些被診斷出具有嚴重與長期精神病狀態者的社會工作實務（Saleebey, 2012a, 2012b; Rapp, 1998）。根據Saleebey（1996, p. 296）的說法，優勢觀點的發展，可說是對「那些只注意到個體、家庭、社區的病理、缺陷、問題、不正常、受創和失調的助人專業與美國文化」之反動。

隨著優勢觀點受到國際的重視，我們有必要理解在地理位置與文化制度中，優勢觀點是如何發展與應用成形的。在美國，優勢觀點的源起是有脈絡可循的，相較於澳洲、紐西蘭、英國以及北歐（斯堪的納維亞）等地區國家，美國社會工作是與精神病學、心理學領域緊密連結在一起的。此外，優勢觀點在心理衛生領域裡的源起是非常重要的，其提供了優勢觀點此一取向發展的主要參考架構。優勢觀點的最初提倡者致力於挑戰一些生物醫學領域的主要概念，更明確的說，就是挑戰精神病學中只注重病理的論述。特別是那些主宰傳統心

理衛生領域強調個體病理缺陷的看法。另外，一些來自其他領域的論述，諸如法律、新古典經濟學也影響社會工作實務，以及我們對於服務對象「需求」、「優勢」與「不足」的理解。

　　儘管各國文化有所差異不同，優勢觀點已然洞察了各國社會工作者以缺陷模式（deficit model）為社會工作基礎的問題。Weick 等人（1989）把缺陷模式在社會工作受到廣泛重視，歸因於社會工作歷史中的早期社會工作發展的偏差。例如，宗教慈善社會工作時期，假定服務使用者的問題可能源自其道德的瑕疵。此外，社會工作的心理動力傳統，強調挖掘個體問題與矯正其精神病理，也是造成缺陷模式在過去受到重視的原因之一（Weick et al., 1989, p. 350）。如今，優勢觀點的倡導者呼籲，雖然專業上聲稱致力於案主自決與尊重案主的工作價值，但是主要的實務工作取向中仍然殘留一些缺陷與病理的看法（Weick et al., 1989; Saleebey, 2012b）。

優勢觀點的知識基礎

　　在談優勢觀點的實務原則之前，先來了解優勢觀點的知識來源與實務啟發。優勢觀點廣泛運用來自社會科學和社會工作的理論知識與實證研究發現，而且與焦點解決和充權取向並行並進。

　　優勢觀點的倡導者把 Bertha Capen Reynolds（1887-1978）視為優勢觀點發展的重要影響人物（Saleebey, 2012a, p. 21; Kaplan, 2002）。Reynolds 是一位社會工作者，同時也是一位教育工作者，她在 1940 年代與海事工會（Maritime Union）一起工作，塑造了她對專業實務工作的觀點。根據這段實務工作經驗，Reynolds（1951, p. 130）批判專業成長附著在專業地位上，以及實務工作者對精神分析論述毫無批判地採用。Reynolds 挑戰社會工作專業，駁斥那些對服務使用者福祉無建設性助益的分類、診斷、個別化處遇之專業主義見解。Reynolds（1951, p. 175）鼓吹專業人員要認知到自己對於促進服務使用者之社會與政治包容的政治責任。同時她也主張，社會工作人員應該聚焦在服務對象的優勢與潛能，而不是集中注意力在個人病理缺陷上。在下列這段陳述中呈現與優勢觀點相同的看法，Reynolds（1951, p. 34）主張：

了解案主應該要做些什麼，比要求案主接受他的失敗是一個更好的起點，這同時把案主塑造為一個準備好要追求更進一步成長與未來成就的人。

著名的社會學家 Erving Goffman 的研究也對優勢觀點有深遠的影響。Goffman（1991）對於社會標籤、烙印及邊緣化的研究結果指出，許多人群服務機構與人群服務專業所採取的實務觀點，往往讓他們原本想要解決的問題變得更棘手。例如，對人使用「思覺失調」的標籤時，即讓這些人在自我理解或是其他人對他們反應的方式上，出現一堆負面印象再製的汙名化現象。我們要認知到語言所產生的力量是極為強大的，「其可能提升激發一個人，也可能毀滅敗壞一個人」（Saleebey, 2012a, p. 11），優勢觀點的倡導者要求實務工作者對語言的使用具有敏感性，特別是在描述服務對象的優點與缺陷時，更要謹慎用語。

優勢觀點也引用有關心理復原力的實證研究。Saleebey（2012b）指出心理復原力的研究結果顯示，是否遭遇逆境人生事件（重大災難、心理受創），並無法有效的預測個人未來的能力。他在檢視相關研究後發現，那些在兒童期遭逢災難與創傷的人，長大後大部分人並不會複製童年時期所遭遇的問題。復原力的研究更進一步指出，人們可以從艱困的人生事件中獲益（McMillen, 1999）。尤其是一個經歷重大逆境的成人，諸如從危及生命的疾病或自然災害中存活下來的人，更是如此（McMillen, 1999, p. 456）。

優勢觀點和自我心理學的概念有點類似。心理動力與心理社會個案工作理論學者主張，社會工作者應該要幫助案主尋求自我認同和強化「自我優勢」（ego strengths）。優勢觀點和自我心理學都強調心理優勢的連結，例如，在面對逆境時的自我優勢與個人復原力之間的連結（Garrett, 1958, p. 44）。有趣的是，優勢觀點倡導者並不經常將優勢觀點取向與自我心理學連結。這可能是因為自我心理學同時也強調服務使用者的病理學觀點。例如，在個案工作領域倡導自我心理學的 Hamilton（1951, p. 296）曾經提醒：

個案工作者不只要注意到案主人格特性中的健康部分……。在病情惡化時，也要對自我的弱化與依賴性需求進行進一步評估。

然而，考慮到優勢觀點初次引用到心理衛生領域的社會工作時，此領域已經充斥著精神醫療觀的論述，心理論述相對模糊，但還是有可能對優勢觀點取向有所貢獻。

有一些優勢觀點的倡導者，將優勢觀點與充權取向相互連結（van Wormer, 2001; Saleebey, 2012a）。充權取向的許多獨到見解（Payne, 1997; Parsons et al., 1998）與優勢觀點的看法是一致的。這兩個取向都致力於辨識與開發服務使用者的潛能，以幫助他們和他們的社群，並促進社會工作者和服務使用者間的相互學習夥伴關係。但充權觀點的倡導者比優勢觀點的提倡者更重視服務使用者出現困難的社會與結構性原因。充權觀點學者呼應反壓迫實務觀點（Parsons et al., 1998, p. 5），主張社會工作者應該「幫助個體釐清其問題蘊藏在社會的源頭」，並且促使服務使用者間對造成他們問題的「內在與外在」社會結構展開集體行動。Parsons等人（1998）主張的充權觀點可被視為優勢觀點和反壓迫取向之間的橋梁，因為其結合了兩實務觀點共同的核心要素。

優勢觀點實務的假定與實施原則

優勢觀點一再強調案主的能量，並提出一套特殊的假設，其與目前正在流行的核心實務原則不同。我們在這裡將探討此假設和原則。

根據 Saleebey（2012a, 2012b）和 Weick 等人（1989）的著作，優勢觀點有以下主要五項假定：

- 每個人都有優勢、能力和資源。
- 人們在面對逆境人生事件時，通常會展現復原力，而不是病理反應。這是因為所有人類都具有自我療癒的傾向（Saleebey, 2012a, p. 10）。
- 服務使用者有能力決定什麼是對他們而言最好的，而不需要人群服務工作者為他們界定什麼是最佳的利益。

- 人群服務專業人員（包含社會工作者）傾向關注服務使用者的問題與缺陷，而忽略了他們的優勢與資源。優勢觀點的主要目標，是把注意力放在那些服務使用者與其社群所展現的能力。

- 實務工作者與服務使用者之間彼此合作的夥伴關係，可以反映和建立服務使用者自身的能力。但是人群服務專業人員（包含社會工作者）為了捍衛自己的專業權威，常常不願意和服務使用者合作以建立相互學習與真誠的夥伴關係。

現在我們把注意力放在從這些假定產生的實施原則，同時說明在應用這些實施原則時所需要考慮的實務策略。優勢觀點的實施原則有五，分述如後：

實施原則 1：採取一個充滿希望與樂觀的態度

社會工作者有專業責任去對服務使用者抱持正向與樂觀的態度。樂觀是重要的，因為我們的觀點決定我們是否能夠看到服務使用者的優勢與資源的豐富性（Turnell & Edwards, 1999, p. 62）。這種正向態度要求社會工作者質疑將服務使用者形塑為一個無能改善生活品質的負面標籤，並努力去理解服務對象的能力、資源以及他們對未來的夢想與希望。

在實務上，社會工作者一定要挑戰自己和那些在正式或非正式助人網絡中工作的其他人員，質疑那些對服務使用者的病理與缺陷觀點，要反過來努力尋找那些可以證明案主優勢、能力和資源的證據。例如，當我們服務那些被管理機構認定有兒童虐待風險的家庭時，我們可以探索那些讓他們感到積極正向的關係，以幫助其建立一個對他們和孩子有益的支持網絡，諸如擴展家庭關係、友誼、專業助人者和社群網絡（Turnell & Edwards, 1999）。

同時也要傳達我們的信念給服務使用者，使其相信他們是有能力依照自己的方式去解決所面對的問題，追求良好的生活品質。在此，對使用的語言具有高度敏感性也是極度重要的。以優勢為基礎的取向要求我們把「人」本身，和導致他們來到社會服務機構的「問題」分開來看待。所以，我們不應該把人說成是「思覺失調患者」，而是應該描述成「一個帶有思覺失調的人」。更好的

做法，是把我們對人具有復原力的尊重帶到服務使用者面前，稱呼他們是「思覺失調的倖存者」。

實施原則 2：將焦點首先放在資產上

雖然優勢觀點的倡導者並不否認心理疾病和成癮之類的問題事實，但他們主張應該拒絕把注意力只放在評估與介入上。反之，我們應該優先認識服務使用者的資產，因為我們只能在優勢上進行建設，並無法在缺陷上進行任何正向活動。

我們應該致力於引發個體全方位的資產，包含他們的個人能力以及隱藏在社會網絡裡的各項資源。例如，Quinn（1998, p. 105）主張：

> 我們很容易假定帶有唐氏症的成人應該是快樂、平靜的，因為其滿足於做些例行性與重複性的工作……。事實上，認知能力、身體潛能和個人興趣的無限可能性，需要被全盤檢視。這個假定應該是，這位年輕成人可以完成任何工作，除非被證明有任何工作失誤存在。

以優勢為基礎的實務工作者，主張我們作為一個實務工作者，應該要改變傾聽案主說明他們處境的方式。優勢取向的傾聽（strengths approach to listening）要求社會工作者挖掘服務使用者生活裡有關能力和豐富資源的徵候，而不是挖掘他們的問題與缺陷。van Wormer（2001, p. 32）對優勢取向的傾聽描述如下：

> 傾聽這種方法的使用，不是被動消極、沒有創意地聽案主的故事，而是全神貫注的傾聽其韻律與模式，並在正確時機，觀察、分享乃至互相的挖掘，直到浮現事件的全貌。在這全貌中要能看到希望與勇氣的面向，並以希望與勇氣之名加以強化。

優勢取向建議我們要確認與強化服務使用者可能有助於正向改變的能力，並能揭露他們在其他方面可能被忽略的既存優勢。舉例來說，當在學校場域中

處理青少年曠課的問題。委託校長說，這位青少年平均一週有兩天沒來學校。從優勢觀點來看，我們要關切的不是每週有兩天沒來學校，而是要注意是什麼因素讓他能夠每週保持三天在校。此外，使用以優勢為基礎的傾聽，我們不只要看出個體的優勢，還要看到在他們正式與非正式網絡中的優勢。所以，我們可以問青少年：「儘管你這陣子可能過得不太好，你可以告訴我有誰知道你每週設法三天到校而不感到驚訝的。」聚焦在這位青少年人際網絡裡的優勢，對實務工作者有很大的幫助。因此，可以讓服務使用者知道，針對他們所陳述的問題，手邊就有廣泛資源可以利用。

為了避免優勢取向的傾聽可能因為過度天真而忽略潛在的風險，或是成為一個危險的失控策略，在此必須提出一些澄清。首先，優勢取向傾聽並不意味著完全忽略可能帶來風險的證據，有時這些資訊有利於促進服務使用者改善他們的生活（Turnell & Edwards, 1999, p. 65）。舉例來說，假如我們是兒童保護的社工，正與我們合作的年輕媽媽Sally，涉嫌忽視兩歲大的兒子Ben。我們不只是評估對孩子有害的危險因子，還要幫助 Sally 發現自己內在與社區中有利於滿足Ben的照顧需求的資源。在某些情況下，這些資訊可用來促進服務使用者生活品質的正向改變。

其次，雖然優勢取向傾聽質疑為服務使用者貼標籤，但這並不代表我們要完全忽視這些訊息。事實上，在某些情況，像診斷之類的標籤有時可以幫助我們釐清服務使用者的問題，並幫助服務使用者舒緩各種痛苦負擔。舉例來說，有些人可能透過醫學或精神疾病的診斷，了解讓自己感到困惑與痛苦的症狀，因而獲得緩和。根據 van Wormer（2001, p. 75）說法，「秘密」藏在如何使用診斷。在優勢觀點中，這些標籤是一個討論與調查的起始點，而不是進行專業工作的依據。

最後，過度集中注意力在優勢上，不是造成我們過度天真的樂觀就是缺乏敏感度，掩蓋了服務使用者的負面感覺與個人主觀知覺的缺陷，因而喪失了我們與服務使用者和其他服務提供者之間的信賴。所以，設法去理解服務使用者和服務提供者的詮釋，並同時促進優勢為基礎的觀點是非常重要的。舉例說明，再回到 Sally 這位涉嫌忽視兒子 Ben 的年輕媽媽的例子，我們可以這樣詢

問：「從妳告訴我們的故事中，我們發現妳是一個年輕、孤單又面臨困難的媽媽，而且妳已發現Ben承受了極大的痛苦。那麼在妳與兒子的關係困境中，有可能出現哪些好事呢？」

實施原則 3：與服務使用者合作

一如本書涉及的所有實務取向，優勢觀點強調實務工作者和服務使用者間夥伴關係的重要性。這種夥伴關係與社會工作價值一致，而且在實務上，透過與服務使用者合作所構思出來的解決方法，可能比專家等他人所提供的觀點更有用。優勢觀點的倡導者主張在實務上建立夥伴關係，可以增加解決手邊問題的可用資源。透過這樣的結盟，服務提供者和服務使用者可以良好的掌控其資源與潛能，包含服務使用者自助的潛能。此外，像夥伴一般的合作工作，雖不是促進服務使用者充權的充分條件，卻是必要條件。優勢觀點的倡導者主張，唯有其他人，特別是「助人者」，「積極肯定與支持個人發揮能力」，個人才可能獲得成長（Weick et al., 1989, p. 354; Saleebey, 2012a）。最後一點，相較於問題解決取向，優勢觀點的倡導者主張，發現解決方法是一個創造性的歷程，在這過程中必須投入所有的領會與頓悟，舉凡服務工作者和服務使用者的情緒、靈性觀點、能力都必須投入，讓彼此之間有通盤的理解（Weick et al, 1989）。在優勢觀點的實務上時常採用解決焦點取向，那是因為體認到問題的解決方法通常藏在情緒與非理性的知識中，也就是說，非理性的知識提供了解開問題的「鑰匙」。de Shazer（1985, p. 7）甚至主張「人們陷入令人煩惱的處境時，就是要做一些不一樣的事，就算這些行為看起來似乎是不理性的、絕對無關的、異乎尋常的、可笑的」。

有許多方式可以鼓勵服務工作者和服務使用者合作，包含以下幾點做法：
- 提供一個促進合作的物理環境：例如，在我們與服務使用者工作的空間，要免除任何干擾。傢俱布置的方式要有利於我們和服務使用者合作，像是與服務使用者坐在一樣的高度，能夠面對面，且沒有任何東西阻礙彼此的視線。
- 創立一個合作的人際關係：促成合作人際關係的策略具有特定的脈絡

（context-specific），所以在適切的環境中增強彼此密切的互動關係是非常重要的。而達成密切互動關係的方法包括：

◦ 鼓勵相互使用「名字」來稱呼。

◦ 適切的使用自我揭露（self-disclosure），特別是能夠指出那些你用來回應服務使用者關切的問題所需的資源與資產。

◦ 注意服務使用者對情境的知覺，特別是他們對關鍵議題的解釋，以及打算如何解決。

◦ 鼓勵服務使用者參與那些設定來讓你們一起工作的活動，並評估你們共同合作工作的效能（effectiveness）。

◦ 在專業介入歷程中，把握那些能夠釐清神秘專業用語的機會。例如，向服務使用者明白解釋那些生物醫學的專業術語。

• 鼓勵合作與創意的解決辦法之探索：我們可以鼓勵與服務使用者合作解決問題。例如，透過腦力激盪的方式，設想各種可以解決服務使用者關心之問題的方法。呼應上述的樂觀原則，我們要鼓勵服務使用者針對其所關心的事物去努力設想各種可能的因應之道，就算是稀奇古怪、不切實際也沒關係。

實施原則 4：致力於服務使用者的長期充權

Saleebey（2012a）主張，社會工作者應該透過與服務使用者和其社群的夥伴關係中的對話及行動，來支持服務使用者的充權。在某種程度上，這涉及到認識與肯定服務使用者在面對逆境時的復原力與潛能。因此我們要關切的不只是他們面對負面人生事件沒受傷害的事實，更重要的是他們從這些負面人生事件所發展出來的能力。此外，優勢觀點是把目標放在增強服務使用者改善生活品質的能力之實際成果。社會工作者的角色是促進服務使用者運用既存的優勢與資源，以及自己新發展的優勢與資源，去達成他們的希望與夢想。

從優勢觀點來看，充權的發展是聚焦在未來發展的可能性，而不是過去的問題。因此我們的工作是要努力啟發服務使用者對未來的希望與夢想，而不是去挖掘造成他們困難的原因。確認服務使用者的復原力和潛能是極其重要的，

包含他們通過逆境所發展出來的復原力和潛能，而不僅是把他們當作情勢或是社會結構的受害者。此外，優勢觀點的實務工作者致力與服務使用者一同達成和其希望與夢想一致的實際成果，藉此促進其充權。

實施原則 5：建立支持性社區

優勢觀點的倡導者強調透過社會支持取得復原力並改善生活品質。根據 Saleebey（2012a, p. 13）的看法，讓自己歸屬於一個社區是重要的，因為「大部分人都想成為一位公民，也就是社區中可以承擔責任、被認可的且受到敬重的成員」。正如社會工作者對服務使用者優勢的認知可以促進其活化優勢能力一般，對服務使用者的社區歸屬與社會支持力量之認知，可以幫助其動員達成希望與夢想的能力。此外，服務使用者的社區支持可以建立在他們幫助自己與幫助他人的能力上。

將服務使用者的優勢運用工作中，社會工作者應該認同嵌入在服務使用者社交網絡的優勢和資產。此優勢可能包括肯定與支持服務使用者的人們，以及服務使用者在「社區」中發展或反映其自助和／或協助他人能力的角色。社會工作者可以發掘將服務使用者與社區網絡連結起來的機會，藉此肯定和建立他們的自助和社區服務能力。如果缺乏此網絡，社會工作者可以努力去發展這種支持網絡。

焦點解決短期治療

現在來討論焦點解決短期治療的特色，焦點解決短期治療與優勢觀點有許多相同的假定。焦點解決短期治療的核心原則就是，服務使用者已經擁有解決所面對之問題的知識和技能。正如 de Shazer 等人（1986, p. 207）所言：「短期治療的關鍵在於，運用案主已經擁有的去幫助他們滿足需求，以這樣的方式就可以讓他們創造自己滿意的人生」。社會工作者的角色，就是協助案主去發現這些他們已經擁有的能力。

改變可以透過許多方式來達成。第一步就是把焦點放在解決辦法，而不是問題。焦點解決短期治療把實務工作者和服務使用者的注意力引導到這樣的問

題，即如何知道他們的抱怨已經被解決了（de Shazer et al., 1986）。有別於問題焦點取向，焦點解決短期治療聚焦在實務工作者和服務使用者尋求解答的努力。在焦點解決短期治療聚焦的倡導者看來，這已經涉及擺脫問題導向的社會工作實務之根本改變。

第二個達成改變的方法是對改變充滿期待，並對改變的出現具備敏感性。這涉及對服務使用者所處情境的各種積極面向之探索，包含在當前的情境下，他們還想要持續進行的事情、他們已經克服所面對之挑戰的傑出成就，以及他們對未來的希望與夢想。一如 de Shazer 等人（1986, p. 208）所指，「當我們連結現在到未來（忽略過去，除非是過去的成功經驗），就可以對案主指出我們認為他們已經做了哪些對自己有用、有好處的事」。

焦點解決短期治療的倡導者已經發展出許多可以實現雙方所期待之改變的詢問技巧。許多技巧已經被強調未來導向的觀點所採用，特別是優勢觀點和敘事治療。

第一種類型的詢問是鼓勵服務使用者去辨認／認識，一旦他們的問題獲得解決，他們的人生將會是什麼樣貌。這類的詢問有許多呈現方式，包括要求他們去描述如何知道自己所面對的問題已經解決了。焦點解決短期治療也流行使用「奇蹟問句」（miracle question）的策略，幫助服務使用者去想像沒有問題的人生：詢問當事人，如果「奇蹟」出現，再也沒有問題了，他們的人生將會變成什麼樣子。透過這樣的方式，實務工作者可以詳細了解服務使用者尋求的解決辦法，並幫助他們相信問題是有可能被解決的。

第二種類型的詢問是「評量問句」（scaling question），也能夠幫助人們建立發揮潛能解決問題的信心。這種評量問句要求案主對問題的各面向進行評估，甚至去評估解決的方法。例如一個經歷焦慮的案主，被要求以 1 到 10 分評估過去幾週他們感到平靜而不再被焦慮困擾的程度。1 分代表最糟糕的狀況，10 分代表完全的平靜。假如案主自評 5 分，社會工作者可以探究是什麼幫助他們得到 5 分，還有他們可以做些什麼以在下星期達到 7 分。

第三種類型的詢問用在幫助案主，對他們面對挑戰所擁有的能力建立信心與意識。其基礎假定是案主已經成功克服他們所遭遇的困擾，但是這樣的成功

經驗卻常被忽略。「因應問句」（coping questions）聚焦在探索案主如何因應其所面對的挑戰，同時也顯示出社會工作者對個體面臨挑戰的同理心。這類問句的例子如下：

- 過去幾個月，你面臨了許多事，你是如何讓事情不再惡化？
- 不管遭遇什麼挑戰，你都能泰然處之。你是如何做到的？

第四種類型的詢問是「尋求例外問句」（exception seeking question），強調詢問案主什麼時候不會為讓他們需要接受社會工作或治療服務的特定困擾所苦。例如，「你能夠告訴我在上個禮拜的什麼時候，你已不會被焦慮的感覺所擾亂？」這類問句要求服務使用者更進一步說明他們克服困難的成功經驗，以提供實務工作者和服務使用者能夠達成持續解決問題的線索。實務工作者探索服務使用者處理所面對之問題的例外狀況，並讓他們明白凡事總有例外，這種例外狀況可以證明我們能夠改變已經發生的事情。

最後，用來探索案主的優勢以及他們感到生活滿意之處類型的詢問，對於促進合作關係和避免此關係變成問題導向是很重要的。舉例來說，在兒童保護案件中的面談，我們可以提出以下問句：

- 關於你的小孩，你感到最自豪的是什麼？
- 作為一個孩子的父親或者母親，你看到自己最大的優勢是什麼？

這些詢問可以在關切風險、問題之外，取得一種平衡，協助實務工作者建構那些已經出現在服務使用者生活中的優勢與解決辦法。此外，探索服務使用者的優勢，也可彰顯工作者對服務使用者的尊重。焦點解決短期治療強調工作者與服務使用者之間合作與尊重的重要性，並主張實務工作者要能理解，服務使用者比任何人更了解自己的問題和可能的解決辦法。

焦點解決短期治療另外一個特色是，改變是要打破讓問題一再出現的惡性循環關係。有別於問題解決取向致力於發展出解決問題的線性規劃，焦點解決短期治療是把注意力放在克服問題的小改變。事實上，焦點解決短期治療的倡導者認為把注意力放在大目標是有問題的，因為「目標越大或是期望改變的幅度越大，合作關係的建立就越困難，更可能導致治療者與案主的挫敗」（de

Shazer et al., 1986, p. 209）。

　　焦點解決短期治療對社會工作各種各樣領域的實務運作已有顯著的影響。社會工作人員 Insoo Kim Berg 和 de Shazer 於 1982 年在威斯康辛州密爾瓦基短期家庭處置中心（Brief Family Therapy Center），開始把焦點解決短期治療應用到各種實務領域，包括兒童保護、藥癮和酒癮的處遇服務（Berg, 2000; Berg & Kelly, 2000）。但焦點解決短期治療不像優勢觀點，很少應用到宏觀方法，例如社區工作，而這對投入集體性或巨觀性實務的社會工作者而言，已經構成一種限制。現在我們把注意力轉往優勢觀點在社區工作中已有的應用方法。

社區發展中的優勢觀點：資產取向

　　雖然優勢觀點是發源自個案工作，但它的關鍵論題也被應用在其他的實務方法中，例如社區發展。社區發展是一種被社會工作者和其他人員（如鄉鎮規劃人員）使用的方法，其聚焦在發展社區的資源（Green & Haines, 2002, p. vii）。資產為基礎的社區發展模式（asset-based community development，簡稱 ABCD 實務），有別以往的需求焦點取向（need-focused approach）所賦予社區發展的特徵（Kretzmann & McKnight, 1993, p. 25），把焦點放在社區的天賦、技巧與資產（Green & Haines, 2002, p. 9）。根據 Kretzmann 與 McKnight（1993, p. 13）的看法「強大的社區基本上是居民的能力被認同、珍視和運用的地方」。

　　Kretzmann 與 McKnight（1993）指出，資產取向的主要特徵有以下幾點：
- 改革要從社區內部開始：由社區驅動改革的歷程是非常重要的，因為這樣社區才能擁有並支持自己的改革，以及維繫已經發展出來的主動倡導行動。當社區開始擁有屬於自己的倡導行動時，在發動與維繫改革的歷程中，將建立社區內部的自主獨立性和自尊。此外，根據 Kretzmann 與 McKnight（1993, p. 5）的說法，在目前新古典經濟改革的氛圍裡，依賴外來援助是無效的，所以「很難但必須接受的事實是發展必須從社區內部開始」。
- 改革必須建立在社區現存的能力與資產上：至少有四個地方可以找到社區現有的資產，包括社區裡的個人、非正式網絡（例如鄰里關係）、公

民機構（例如體育運動組織、自助團體）、正式機構（例如學校、慈善機構、商業組織、政府部門）。

- 改革是透過關係驅動的：資產取向關注來自不同部門的合作，例如非正式網絡、社區服務、企業和政府組織之間的連繫合作。
- 改革必須朝向社區成長的永續經營：資產為基礎的社區發展取向之擁護者，反對只停留在社區現況的維持，以及向外尋找社區發展的啟動者（Green & Haines, 2002, pp. 9-11; Kretzmann & McKnight, 1993）。所以他們致力於透過發展社區內的資產，以便和其他社區、其他部門合作，以促進貧困弱勢社區長期的社會和經濟充權（Green & Haines 2002, p. 11）。根據 Kretzmann 與 McKnight（1993, p. 354）所言：

一個能夠動員自己內部資產的社區，再也不會成慈善協助的對象。而且，這種自主動員的社區，能夠提供機會給願意投資社區的夥伴。這些對社區有效能行動感興趣的投資夥伴，自然會把他們的投資回報給社區。

檢視問題

思考一個你感興趣的實務領域，以及社會工作在這個領域的角色。然後，指出在這領域中實際運用優勢觀點，有哪些優點與缺點。

優勢觀點和焦點解決短期治療的優點

許多從業人員、服務提供組織和社會工作評論者，認為優勢觀點和焦點解決短期治療對社會工作的專業基礎擴展，提供了有價值的貢獻。這種取向的主要優點是體認到樂觀和希望對顯著改善服務使用者生活品質的影響力。它不斷提醒我們反省作為一個「專業助人者」，我們所抱持的態度與使用的語言是非常微妙的。這些態度和語言可以用來賦予服務使用者能力，但也可能反過來削弱服務使用者的力量。無論如何，優勢觀點和焦點解決短期治療鼓勵我們批判性地檢驗那些認定服務使用者註定要被所面對的問題和議題限制的假定。

　　此外，優勢觀點和焦點解決短期治療的論點，讓我們可以挑戰一些形塑社會工作實務脈絡的主流論述。生物醫學和其他合法性的論述強調專業超然性（professional detachment）和專業專門技術的特權（只有專業人員才具備能力和知識，而實務工作者必須和案主保持一定的距離）。優勢觀點和焦點解決短期治療卻主張促進實務工作者和服務使用者之間的合作，對專家知識秉持著懷疑的立場。焦點解決短期治療提供一整套技巧，尤其是詢問問句的使用，來幫助社會工作者看到服務使用者的潛能。這套技巧已經被廣泛應用在社會工作的各個領域，包含個人、家庭與社區。

　　優勢觀點鼓勵我們關切服務使用者所處的個人與社會脈絡。有別於塑造社會工作實務脈絡的主流論述著重的個人主義取向，優勢觀點讓我們致力於挖掘服務使用者在正式與非正式網絡中可用或者可發展的資源，用來協助他們達成希望與夢想（Quinn, 1988）。這種把焦點放在建立服務使用者持續可用的社區支持網絡，針對無法適用第七章所討論的短期與結構性處遇的服務使用者問題，已然提供了一個有用的實務架構。事實上，優勢觀點已廣泛被應用在不同領域的社區支持工作，諸如心理衛生、身心障礙支持、兒童與家庭支持。

優勢觀點和焦點解決短期治療的缺點與考量

　　儘管優勢觀點和焦點解決短期治療作為當代實務觀點是相當有價值的，我們還是可以指出一些對兩者的共同批判。優勢觀點和焦點解決短期治療對障礙的克服，特別是對結構性障礙的克服太過天真樂觀，服務使用者經驗到小目標的實現，但無法顧及其希望與夢想。焦點解決短期治療取向對於服務使用者透過行為的細微改變，而發揮影響力改變環境的個體能力堅信不移。Cowger（1998, p. 33）曾主張：

> 以優勢為基礎的實務模型和觀點，勢必得更加全面完整的概念化。它必須涵蓋政治的、結構的、組織的錯綜複雜脈絡，超越現在狹窄的焦點，而非僅僅專注在直接服務中個案優勢的促進。它必須在制度、組織、政治決策的層次上，進行批判性的分析，並展現具體的行動力量。

優勢觀點至少還可以採取開放的觀點，在個體與社區層次，進行有理想的改革，而焦點解決短期治療則很少觸及個人與家庭介入之外的改變。對於充權和反壓迫實務的社會工作者來說，這種局部性的改變實在是太狹隘了。從反壓迫的觀點來看，我們應該詢問優勢觀點和焦點解決短期治療所強調的合作夥伴關係，在服務提供者和服務使用者不平等的脈絡裡是否還有意義（Dominelli, 1996）。

優勢觀點和焦點解決短期治療被批判的另一點，就是過度強調個人與社區去達成改變社區、社會的能力與責任。焦點解決短期治療很少關切廣泛的社會改革，ABCD實務的提倡者則是順從的接受，任何改革的成效都將在新古典經濟政策脈絡中受限。Kretzmann 與 McKnight（1993, p. 5）認為，弱勢的社區除了改變他們自己，沒有其他選擇（Weick et al., 1989, p. 354）。許多社會改革的倡導者，諸如反壓迫工作者和促進消費者權利運動的成員，則主張還有其他的選擇，那就是把經濟和社會的資源投入弱勢社區裡，藉此降低全球經濟與科技改革對弱勢社區的衝擊（Dominelli & Hoogvelt, 1996; 見第五章）。

雖然已有些人嘗試把優勢觀點和焦點解決短期治療應用在法定實務中，但更進一步的工作仍然需要去確認，把焦點放在解決辦法和能力是否與工作人員確認及管理風險的責任維持平衡。舉例來說，在涉及心理健康風險評估與刑法訴訟服務的法定兒童保護工作中，社會工作者有法律上與道德上的責任，去評估可能對服務使用者本人或其他人造成的風險。此時聚焦在服務使用者的優勢並非切實可行，甚至可能惡化了服務使用者傷害自己或他人的不安因素。受雇在這些領域的社會工作者，特別是沒經驗的新手，需要非常謹慎小心釐清這種取向的理論基礎與實施原則，並了解此取向在他們工作領域中的限制，否則很可能有風險將這種基於優勢觀點的實務被誤解成只是天真、外行或危險而已。

還有一些批判指向優勢觀點對於什麼樣的態度與行為可以稱之為優勢，並沒有講清楚。因而出現兩個問題。其一，儘管優勢取向的社會工作者宣稱抱持一個不進行價值判斷的立場，然而「優勢」這個概念，本身就是一個文化承載的名詞，在某個文化脈絡裡的優勢，可能在另一個文化脈絡裡被視為劣勢。例如，在呈現復原力的證據時，Saleebey（2012b, p. 298）的一項研究報告發現三

分之二被確認為有顯著青少年問題風險的兒童，在 32 歲和 40 歲左右會變成有愛心和有用的成人。在此隱含的假設是某些性格，諸如變得有愛心、有用的乃是一種優勢，然而這些假設的基礎，並沒有一致性與關聯性。這種無法反映出什麼樣的態度與行為可以稱之為優勢的挫敗，導致了第二個問題：我們可以把某些性格和行為認可為優勢的界限何在。在某個脈絡裡的優勢，到了其他脈絡有可能變成一種宰制，例如，主張自己的權利。在缺乏明確指引下，已經造成實務工作者斷定何為優勢的困擾。這也構成一種缺點。

　　優勢觀點的主張部分來自於復原力的研究，但優勢觀點對於復原力研究結果的解釋有令人質疑之處。McMillen（1999, p. 458）指出人們可能變得有復原力，主要是來自面對緊急事件，而不是面對長期的逆境。McMillen（1999, p. 462）同時也指出，「低社經地位的兒童與人們很難從改變人生結構的逆境後獲得利益」。這兩項研究發現非常重要，因為大多數社會服務使用者所面對的是長期逆境而不是緊急事件，而且他們幾乎多來自社經弱勢背景。同樣地，Saleebey（2012b, p. 298）對於一項研究發現的報告，指出只有三分之一的兒童在青少期出現嚴重情緒問題，有一部分問題會持續到中年期。Saleebey 並沒有說清楚，此研究更進一步的事實為三分之一被認定有風險的兒童會經歷嚴重心理問題直到中年期，和一般人口相比，三分之一乃是比較高的比例。簡言之，雖然優勢觀點強調希望、樂觀和人類復原力，對病理取向的服務使用者觀點提出了修正，但我們必須謹慎小心的理解易受傷害人群提高的風險，以及對處在風險中的危險性族群進行預防性和保護性測量的重要性。

結論

　　優勢觀點和焦點解決短期治療對社會工作實務基礎提供了有價值的貢獻。優勢觀點和焦點解決短期治療體現了社會工作專業建立的人道主義價值，對促進我們尊重服務使用者能力和潛能，提供了解釋架構和實務技術。但對於這兩者仍有些批判性問題被提出，例如對服務使用者充權的結構性障礙之認知缺乏。第九章所要討論的反壓迫論述與這種取向相反，將著重在理解結構性的不公平，並對此做出反應。

摘要問題

1. 優勢觀點和焦點解決短期治療的倡導者致力於充權案主，讓他們理解到要靠自己去實現一個比較好的生活品質。你認為要達成此目標，兩種取向有何優點與限制？
2. 優勢取向的傾聽涉及哪些實務技巧？
3. 焦點解決短期治療使用哪些詢問技術去揭露案主的潛能？這些技術是如何有效揭露案主的潛能？
4. 資產為基礎的取向促進發展社區的特點為何？

推薦書目

● Berg, I.K. and Kelly, S. (2000) *Building Solutions in Child Protection Services*. New York: WW Norton).

焦點解決短期治療的全面性與實務性應用指南，並探討在授權接收兒童保護服務之家庭工作的應用上。此書由焦點解決短期治療代表性領導人物 Insoo Kim Berg，以及在美國具有大量公共兒童保護服務工作經歷的 Susan Kelly 合作撰寫。

● De Shazer, S., Berg, I.K., Lipchick, E. et al. (1986) Brief therapy: focused solution development. *Family Process,* 25, 207-21.

對 de Shazer、Berg 和他們的同事在短期家庭處置中心所發展出來的焦點解決短期治療，進行了極佳的綜述。

● Green, G. and Haines A. (2002) *Asset Building and Community Development*. (London: Sage).

對優勢取向應用到社區發展的理論與實務，提供了重要的入門介紹。

● Kretzmann, J. and McKnight, J. (1993) *Building Communities from the Inside Out*. (Chicago: Center for Urban Affairs and Policy Research).

資產為基礎的社區發展模式的實用指南。能夠從 Asset-Based Community Development Institute 的官網訂到此書（見下文）。

- Saleebey, D. (ed.) (2012) *The Strengths Perspective in Social Work Practice,* 6th edn. (Boston: Pearson).

  由優勢觀點的領導人物Saleebey所編輯的專書，對優勢觀點的理論與其在廣泛實務領域中的應用（包含心理健康、成癮）提供了全面性的介紹。如果你只想讀一本優勢觀點的叢書，那就非本書莫屬了。

- Turnell, A. and Edwards, S. (1999) *Signs of Safety: A Solution and Safety Oriented Approach to Child Protection Casework.* (New York: Norton).

  對優勢觀點和解決焦點取向如何實際應用在兒童保護工作提出了示範操作。安全標誌（Signs of Safety）取向現在已經被國際認可，並廣泛使用在兒童福利事業。

推薦網站

- www.abcdinstitute.org

  資產為基礎的社區發展模式機構，被廣泛視為 ABCD 實務創建者的 John Kretzmann 和 John McKnight 也在此網站。網站內容包含有關 ABCD 實務的研究論文、研討會以及實務方案。

- www.sfbta.org

  焦點解決短期治療協會公告有關焦點解決短期治療的工作坊、會議和研究。讀者可以在此網站購買出版品（書與 DVD）。

- www.signsofsafety.net

  安全標誌取向是一種針對兒童保護個案工作，提出創新解決焦點與安全組織取向。提供此一取向相關訊息的 DVD、工作手冊和訓練機會。

第九章

現代批判社會工作
從基變走向反壓迫實務

張麗玉　譯

　　在本章我們將討論現代批判社會工作。廣義而言，批判社會工作涉及社會工作實務各個層面分析和權力關係的轉變。本章重點聚焦於現代形式的批判性社會工作，而第十章考量了普遍的社會工作後現代化影響，其中亦包括了批判性社會工作。「現代批判社會工作」是指批判性的社會工作形式，主要立基於權力和身分的現代觀念。「批判性社會工作」是一個範圍廣泛的實務觀點，包含從基變的到反壓迫的實務做法。其以批判性社會科學理論為根基，注重於了解與解決服務使用者和社會工作過程本身所面臨的廣泛社會結構的影響。本章將討論現代批判社會工作的歷史根基和基變途徑與反壓迫的實務做法，並且概括和應用批判性社會工作的當代形式，亦即反壓迫實務，來談個案研討。

　　現今有一系列的現代批判性社會工作形式，包括基變主義、馬克思主義、女性主義以及結構性的社會工作。反壓迫實務也包含在本章之批判實務的現代形式中，雖然隨著此學派的演變，其擁護者已經與後現代的想法合流（Dalrymple & Burke, 2006）。現代批判社會工作的方法都專注於服務使用者面對之問題的結構性背景脈絡，並納入批判意識和反對不公正的集體行動之策略。與我們先前討論的其他理論有所差別的是，這些實務理論乃是建立於排斥那些對現代社會工作有顯著貢獻之心理論述的某些層面（詳見第四章）。尤其批判社會工作

方法拒絕把重點放在心理評估和透過「心理」論述所推動的改變上。但是，正如即將看到的，有一些得自於「心理」論述的核心概念，尤其是實務工作者和服務使用者間的「關係」和自我反思等重要概念，已經被納入實務性批判理論當中。

　　圖 9.1 將批判社會工作置於優勢取向和焦點解決短期治療的後面，後現代實務之前。雖然批判社會工作的觀點比優勢和焦點解決短期治療方法更早出現，但批判性觀點與後現代觀點涉及社會工作實務顯著的重新定位，是關於社會工作者的權力和身分問題，且這些觀點與第六至八章所提到的取向有概念上的分割。批判的重點著重於社會結構之中（這是批判社會工作的情況）或論述之中（如在後現代主義的情況）權力的運籌帷幄和社會身分構築，代表了許多社會工作理論依托之自我和權力的自由人文主義觀念的突破。自由人道主義強調和重視個人的能力，此理念反映在第六至八章所討論的三種實踐理論中（系統、問題解決、優勢及焦點解決），每一種理論皆穩定了個人實現改變的能力。相比之下，儘管有一些重要的差異，批判和後現代方法的實務理論基礎需要社會工作者質疑自由人道主義觀念之合理性、個人施為和權力的運作（Agger, 1991）。

　　現代批判社會工作是導向理解結構性條件，其影響社會問題的起源與維持，以及社會工作者的實務執行。現代批判社會工作者強調，社會工作者應該於自己的實務之中，尋求通過各個工作層面挑戰資源分配不均的問題，並且透

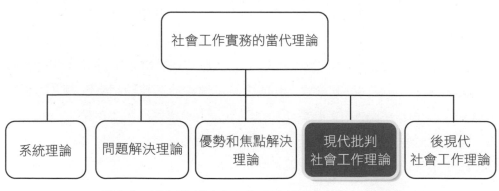

圖 9.1　現代批判社會工作理論於社會工作中的脈絡

過與服務對象的直接接觸，以解決他們所面對的不公不義。批判社會工作者認為不公正是來自權力和物質資源獲取的差異。雖然有各式各樣其他評定現代批判社會工作的方法（Healy, 2012, p. 192），其皆具有以下特徵：

1. 針對被壓迫和被排斥的個人與社區強調團結的重要（Leonard, 1994）。
2. 尤其是在人群服務的專業人士和服務使用者之間，盡可能地認知到各方面人際關係的權力差異。
3. 認識到社會、經濟和政治制度的影響力，在於形塑個人與社區的經驗和機會，以及服務提供者和服務使用者之間的關係（Leonard, 1995）。
4. 致力於人群服務體系及更廣泛社會結構的轉型，因其程序及組織長期受到宰制與剝削。

現代批判社會工作的基礎

「現代批判社會工作」一詞指的是廣泛的實務方法，包括馬克思主義社會工作、基變社會工作、結構社會工作、女權主義社會工作、反種族主義社會工作、反壓迫及反歧視性社會工作等。儘管彼此歧異甚多，該方法仍然共享了批判社會科學的典範（Healy, 2000, p. 18）。

批判社會科學典範其中與批判性社會工作的現代主義形式有所關聯的主要特點，包括宏觀社會結構塑造社會生活各個層面的社會關係（Healy, 2000, pp. 19-21）。例如，一些批判社會科學理論斷言，資本主義塑造了中產階級和藍領勞工階級的關係，父權制造就了男性和女性之間的關係，以及帝國主義壓迫了歐洲人和非歐洲人之間的關係。基於這些理解，批判社會工作者試圖了解壓迫產生的初始原因，並且在總體社會結構內致力於轉變這些結構（de Maria, 引自 Reisch and Andrews, 2001, p. 5）。

批判社會科學家認為，世界分為「富人」（haves）和「窮人」（have nots），而這些群體的利益是對置與勢不兩立的（Healy, 2000, p. 19; Mullaly, 1993, pp. 142-3）。「富人」是有特權群體的成員，如中產階級、男性、歐洲人、異性戀者和健全人等；而「窮人」則是在這社會鴻溝的另一面，也就是指藍領勞工階級、婦女、非歐洲人、同性戀者和身心障礙殘疾人。根據這些劃

分，社會工作者因為其專業地位且有機構的力量而獲得權力，然而服務使用者則處於相對弱勢的位置。誠如我們所見，批判實務的現代主義形式要求社會工作者在取得權力與發展策略時有所反思，此策略是為與被認為較無力的服務使用者分享權力（Dominelli, 1988, pp. 10-11; Dalrymple & Burke, 1995）。

批判社會科學典範的另一個特點，乃是認為在體現當前社會秩序的主流意識型態下，受迫者被鼓勵接受他們受到壓迫的地位（Fay, 1987, p. 70）。例如，新古典經濟學的主流論述側重於個人的選擇和責任，但這些選擇是受到優劣勢模式的制約。批判社會工作者認為，社會工作者應該提高服務使用者的意識，也就是幫助他們看到問題的根源並不在於自己本身，而是在不公平的社會結構。

有關現代批判社會工作關鍵的社會科學典範中最後一個特點，是強調充權被壓迫的人民採取行動，並以集體力量實現社會改革。在各種形式的批判社會科學中，集體行動的理想目標是一個沒有任何形式的壓迫與宰制的社會（Fay, 1987）。在此典範之中，它是服務使用者以集體自身利益鼓動社會變革。借鑒於這些想法，批判社會工作者旨在建立服務使用者集體參與的機會，而不是關注個人的反應。舉例來說，在對於年輕母親遭受暴力之經歷的回應中，我們可看到以個人的支持和諮商服務為前導，而後促進這些年輕婦女的集體參與，以投入反對年輕母親遭受暴力的倡議行動（Healy & Walsh, 1997; Healy, 2000）。

批判社會工作的早期歷史

雖然批判社會工作理論在 1960 年代和 1970 年代期間最受到重視，但批判社會工作者一直存在於社會工作專業中。在 19 世紀末，專業中的批判要素強調了社會經濟劣勢對服務使用者的影響，並鼓勵社會工作者加強建立與社會運動和工會運動的聯繫（Reisch & Andrews, 2001, p. 35）。也許最為知名的「第一波」批判社會工作者是 Jane Addams（1860-1935），她從 1890 年代開始參與美國芝加哥的居留之家運動，後來在 1931 年因為她的反戰運動，獲得了諾貝爾和平獎。

在 20 世紀中期，少數重要的社會工作評論家要求社會工作專業脫離日趨個別化的傾向。例如在 1949 年，澳洲重要的社會工作學者 Norma Parker（Parker,

1969）主張以人權框架分析社會問題，並且推動服務使用者的福利。歷史證據顯示，這些社會工作者有時為了他們的看法付出極高的個人和專業代價，因為他們往往在專業上被孤立與有受到迫害的傾向（Reisch & Andrews, 2001）。例如，在美國 1940 年代和 1950 年代的麥卡錫時代，一位優秀的早期批判社會工作者 Bertha Reynolds，被迫從她的學術職位辭職，且因為她與共產黨的牽連而被服務組織列入黑名單（Reisch & Andrews, 2001, p. 115）。

基變社會工作的誕生

在 1960 年代和 1970 年代，基變社會工作成為了一個獨特的實務方法，而且對社會工作教育有顯著的影響。在此期間急劇擴張的基變社會工作文獻可歸因於許多因素，其中包括社會學的影響力日趨增加，尤其是批判社會學，其在社會工作和社會政策、批判的社會變革運動，以及公共政策所關注的貧窮問題等方面的影響漸增（Reisch & Andrews, 2001; Thompson, 2006）。在整個我們現在知悉的後工業世界中，基變社會工作的重要學者以馬克思主義哲學為借鑑，重新調整以實現其「真實」的社會工作目的，即基變的社會變革（Martin 2003, pp. 23-4; Bailey & Brake, 1975; Throssel, 1975; Corrigan & Leonard, 1978; Galper, 1980）。

從批判社會科學理論的基礎，尤其是馬克思主義，基變社會工作者認為社會工作者應該認識到服務使用者的問題根源，主要是在於不公平的社會結構，而不是在於服務使用者的個人史。他們強調社會工作者角色的內在矛盾，而且質疑資本主義社會真正進步的做法之可能性，並督促社會工作者對其表面看來關愛之角色的社會控制不斷反思（Corrigan & Leonard, 1978, pp. 90-3）。基變社會工作者鼓勵社會工作者避開「心理」特質的個人主義實務，此有利與服務使用者達成集體工作的社會變革。例如，Throssel（1975, p. 21）認為：

任何對於現今整體人群之壓迫的實質性變革，其需要的不是針對這些群體進行診斷和治療，而是改變群體之中其他非不正常的、「正常」或「健康」的。因此，為了消除貧困（與其結果），需要的是富人釋出財富。

依批判社會科學的原則，基變社會工作理論學家認為，一旦服務使用者了解他們的問題來源並不是在其本身，而是在壓迫性的社會結構之中，他們便會採取最佳利益的行動。因此，提高批判意識對於基變社會工作者而言是一個關鍵的實務策略，而且至今仍然是現代批判社會工作實務的基石。

除了馬克思主義理論，社會工作者可以充分利用其他社會理論的主體。然而，就如同我們所看到，那些特定社會理論的形式，特別是與社會運動如女權主義和反種族主義運動有關聯的，其在現代批判社會工作文獻中比他者更加突出，如法蘭克福學派的新馬克思主義。儘管法蘭克福學派於批判社會理論有普遍顯著的影響，但其在批判社會工作的影響力仍有限。法蘭克福學派的社會工作實務文獻研究顯示，其在現有的環境和實務方法中提供了批判性的見解，但未尋求發展新的途徑（Gray & Lovatt, 2007, 2008; Houston, 2009）。此種有限的參與可能是因為法蘭克福學派的專家哲學論述，這限制了其與未經專業哲學訓練之社會工作者的連結，而在後現代資本主義的情況下，其文獻中對於進步社會變革的可能抱持悲觀看法，亦導致其在社會工作領域的有限參與（Healy, 2012）。現在我們轉而探討在現代批判實務方法日益多樣化的脈絡下，社會工作者所使用的不同框架。

批判實務模式的多樣化

鑑於對社會工作急遽重新定位的關注，基變社會工作者可能已經預期他們的觀點將導致社會工作專業內的緊張局勢。未預期的或許是，基變社會工作者日益不滿以範圍有限的階級分析作為批判實務的基礎。從 1970 年代開始，批判社會工作項目的多樣化「表現在各種思想運動之中，其中包括女權主義、種族理論和馬克思主義批判，即確定了現代社會中經濟和政治統治的範疇」（Gray & Webb, 2009, p. 77）。這些新批判實務模式當中最突出的是女權主義社會工作、反種族主義社會工作和結構社會工作。

女權主義社會工作者批判基變社會工作中的性別失迷。他們試圖將婦女受到性別壓迫的經驗放入批判社會工作議程之中，其中亦包含其他形式的壓迫，如階級歧視、種族主義和異性戀，藉此拓寬社會壓迫的基變定義（Dominelli &

McLeod, 1989, p. 2）。這些女權主義社會工作者認為，由於絕大多數的社會工作者和服務使用者皆是女性，因此性別分析對於基變實務而言是首要的（Hanmer & Statham, 1999）。在實務中，他們把重心聚焦於婦女受壓迫的具體經驗，例如她們容易受到家庭和性暴力，這基本上在基變的典範中未被廣泛認識到（Weeks, 1994; Hanmer & Statham, 1999）。如同基變社會工作者，現代女權主義社會工作者斷言，婦女受到壓迫的真正起源在於鉅視結構，特別是那些和父權制有關聯的結構（Dominelli & McLeod, 1989, p. 33）。

從女權主義的社會運動，女權主義實務工作者整合了影響其他現代批判實務形式的實務原則。這些原則之一是「個體即是政治」原則，藉由這個原則，女權主義實務工作者表示一個人的個人經歷都源自於政治結構，而且我們的個人行為會反映與強化更廣泛的政治進程（Dominelli & McLeod, 1989, p. 33; White, 2006）。因此，我們應該於個人和職業的關係中，體現各種我們所想實踐的政治變革。女權主義社會工作中另一個有力的想法是「基變平等式主義」，意思是服務提供者應設法減少服務工作者和服務使用者之間的權力差異（Dominelli, 2002a, p. 39）。

基變社會工作者也關心種族不平等的問題，此問題透過階級焦點的分析並未被充分地解決。因此獨特的反種族主義取向在 1980 年代期間出現，其並不是對基變社會工作的威脅，反而是對於明顯短視地專注於階級壓迫而產生的必然延伸。反種族主義社會工作者試圖表明種族壓迫是一個顯著且不同的壓制形式，而不是僅僅只是階級不公平的作用而已（Dominelli, 1988; Hutchinson-Reis, 1989; Shah, 1989）。如同基變社會工作者，反種族主義社會工作者對現代專業社會工作採取了批判態度，但延續基變的分析，仍聚焦於種族面向的壓迫。例如，Dominelli（1988, p. 33）指出：

由於他們的注意力被偏轉到解決「個案的個人問題」，社會工作者花費相當大的精力於教導個案改變他們的行為，使其行為更符合「可接受」的標準。對於黑人個案而言，這也導致了白人社會工作者淡化了特定的情況和途徑，使得種族主義壓制了黑人，並剝奪他們的資源、力量、正義及尊嚴。

反種族主義社會工作者試圖改革社會工作實務，以承認種族不平等並做出集體性的回應（Dominelli, 1988）。

結構性社會工作代表著基變社會工作的另一支脈。「結構性社會工作」最早的出處是於 1974 年，美國社會工作學者 Middleman 與 Goldberg 所出版的一本以此為題的著作。1970 年代後期以來，加拿大學者們與這種實務理論的發展有強烈關聯，最初是在 Moreau（1979, 1990）的著作，以及於 Mullaly（1993, 2007）、Carniol（1992）和 Bishop（2002）等近期出版的著作皆有提及。如同本章中其他常見的理論，結構性社會工作亦基於批判社會科學的典範（Mullaly, 2007）。顧名思義，結構性社會工作者主要關注於分析和對抗結構性的不公正，特別是「有錢有權勢之人如何在社會中壓迫並且定義較無權力之人」（Martin, 2003, p. 24; Mullaly, 2007）。然而，與專注於階級壓迫的基變社會工作者相反，結構性社會工作者堅持「一切形式的壓迫是在現實中相輔相成與相互重疊的」（Moreau, 1990, p. 64; Mullaly, 2007）。

結構性社會工作者尋求緩解「剝削和疏離社會秩序」的負面影響，最終的目標是讓社會秩序轉型為更加物質平等和尊重多樣性（Mullaly, 2007, p. 245）。結構性社會工作者的實務策略不僅借鑒於批判性的社會科學，也從批判社會運動，特別是婦女運動、男同性戀和女同性戀權利運動及工會運動當中，得到許多想法（Bishop, 2002; Mullaly, 2007）。此外，結構性社會工作者利用一系列批判社會工作的理論，其中包括基變、反種族主義和女權社會工作的見解（Mullaly, 2007）。同樣的，正如同我們到目前為止已經討論過的批判實務模組，結構性社會工作者促進提高意識的理由在於「社會秩序可能嚴重損害個案準確地詮釋現實的能力」（Moreau, 1990, p. 54）。他們還致力以集體而不是個人式的回應來改進結構性的不公正（Moreau, 1990, p. 53），並督促社會工作者從事進步社會變革活動，以解決存在於大多數服務使用者問題核心的結構性不公正。

現今的批判社會工作

在社會工作文獻中，多樣的批判社會工作實務著作持續蓬勃發展。在過去

十年當中，維護和重振基變社會工作的計畫形體已經出現（Lavalette & Ferguson, 2007; Ferguson, 2008, 2011; Lavalette, 2011）。社會工作領域同時出現之社會運動也顯示了這一點，特別英國社會工作行動網絡（Social Work Action Network）的興起。當代基變社會工作的文獻和大量反壓迫、反種族主義、女權主義、批判社會工作的著作是同一陣線（Healy, 2000; Dominelli, 2002b; Fook, 2002; White, 2006）。

相較於其他社會工作文獻，現代批判社會工作學者更加關注壓迫情況和社會工作實務的影響。於實務方法的主張中，其注意到新自由主義和新公共管理對於社會工作專業與個人和社區的破壞性影響（White, 2006; Mullaly, 2007; Ferguson, 2011）。他們也批判社會工作者角色成為公部門的代理人，並力勸社會工作者去挑戰公部門的實務做法和剝奪弱勢群體的政策。

儘管現今對不斷變革的社會性和制度性條件有著一致的關注，但對「批判社會工作」和多樣的批判社會工作方法之效用，在現代批判社會工作者中仍存有一些爭議。Ferguson（2008, p. 104）批評當代批判社會工作理論背離了「社會分裂的本質和社會變革的可能（甚至是嚮往）」的基變概念。Ferguson（2008, 2011）批判對於「身分」的關注程度，如性別或種族身分，其削弱了對壓迫的物質基礎之辨識，及後資本主義的社會結構對於個人和社區的持續邊緣化之影響。

基變社會工作者視個案處於受階級壓迫的威脅中，且需一個對於生活階級不平等及不利處有實務經驗的服務者協助。然而，社會工作分析的焦點在於階級和其他形式壓迫之間的關係，這種關係將成為專業中爭論的問題。在批判傳統環境中的社會工作者，身分壓迫的影響同樣引人注目，其不能被忽略也不被納入壓迫的階級分析中。的確，重新分配和承認政策之間的緊張關係，存在於社會學和哲學對於社會正義的辯論中（Fraser, 1997; Olsen, 2008），其不可能由辯論的任一方單方面解決。對於批判社會工作者，這意味著我們必須意識到壓迫的多個向度，並承認我們的雙重責任，以解決壓迫的經濟和文化基礎。所以，我們現在轉向描繪反壓迫的社會工作，並將其作為現代批判社會工作實務其中一個模式，旨在辨識和解決社會工作實務中所面對的多層面壓迫。

反壓迫的實務

過去 20 年間，反壓迫社會工作出現並且發展成批判社會工作實務的主要理論。反壓迫實務在英國於 1980 年代後期首次出現（Martin, 2003, p. 29）。1990 年代，反歧視和反壓迫實務一系列的代表性刊物，主要是由英國的學者所撰寫（Dalrymple & Burke, 1995; Dominelli, 1997; Thompson, 2006），使這種方法受到國際的認可。Dalrymple 與 Burke 指出（2006, p. 7）：

> 反壓迫實務是一個批判社會工作方法，該方法借鑒了批判社會科學理論，並得益於人道和社會正義價值，同時考量到被壓迫人民的經驗和意見。

反壓迫的實務如基變社會工作，是基於識別服務使用者問題的結構性根源，並尋求在實務中改變權力關係。反壓迫理論也促進了社會工作者在實現社會轉型的角色和責任（Dominelli, 2002b）。然而，反壓迫理論在很多方面超越了基變社會工作傳統，特別是其堅持，壓迫的個人和文化基礎必須整合至壓迫的結構分析，並認可人際及法定工作為合法的反壓迫實務。

在此討論中，我們指的是反歧視理論和反壓迫理論，因為這兩種理論有諸多共同的核心假設。然而，也要提醒讀者注意有關兩學派理論學者之間的共通性和差異性的爭論。Dalrymple 與 Burke（2006, p. 4）指出，反壓迫實務更著重改變社會結構的安排，而反歧視性的理論學者則是更依賴反歧視立法作為實現變革的工具。然而，反歧視理論學者有可能質疑這樣的說法，因為他們也提供了一項旨在挑戰現存結構安排的全面性實務理論（Thompson, 2006）。

反壓迫實務的核心假設

反壓迫實務的一個重要假設是，社會工作者必須認識到多種壓迫的形式，而且所有壓迫的形式應該被認定為是有害的（Thompson, 2006）。在反壓迫理論中，壓迫源於整個社會分化中不平等的權力（Burke & Harrison, 2002, p. 229）。例如，Mitchell（引自 Dalrymple & Burke, 2006, p. 41）認為，女性受男性支配，

兒童和老年人被成年人欺壓，身障者受有能力的人壓迫等。反壓迫的理論學者呼籲社會工作者要時刻警惕影響服務使用者生活的社會分化。

反壓迫社會工作者認為社會分化塑造了實務關係，以及我們在社會結構中的位置，而藉由批判性反思這些社會架構中的差異，可降低去權（disempowering）效果的影響。據 Thompson（1992, pp. 169-70, 引自 Thompson, 2006, p. 15）：「沒有中間地帶，介入不是增加了壓迫（或至少縱容它），就是透過一些小方法緩解或打破這種壓迫。」反壓迫理論學者強調，社會工作是一個具有強烈政治性的角色，至少相較於服務使用者，社會工作者取得特權地位。因此，社會工作者必須採取持續批判和反思的態度，從而盡可能避免在實務中產生壓迫性的社會關係（Burke & Harrison, 2002）。

反壓迫理論學者強調了壓迫的多個層面，包括結構壓迫，但也不僅止於此。Thompson（2006, pp. 26-8）提出歧視三維模型，其分析描述了個人或心理、文化和結構的壓迫來源的相互作用（Dalrymple & Burke, 2006; Mullaly, 2002）。對於 Thompson（2006, p. 26）而言，實務的個人層面是指服務使用者個人的感受和態度，以及服務提供者和服務使用者之間建立的人際關係。文化層面「代表了利益和社會影響所反映的社會價值觀和文化規範，我們藉由社會化的過程將其內化」（Thompson, 2006, p. 27）。反壓迫理論學家要求社會工作者不斷反省與社會結構相關的資本主義、父權制和帝國主義，其導致並交互影響個人和文化層面的壓迫（Thompson, 2006, p. 28）。

反壓迫理論學者著重於多種壓迫形式的相互互動。為了分析，他們辨別出特定形式的壓迫，如年齡歧視和性別歧視，同時也識別出實務中個人可能會遇到的多種壓迫形式（Mullaly, 2002, Ch.7; Thompson, 2006）。這種對複雜性的認知對於集體行動有重大意義，反壓迫實務工作者不認為特定類型的壓迫會必然提供一個共同性的基礎。例如，一個黑人單親母親的受壓迫經驗，必然和一個黑人身心障礙男子不同，因此雖同為種族壓迫，亦不能假定為所有情況中具有共通性的基礎。根據 Mullaly（2002, p. 153），「促成壓迫之間的聯繫，因此，需要辯識在不同形式和經驗的壓迫之共通性和特殊性」。此外，Mullaly（2002, p. 153）認為，我們必須認識到不同壓迫形式的複雜相互作用會加劇受壓迫的

經驗。因此，若一個人受到兩種形式的壓迫，如階級和種族的壓迫，那麼此人可能遭受比同一形式兩倍還要高強度的壓迫（Mullaly, 2002, pp. 153-6）。

反壓迫社會工作者承認並支持範疇繁多的介入策略。反壓迫理論的一個重要優勢是，認可人際和法定實務是社會工作實務的合法網絡，並藉此在這些網絡尋求發展批判實務的潛力。例如，相對於基變社會工作者全盤否定法定權力（Simpkin, 1979, Ch. 7），反壓迫社會工作者尋求更有建設性地參與結構性力量，並承認其為必要但其往往帶有破壞性的權威（Dalrymple & Burke, 2006）。特別是，反壓迫實務提倡最少介入的方法，認為實務工作者應提早參與個案的生活以預防逐漸擴大的涉入程度。

接著來看 Hayden 家族的案例。

個案研討 Hayden 家族

想像一下，你是社區兒童和家庭福利服務中心的社工，此中心職員有社會工作者、心理學家和依循法定權限持續參與家庭服務的家庭工作者。服務提供者可以與需要長期支持和治療介入的家庭連續工作長達三年以上。該服務提供者與法定組織和其他機構密切合作，並涉入許多委託家庭的生活。你收到了法定兒童保護機構的以下轉介。

Hayden 家族的家庭史，轉介自兒童保護中心

Julia：35 歲

Kathleen（主要的孩童）：12 個月

Max（主要的孩童）：4 歲

Cynthia：14 歲

Delia：16 歲

Jonathan：18 歲

Julia 是盎格魯—撒克遜，她的童年不穩定、失落且受到虐待。Julia 九歲時，她的媽媽和爸爸分手了。最初，Julia 和媽媽住在一起，但當媽媽的

新男友搬進來之後，她就被送至與爸爸一起生活，但她爸爸對她進行性和身體上的虐待。當 Julia 剛滿 14 歲時，她逃跑了。

Julia 經歷無家可歸的時期，雖然她是個好學生，但難以維持她的學業。她 16 歲時就和當時的男友有了身孕，並在 17 歲時生下了第一個孩子。之後，嫁給了她兩個女兒的父親，但這段關係中充滿了暴力和毒品，自從那時起她一直在習慣性用藥中掙扎。她因暴力和吸毒而影響了親職工作，故較大的三個孩子被安置照顧，她曾與他們不定期地聯絡了幾年。在三年前，Julia 重新和孩子們聯繫，半年後兩個女孩回到她的身邊由她照顧。

Julia 有一些男性伴侶，但大多數有家庭暴力和犯罪行為。自從她四歲的女兒出生起就一直住在公共住宅。

儘管她有嚴重虐待的歷史，但是 Julia 很清楚她想成為的那種父母是什麼模樣，並且能表達為實現之所需要採取的步驟。關注重點放在她達到自己目標的能力。Julia 有一個具支持性的毒品酒精工作者，其可進行有效倡導，然而，有人擔心這工作者和吸毒酗酒服務，一般是盡量減少藥物濫用對 Julia 親職能力的影響。在這案例中，涉及家庭服務時有出現家庭衝突和溝通不良的歷程。

轉介到兒童和家庭福利服務的原因

Julia 要充分扮演父母角色並養育兩個年幼的孩子，就她的能力是有困難的。法定的兒童保護官員告訴你，她已經接獲了一些有關 Julia 忽視兩個年幼孩子的報告，特別是情感忽視，以及質疑 Julia 是否是有足夠的能力成為好父母。有一次，她將兩個年幼的孩子留給外婆後，消失了兩個星期只為了去「藥物狂歡」。這一事件發生後，最小的孩子被安置給外婆照顧，最近才回到了 Julia 身邊。

法定兒童保護機構的問題包括：
- Julia 長期吸毒史。
- 她與吸毒相關的犯罪行為。
- 她被捲入暴力關係的歷史。

> - 她了解藥物使用對她在親職能力的影響。
> - 阻斷依附對她最小孩子的影響。
>
> 　　她難以回應孩子的需求，並有依靠她年齡較大的孩子提供較年幼孩子親職養育之傾向，例如，她 16 歲的女兒 Delia 未能上大學，因為她不得不待在家裡照顧最小的妹妹。

　　以下將討論反壓迫實務的五項基本原則，並使用實務演練，讓你試著將這些原則運用於 Hayden 家族的個案研討之中。

1. 在實務中自我批判性反思

　　反壓迫社會工作者對他們的實務工作試圖維持一個開放和批判的立場（Dalrymple & Burke, 2006; Thompson, 2006）。這種方法要求社會工作者反思自己的成長史，尤其是我們在特定社會分化下的成員身分是如何塑造我們的實務關係（Burke & Harrison, 2002, p. 231）。我們也反思其他參與介入和評估之專業人士的成長史，如何影響他們真正同理與理解個案經驗的能力。其假定是透過反思自身的社會類屬身分，並在可能的情況下，改由相似社會背景的實務工作者對個案提供服務，這樣就可以開始處理實務中的權力差異。

實務演練　自我批判性反思

當你是兒童和家庭福利服務的社工：

- 你認為誰是 Hayden 家族中的服務使用者？
- 如果你在一個不同的服務領域中工作，如吸毒酗酒服務或者當地的法定機關，你會視誰為服務使用者？
- 使用反壓迫架構，你是屬於哪個社會分化中的一員，例如性別、地位階級、種族身分？
- 你在這些身分類屬的身分，會如何增強或限制你與個案工作的能力？

2. 服務使用者受壓迫經驗的批判評估

反壓迫實務工作者評估個人、文化和結構進程，其如何形塑服務使用者目前呈現予社會服務機構的問題。反壓迫的評估需要我們具體考慮服務使用者之社會分化身分與歷史及地理環境，其如何塑造他們的經驗及行動的選項（Burke & Harrison, 2002, p. 232）。在分析服務使用者所受的壓迫中，重要的是考量主要的社會分化，如種族、階級和性別，以及因不平等和歧視而產生的其他分化，如「地理位置、精神壓力和就業狀況」（Burke & Harrison, 2002, p. 232）。此外，反壓迫的評估過程開啟了社會工作者對當時意識型態塑造機構政策與資源分配之批判性分析的關注。例如，我們可能會考慮生物醫藥、新古典經濟學和法律的論述，可能如何塑造對 Hayden 家族的專業評估和服務提供。

批判性反思的過程也延伸到評估中的用語，其受到主流意識型態形塑，傳達和維持了壓迫的權力關係。Dalrymple 與 Burke（2006, p. 150）強調在我們的實務中：

> 我們必須覺察到語言能反映權力關係，並對我們正在一同工作的人們產生影響……它使工作者能夠標記他人，以及定義什麼是可接受的和不可接受的行為。諸如不安、處於危險（at risk）和需要幫助（in need）等詞彙描述了一個特定價值觀點的行為。

反壓迫理論學者爭辯道，雖然他們不否定社會工作者在現象評估的責任，如「風險」和「需要」，但他們仍堅持，任何評估也必須「從理論上得知、整體、充權，以及有挑戰性的」（Burke & Harrison, 2002, p. 234）。

實務演練　進行批判性評估

使用反壓迫架構，討論：

* 什麼形式的壓迫是這些服務使用者容易遭受的？（記得要考慮主要

的社會分化，例如階級和性別，以及其他形式的歧視，如失業和隔離。）

- 身為一個兒童與家庭福利服務的工作者，哪些主要的思想或論述形塑了對 Hayden 家族的服務提供？
- 這些想法將如何形塑對這個家族的服務提供？

3. 充權服務使用者

反壓迫的充權方法試圖克服文化、體制、結構及個人性的障礙，其阻礙個案取得對他們生活更大的控制權（Dalrymple & Burke, 2006, Ch. 5）。

在人際關係的層面，反壓迫社會工作者推動服務使用者充權，並且鼓勵他們分享自己的無權力感（Dalrymple & Burke, 2006, p. 113）。同樣的，諸如批判社會工作的其他形式，反壓迫理論學者支持喚起意識的過程，讓服務使用者了解結構和文化的不公正是如何形成他們的受壓迫經驗，這凸顯服務使用者之無能為力的經歷並不是其個人的問題（Mullaly, 2002, p. 180）。

反壓迫理論學家進一步指出充權的阻礙，可能在於服務使用者缺乏能力或信心來採取行動。因此，社會工作者在反壓迫模式中與服務使用者工作，確定發展技能的領域，並促進服務使用者有機會練習，以獲得對其能力的信心。其他服務提供者可充權服務使用者的方法是，確保他們的意見被納入評估過程，特別是當服務提供者和服務使用者意見分歧時。

在制度層面，反壓迫的社會工作者藉由增強反壓迫實務和服務使用者的控制，推動組織和服務提供方式的改變（Thompson, 2006）。反壓迫理論學者認為，由於提供服務的過程中有助於解決壓迫或充權，所以服務提供者有機會學習是相當重要的，並且儘可能地提高他們進行反壓迫實務的潛力。根據Thompson（2006, p. 177）對於服務提供者「覺察的培訓」，可以幫助其在服務機構的各層級推動反歧視實務。另外，反壓迫理論學者促進服務使用者參與有關社會服務資源管理的決策。

在充權的結構層面，需要社會工作者進行對社會、經濟和政治結構的根本

性改革，以形成對物質資源和社會權力更公平的分配。Mullaly（2002, p. 194）認為，結構性充權的障礙可以透過另一種服務和組織的發展、參與進步的社會運動、批判的社會政策實務及政治部門的振興來解決。回到個案研討，我們可能會使用在與 Hayden 家族工作時所獲得的知識，揭露對於受父母吸毒影響的家庭，政府現行政策和所提供之服務的不足之處。

實務演練　以一個批判和多面向的方式充權

- 在以下層級中，至少辨別出一個 Hayden 家族成員所面臨的充權障礙：個人、機構、文化和結構性。
- 確定並討論出你會運用來解決這些障礙的兩個實務策略。

---

4. 建立夥伴關係

　　對於反壓迫的社會工作者，「建立夥伴關係」意味著「於影響他們生活的決策過程中，服務使用者必須盡可能地被像公民般對待」（Dalrymple & Burke, 2006, p. 131-3）。雖然於所有我們討論過的實務理論中，已經將夥伴關係作為一種實務的原則，但反壓迫理論學者對夥伴關係採取不同方向的概念。相對於任務中心實務或優勢觀點認為夥伴關係考量雙方意願，相對地容易實現，反壓迫理論學者視夥伴關係為一個爭論不休的問題，他們認為夥伴關係的潛力受限於不平等的權力關係，其源於：

- 服務使用的汙名。
- 由專業人員和服務提供者的機構持有既得的權力利益。
- 服務機構的社會控制角色。
- 機構的責信是對第三方如資助機構，而不是對主要服務使用者本身（Dalrymple & Burke, 2006）。

　　對於反壓迫的實務工作者，夥伴關係在人際關係和制度層面，必須始於權力的真正共享和合作的承諾（Dalrymple & Burke, 2006, p. 133）。在個人層面加

強夥伴關係的一些方式，包括公開和明確地對社會工作者角色的性質和範圍進行溝通。舉例來說，至關重要的是，服務使用者在你與他們接觸時，已知道你與他們相關的法定職責，以及組織的約束，如時間限制。夥伴關係也要求我們看重其個人，例如，對他們的觀點和生活知識表示尊重（Burke & Harrison, 2002; Mullaly, 2002）。

在個人和機構層面，重要的是最大化服務使用者參與影響其自身之決策的機會。實現此目標的一些方法包括建立一個機構，其中服務使用者的參與權被合法化，並在缺乏參與機會時予以糾正。在機構的層面，這也將涉及資源的分配，如像支援人力，以確保服務使用者能夠真正參與決策。

實務演練 ｜ 工作的夥伴關係

- 指出社工以反壓迫方式與Hayden家族工作時，會面臨的一個夥伴關係障礙。
- 討論出兩種你得以用來克服此障礙的策略。

---

5. 最少的干預

反壓迫社會工作者認知到，社會服務工作是一個矛盾的活動，其社會關懷始終交織著社會控制。然而，反壓迫理論學者承認，社會工作者可能需要制定社會控制，以防止服務使用者受到傷害，就如同在介入高風險環境的情況下（Dalrymple & Burke, 1995, p. 78）。反壓迫理論學者採取以減少社會工作介入之壓迫和去權的最小干預原則。最少的干預指的是社會工作者的目標應該是於介入時採用最不具侵入和壓迫的方式（Payne, 1997, p. 261; Dalrymple & Burke, 2006, p. 15）。在實務中，這通常亦即社會工作者應該注重早期介入，以防止服務使用者受傷害的危險程度升高。

反壓迫社會工作者可以透過專注於早期介入和努力增加服務的可用性及可近性，特別是預防服務，以實現最小干預的目標。例如，服務工作者可能採取

的推廣／擴大服務做法，它提高了服務使用者的知識和提供支持性服務的額外選擇，可以幫助一個人處理他們心理健康的困境。

　　另一方式是透過連結現有的服務，我們得以增加該服務的可得性和全面性。例如，和一群年輕父母工作時，社會工作者可能會轉移對他們親職育兒需求的關注，改提高識字和教育服務的可得性，以便解決長期阻礙其社會和經濟參與的問題。

實務演練　執行最少的干預

- 你會如何盡量減少你對 Hayden 家族的干預？
- 想像兒童和家庭服務的管理者要求你，對於組織如何儘可能對類似 Hayden 家族減少干擾提出一些想法，你會建議你的組織用什麼實務策略呢？

反壓迫實務：一些批判性的反思

　　在這裡我們要思考這種方法的優勢、限制和考量。近期發表的反壓迫實務的著作，證明了這種方法至少在社會工作教育者和社會工作者之中是當代所流行的。這種實務模式的主要優勢，包括了社會工作價值觀和實務方法的一致。反壓迫實務將社會正義價值置於所有社會工作實務面向的中心，不將困難歸咎於個人，反而鼓勵我們採取多維分析，以辨識服務使用者所經歷之壓迫的個人、文化和結構面向，如 Hayden 家族的經歷。此實務模式確保實務工作者認識到服務使用者生活的文化習俗和社會結構的影響，這也讓這些流程和結構成為一個社會服務介入的合法網絡。

　　不像早期的批判實務模式，如基變社會工作，反壓迫實務的做法也重視局部變化過程的貢獻，認為其可以實現社會變革。反壓迫的方法鼓勵我們考慮如何促進對 Hayden 家族的有效支持，也將鼓勵我們不斷反思我們的主觀性，其如何形塑我們使用反壓迫方法於 Hayden 家族實務的能力。例如，反思我們的

中產階級助人專業者的主觀性，如何限制對於住在公共住宅的 Julia 扶養五個孩子所面臨之兩難狀況的理解。

反壓迫實務挑戰社會工作者辨別出其實務中的文化和結構範疇。在 Hayden 家族的情況中，這使我們能夠將焦點從家庭動力，轉至了解他們的文化和結構處境。因此，使用反壓迫的方式，社工可能要為有使用藥物和酒精的父母之家庭建立支持和倡導服務。透過這種方式，我們可能可以預防與 Hayden 家族類似的家庭達到導致法定介入的危機點。

儘管反壓迫實務於社會工作文獻日益普及，我們也可以指出此種方法的諸多缺點。將此模型用於「高風險」決策時應有所顧慮，即當個案有高度的死亡或嚴重受傷風險時。此方法對「心理」論述的強烈批判及對個案的經驗優先進行結構分析的觀點，可能會導致社會工作者忽視個案的心理因素和個人因素，也可能會在某些情況下大大提高風險的發生，如兒童保護、心理衛生和刑事司法的工作等。社會工作者在高風險的情況下採取行動的能力，可以透過最小干預原則進一步限制之，這是基於洞察社會工作介入的壓迫作用，除了 Dalrymple 與 Burke（1995）的研究外，其他研究皆未承認使用權力措施在社會服務介入中是重要且有助益的。的確，在涉及毆打配偶或子女的情況下，加害者一方會體會到壓迫性的社會服務介入，但對暴力的受害者而言其是脫離不願承受之局面的方法。即使是在不那麼極端的情況下，個案不必然把服務介入視為是有壓迫性的；反壓迫模型沒有考慮到個案對於服務提供的經驗，特別是一些服務使用者是心甘情願地尋求這種形式的干預，以滿足其各種需要（Wise, 1990）。

此外，最小干預的反壓迫原理在服務使用者呈現不同的和相互衝突的需求時，尤其有問題，因為它對服務使用者的需求沒有優先排序，例如，該架構沒有給我們了解 Julia Hayden（個案研討中的媽媽）以及她的孩子們的需求之優先次序，尤其是 Kathleen 和 Max（這兩位最小的孩子）的需求。

反壓迫方法的另一個限制是仰賴於一個對立的立場，其在社會工作者進入實務特定網絡之前便訂立了明顯的戰線。例如，Thompson（2006, p. 179），強調「可以沒有中間地帶」，這意味著社會工作者實務不是挑戰就是增強歧視和壓迫。潛在的兩極分化介於被認定為反壓迫實務和縱容壓迫之間，其在社會工

作實務諸多領域中是有問題的，在某些領域中，「灰色地帶」的妥協和談判可以成為一個眼前問題的可行辦法。如果我們在這些情況中抱持先入為主「敵人與盟友」和「好的和壞的」的概念的話，我們尊重地傾聽，並且與利害關係人工作的能力則將會被約束。和 Hayden 家族有所關聯的是，我們也必須當心那些被標記為「有力和公認的」思想意識以及那些被認為真誠的關注。本個案研討提出了一些潛在的痛苦議題，特別是對於 Julia，例如她的親職工作面對吸毒的影響，我們必須要小心把這些問題視作「有力和公認的」意識型態證據，例如為人父母的意識型態，而未加以關注的可能。

　　兩者之間存在著矛盾，就是反壓迫理論學者自稱促進實務中的對話，但卻假設性地認為自己持有對世界真實與正確的分析。這在意識提升的實務中是很明顯的，社會工作者秉持對話精神，介紹了服務使用者經驗的批判結構分析。例如，Mullaly（2002, p. 184）描述了一個意識提升的三階段模型，其中服務使用者發展對與他人共屬同一壓迫類屬的意識，並獲得認同、自尊與以此類屬為榮。意識提升的危險是，那些不符合反壓迫服務提供者呈現之真理的人，可能被斥為缺乏批判意識或保守的反動派。例如，Dominelli（2002b, p. 10）指控那些反對反壓迫做法的人，是因為害怕失去「不平等的社會秩序賦予他們的理所當然的特權」。這裡的問題是，認為那些反對反壓迫實務「洞察」的人就是自利或是保守派，反壓迫理論學者使他們的方法與批判實務反思隔離，而未能透過理解其模式的效用與限制，進而將批判性實務應用在各種社會工作制度脈絡中。

　　在支撐此理論的權力關係結構分析中，幾乎無法識別在局部層次的不同權力關係。例如，在一個涉及年輕黑人女子的案例中，Burke 與 Harrison（2002, p. 232）主張：「一個白人男性社會工作者在此情況下會推動再製黑人女性在更廣泛社會中所遭受的壓迫模式」。這裡的假設是一個人在階級、性別和種族相關類屬的身分，對於其局部權力關係具有直接且有因果性的影響。但其他因素，如組織理念、當前社會政策和立法，以及不同的知識價值評估，也會對權力關係產生深遠影響（Featherstone & Fawcett, 1994; Healy, 2000）。例如，除了認知到 Julia 一直受到她的父親和伴侶的壓迫，我們也必須承認和強調 Julia 在

與其子女的關係中所運用的力量。

　　人們擔心，反壓迫理論學家沒有充分解決制度環境對反壓迫原則在發展和應用上的影響。雖然反壓迫實務的支持者促使工作者選擇這種最好的模式，甚至將其視為在社會工作實務中實現社會正義的唯一途徑，但他們未反思這個選擇如何可能對在某些情況下的服務提供者來說更容易。然而，社會工作者對於個案需求的了解，以及自身的角色與介入選項，都深受情境脈絡的塑造，包括制度性脈絡、個案需求及身為社會工作者的能力。例如，回顧 Hayden 家族的個案研討，法定的兒童保護工作者有義務依照法律的規定加以執行，而其他工作者，如服務吸毒和酗酒的工作者，則有不同的義務在這種情況下為母親Julia辯護。這些依照特定情境而定的義務將決定我們視誰為主要服務使用者，並將其優先處遇，從而評估可應用反壓迫原則的程度。在一些實務脈絡之中，反壓迫實務可能導致損害，例如過於忽略風險的識別（Healy, 1998）。最起碼，進一步認識到反壓迫實務應用的制度性限制，對於此理論之批判和基礎的發展是必要的。

結論

　　反壓迫社會工作是站在現代和後現代實務之風浪尖端的實務理論。我們將其歸類為一個現代的批判方法，因為其持續依賴提升批判意識的觀念，這意味著有一個基本道理需向服務使用者展露，也因為其持續強調壓迫的結構分析及導向大規模結構改革，儘管這是由對個人和文化層面壓迫之辨識所調解的。反壓迫實務的後現代元素，特別是反壓迫理論學者越來越多使用論述分析（Mullaly, 2002），也致使其位於現代和後現代實務的交匯點。然而，正如同我們將在第十章看到的，運用後現代方法至批判社會工作，促使社會工作者對現代形式之社會工作的主張抱持懷疑態度，其中包括了反壓迫的實務做法。

摘要問題

1. 反壓迫理論和其他形式的批判社會工作，例如基變社會工作和女權主義社會工作，其間的主要區別是什麼？

2. 從反壓迫理論的角度來看，為什麼對社會工作者而言，反思自己的成長史是重要的？

3. 有什麼實務的策略可為反壓迫社會工作者所用，以促進服務使用者的能力？

推薦書目

- Dalrymple, J. and Burke, B. (2006) *Anti-oppressive Practice: Social Care and the Law*, 2nd edn. (Maidenhead: Open University Press).

  對於那些熱衷於了解反壓迫實務之歷史、應用和新興挑戰的讀者，這本書是必備讀物。聚焦於實務，對於希望了解如何在實務中運用反壓迫方法的讀者有很大的助益。

- Jones, K., Cooper, B.T. and Ferguson, H. (eds) (2008) *Best Practice in Social Work: Critical Perspectives*. (Basingstoke: Palgrave Macmillan).

  說明批判觀點如何運用在廣泛的直接服務領域，包括兒童和家庭、專業督導、心理健康、衛生和社會照顧等。展示出現代批判思想如何與其他現代理論合流，如優勢觀點與批判後現代理論。卓越的介紹批判性直接實務。

- Lavalette, M. (ed.) (2011) *Radical Social Work Today*. (Bristol: Polity Press).

  來自各領域的研究者和實務者所提出之基變社會工作的案例。

- Mullaly, B. (2002) *Challenging Oppression: A Critical Social Work Approach*. (Ontario: Oxford University Press).

  全面地介紹了反壓迫實務的理論基礎，說明了跨越個人、文化和結構層面之壓迫的相互作用。

推薦網站

- www.socialworkfuture.org

  英國的社會工作行動網站。該網站提供對基變實務方法感興趣的社會工作者一些國際資源與網絡。

第十章

後現代方法於實務之運用

林怡欣　譯

　　自從 1990 年代起，後現代理論對於社會工作理論及實務的影響與日俱增，並為實務的新理解做出貢獻。本章就後現代主義、後結構主義、後殖民主義等三項理論之間的差異進行說明。雖然此三理論從 1960 年代起，在社會科學及人文學科上就有廣泛的討論，但其對社會工作理論卻是到最近才有較多影響。由於這些理論對於社會工作專業具有影響力，因此社會工作者必須知曉這三個理論。當社會工作評論家還在對這些「後」主義理論進行正反辯論時，已有為數不少的社會工作者將這些理論運用到個案工作、社群工作及政策實務上。儘管後現代主義者在理論中使用一些神秘語言，我們仍然看見許多社會工作者已將這類思想用來解釋權力、認同及改變過程的複雜性。

　　本章列出後現代主義在人文學科的主要特徵，並提出社會工作實務中引用後現代思想的歷史演進。我們也會探討「後」主義核心概念，以及這些理論如何架構服務來滿足使用者的需要及實務的回應。並且探討理論實際運用，如「敘事治療」（narrative therapy）就是運用後現代思想，然後以個案研討來探討後現代主義在社會工作實務上運用的正反面。

　　後現代主義思想源自本書第一部分介紹之「論述」的概念。後現代主義與社會學的「論述」相符，認為所有社會工作實務（尤其關於案主需求及社會工作回應的部分），都是屬於社會建構的。與批判社會學「論述」不同的是，後現代主義者非常注重「論述」建構概念的方式，而社會學的「論述」則是專注於資本主義、父權主義及帝國主義等相關的宏觀過程（macro-processes），及

其何以產出案主需求及社會工作實務的過程。例如，後現代觀點敦促我們找出論述（諸如生物醫學和公民權等）建構「案主需求」（client need）的不同方式，而不是要我們觀察哪些觀點比較準確。正如反壓迫實務的觀點，後現代的做法會挑戰部分「心理」論述的觀點，尤其是心理分析的論點，即試圖從案主過去的心理狀況或個人經歷找出起因。本章稍後會看到，某些後現代做法的形式試圖要了解、甚至打斷建構服務使用者在自我了解及了解他人的一些敘述（narratives）。後現代主義的觀點挑戰了他類服務論述，例如仰賴一些新興社會運動在共同身分認同的觀點（Healy, 2012）。但是，就像一些新興社會運動支持者，社會工作者也採用後現代觀點來挑戰傳統的權力關係，使其專業知識的優勢遭受動搖，像是服務使用者的生活經驗（Hanrahan, 2013）。

　　正如第一章所言，本書是從後現代主義觀點出發，我們試圖寫出制度性和他類論述如何建構社會工作實務。你可能會想知道為何書中沒有將後現代主義當作另一個獨立、廣義的論述，就如第一部分的人群科學或他類論述一樣，主要原因是後現代主義仍然是備受爭議的論述，尚未被服務提供者和使用者接受為一個重要參考值。在我個人從事社會工作者專業進修訓練的經驗中，我發現許多社會工作者對「後」理論有兩極化的看法。正面看法認為它神秘，負面看法則是與其保持距離。除了學術方面的爭議外，實務工作者對於後現代理論常被詬病的神秘語言感到無奈，並且認為後現代理論對於社會工作者每天所要面對的難題，似乎幫不上什麼忙。然而，後現代主義核心概念一旦放在社會工作處境中，許多實務工作者就發現「後」理論可以有效的說明他們的抱負，以認識服務使用者的在地、多元經驗與知識。

　　首先，我們要解釋後現代觀點中的重要主題，以及其對於社會工作基礎有何貢獻。接著會說明敘事治療，此一實務方法是源自後現代觀點。圖 10.1 將後現代實務觀點置於優勢觀點和反壓迫理論之後，以認可後兩者對近代社會工作實務正式基礎的影響。實際上，這三個實務觀點自 1990 年代就開始產生影響力，優勢觀點及反壓迫理論是現代主義的假設，而後現代主義正是針對這些假設進行批判性質疑。

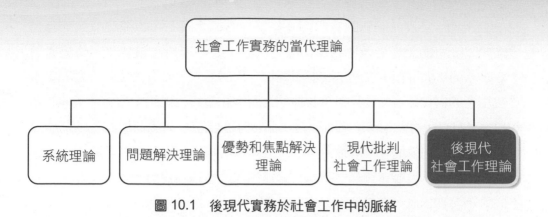

圖 10.1 後現代實務於社會工作中的脈絡

各「後」主義之間的差異

「後現代主義」（postmodernism）一詞常被用來描述「後」理論（'post' theories），但是其之間有很大的差別。在此我們要界定後現代主義、後結構主義（poststructuralism）、後殖民主義（postcolonialism），並且探討三者間的差異。此舉將有助我們了解此三者在社會工作上不同的應用。

後現代主義與社會學、文化及歷史理論相關（Agger, 1991），起源於建築領域，後來展延至社會學及人文學科（Weedon, 1997, p. 170）。後現代主義者對於現代主義之主張（例如，理性主義）抱持懷疑的態度，他們懷疑這些主張是否能帶來進步，理由是因為他們認為這些主張無法幫助社會工作者了解充滿不穩定與改變的新文化狀況，亦無助於我們回應這種新文化（Lyotard, 1984, p. 5; Leonard, 1997, p. 25）。簡單來說，後現代主義者認為，現代理論之主張以前還說得通，但現在已經不符現實需求了（Butler, 1993）。

相對來說，後結構主義著重在權力、知識、認同之語言的影響（Agger, 1991）。後結構主義是源自結構語言學者 Ferdinand de Saussure 的著作（Weedon, 1997, p. 23），這位學者認為語言不只是反映事實的工具，而是可以創造出語言所描述的事物。與 de Saussure 不同的是後結構主義者主張語言和物件之間的關係並非固定不變，而是可以由論述創造出不同的意義。例如，就像我們在第

一部分說過，不同的論述讓我們對一些事物的概念有不同的理解方式，像是「需求」和社會工作者及服務使用者的角色。在心理衛生領域裡，傳統對於「需求」的專業解釋主要就是心理和藥物介入的需求，而復元運動則是著重服務使用者的需求是否被聽見，以及他們是否被視為復元過程中的夥伴（Gehart, 2012, p. 443）。對後結構主義者而言，語言是政治抗爭的主要所在，因為論述會影響人如何在處境中了解權力與需求這類核心概念。這對現代社會工作實務有莫大的啟示，因為在實務中不同的論述和理論會造成我們對案主「需求」有不同的理解和回應，有時甚至是互相衝突的。

後殖民主義理論逐漸在社會工作領域受到重視（Payne & Askeland, 2008），主要在研究歐洲殖民的後續影響。Leela Gandhi（1998, p. 27）對後殖民主義的定義是，「致力於重訪、回憶並探究殖民歷史的一門學科……後殖民理論主要用於歷史和心理復原這個複雜的領域」。後殖民主義方法已廣泛應用在現代人文科學和社會學科中，以分析殖民歷史如何影響人理解並回應現代的一些問題，諸如移民、種族、性別、奴隸以及「他人」（others）的代表性。後殖民觀點已經被用來探究、反省、重寫殖民社會的故事，例如加拿大和澳洲。這麼做「可以讓關於一個政治的歷史與文化出現不同的故事」（Tuitt, 2011, p. 230）。後殖民主義與現代主義傳統的重要歷史之不同處，主要是前者注意到所有殖民歷史都是傾向政治角度，且常常是不完整的。

「後」理論與社會工作實務

自從 1990 年代末期，將「後」理論應用在社會工作上的論述如雨後春筍般湧現（Leonard, 1997; Fook, 2002; Payne & Askeland, 2008; Fawcett, 2009; Healy, 2000, 2012; Hanrahan, 2013）。在 Napier 與 Fook（2000）一系列以實務為主的著作中，提出許多實務工作者對「後」理論思想應用的反省，讓社會工作者反思其與案主「身分認同」（identities）的建構，以及實務上的故事敘述。同樣的，Taylor 與 White（2000）使用論述分析工具，來展現實務上的事實，例如，所謂兒童虐待和心理健康的診斷，其是被建構出來的，而不是被發現的。關於後現代主義持續不斷的爭議內容（Atherton & Bolland, 2002; Ferguson, 2008），

則和 Noble 與 Henrickson（2011, p. 129）兩位學者的主張是相違背的，後者稱後現代觀點的挑戰已經失去光環。

　　與現代批判性傳統相關的社會工作者（參閱第九章），他們對「後」理論的反應分歧特別大。許多重要的社會工作評論者主張，這些理論未能充分認明社會壓迫的結構源頭，結果錯失了集體行動的選項（Dominelli, 2002a; Fraser & Briskman, 2005; Ferguson, 2008）。然而其他批判性傳統社會工作者展現出他們對行動主義（activist）實務的價值認同。Hanrahan（2013）提出後現代思想如何在心理衛生服務中，破壞專業人士／服務使用者認同的權力關係。Morley 與 MacFarlane（2012, pp. 701-2）倡議將女權主義和後現代思想與批判性社會工作結合，理由是「後現代批判思考可以幫助我們重新建構代理（agency）的可能性，承認處境與身分認同的複雜性，並看重一些知識系統」。許多批判性社會工作者主張，後現代觀念可以讓他們在從事批判性分析與行動時，更有彈性與反應的空間（Pease & Fook, 1999; Hanrahan, 2013）。我個人的研究則聚焦在使用論述分析與解構主義策略，擴展批判性社會工作的準則，以容許一些行動主義應用在實務上（Healy, 2000, 2012）。我關切的是，批判性社會工作（如基變主義、馬克思主義、女權主義和反壓迫主義）都傾向包容某些行動主義及行動分子「主觀性」的特定形式和場域（sites），通常是非政府的服務，且將另外其他形式和場域的批判性可能之做法邊緣化，例如政府機構及中老年實務工作者（Healy, 2000, p. 4）。我也有興趣運用後結構理論展現實務上在地權力的複雜性，以及將現代批判性社會工作方法導向權力的宏觀分析。

　　許多社會工作學者已將後結構概念融合在一起，例如 Foucault 的治理術（governmentality），以這些後結構概念來質問許多人群服務實務的建構方法、政策及工作領域。例如，Saario 與 Stepney（2009, p. 41）曾檢討芬蘭心理衛生服務機構，其管理審計系統如何「開始透過加強特定的工作模式、排除他人，來重塑實務做法」。他們在建立社會工作實務關係上，通常會發現服務使用者的滿意度是很重要的（參考 Tritter, 2004; Sheldon & Macdolonald, 2009）。在管理制度裡是看不見的，因為制度是計算每個工作者的時間如何分配及其價值。後結構主義理論鼓勵我們檢視那些隱藏於政策及管理做法中的細節，藉以協助

其專業重新訂定一部分社會工作實務的價值。

最近幾年，有少部分關於社會工作的新書，爭論後殖民主義觀點應用於社會工作的適切性（Harrison & Melville, 2010; Crath, 2012; Lough, 2013）。後殖民主義觀點要人們在所有社會工作實務中找出殖民主義持續的作用，從第一世界國家（First Nations）移殖人民的創傷影響，到第一世界國家的社會工作知識與價值延伸進入第三世界國家（Harrison & Melville, 2010, pp. 20-1）。Sewpaul（2006）敦促我們看清楚文化認同的複雜性，包括承認南北半球社會工作者的差異及共同的渴望，例如對世界更公義的渴望。

後殖民主義觀點鼓勵批判性地分析殖民作用如何在現代社會工作實務中持續發酵，甚至是在反種族主義方法中。後殖民學者認為，固定的種族認同大有問題，並攻擊那種只分為歐系與非歐系的二元論，但他們承認殖民主義的存在具有帶來壓迫的後續影響力。Lewis（2000）在她對亞洲及黑人女性從事社會工作的經驗分析中指出，社會工作學者持續倚賴歐系與非歐系之間的來回辯證，加強了社會人際間的種族議題，忽略了「第三世界女性」、「歐洲人」、「原住民」這些身分族群之間重大的差異（Sewpaul, 2006）。整體而言，此類批評正中現代反種族主義社會工作的問題所在（Dominelli, 1988），在此範圍內其接受了固定的身分類別，例如「歐洲人」和「非歐洲人」，作為分析與社會行動的基礎。社會工作學者 Gail Lewis（2000, p. 119）再次強調使用後殖民觀點主張，「我們需要了解並分析種族群體，作為一個主要且唯一的分辨主軸，來將該社會關係組織起來」。舉例來說，我們也需要知道其他類別，諸如殘障、性別議題、各地差異，如何在種族和道德認同與經驗方面產生區別。

重要概念

以下我們要探討這些理論中四個重要概念：論述（discourse）、主觀性（subjectivity）、權力（power）與解構（deconstruction）。了解這些概念後，方能了解社會工作者可以如何使用及發揮後現代實務觀點。

論述

　　論述是後現代主義、後結構主義和後殖民理論的核心，指語言實務構建了知識、真理、我們的自我意識和社會關係。在本書中，我們已經使用了「論述」一詞來分析一些關鍵概念，例如，個案需求和社會工作實務是建構於衛生福利脈絡的不同實務理論之中。因此，現在你應該熟悉這用語，故我們在此僅簡要回顧一下這個概念。

　　論述指的是一種語言實務，社會工作者透過這樣的語言來理解「現實」，並採取行動。論述建構了實務上的知識，特別是哪些事物被視為真實或可說的，哪些事物被視為虛假或不可說的（Foucault, 1980a, p.131）。論述有「真實的」或實際的效用，建構出社會工作者對一些重要事物如「案主需求」、「社會工作實務」的理解。從後現代觀點來看，文字不單只是工具，而是建構出社會工作者在實務上看到的現象，如「兒童虐待」、「老化」、「家暴」。這不代表兒童虐待這類的經驗是由語言塑造出來的，而是透過語言描述來理解這些現象，此語言實務形塑我們的理解與行動。舉例來說，人類歷史上一直有孩童遭遇殘暴對待，「兒童虐待」一詞卻是到了近代才出現，深刻地將國家和社會工作專業在孩童及其家庭間扮演的角色表明出來。此一詞給予國家權力一個正當性，得以進入原先屬於家庭生活的私領域，特別是那些邊緣家庭。對社會工作者而言，其重要性是「兒童虐待」一詞指出父母或家人成為「施暴者」，而不只是有需求者，需要國家的支持幫助。此一詞彙將「虐待」的概念置於無力自保之孩童的身分與經驗之上，因而對某些孩童而言，便解除其心理上必須留在家庭中或至少保持聯繫這樣的可能性。

　　從後現代觀點來看，在類似心理疾病和身心障礙這方面，論述就深刻的形塑了服務使用者的經驗，及社會工作者的回應。Crossley 與 Crossley（2001）對這點描述得很好，他們將 1950 年代和 1990 年代有心理疾病的人所寫的文集拿來做比較分析，其中顯示 1970 年代才出現的消費者權益論述（參閱第五章），製造了一些新機會，讓心理疾病患者擁有權力基礎聲稱他們不是病人，而是在精神病機構存活下來的倖存者（Crossley & Crossley, 2001, p. 1488）。這樣轉變

的身分讓那些有心理疾病的人們可以發表評論，甚至可以選擇不採用生物醫學方式的精神病照顧。

　　「後」理論學者偏重論述在社會工作實務特定場域中如何運作，Fook（2002, p. 90）指出「由於論述並非固定（意即論述的內容是與當時的情況、如何詮釋及主體位置相關的），因此論述就可能在不同時間，因為不同的目的而有不同的運作方式」。我們若專注在特定實務處境中的論述運作便可發現，即使是很明顯的正面概念如「公民參與」，也可以被用於很多不同的目的，從促進民眾參與法規制定，到削減政府在服務預算上的干預，都可用上此詞（Healy, 1998）。從「後」理論觀點來說，論述形塑了對服務工作者及服務使用者的權力、責任、經驗和關係上的理解。再者，社會工作與服務機構通常是論述相互競爭的場域。例如，兒童福利服務相關工作者會競相詮釋兒童及父母的權益與需求，老人照顧服務中關切由公部門或私部門提供老人照顧，而在殘障服務機構則是關於社會責任與自我實現的爭議。

主觀性

　　「後」理論學者會用「主觀性」，而不是用「身分認同」一詞來指人們對自己的認識。這些學者不認為「身分認同」是固定的描述，而是由論述塑造出來的，因此會因處境不同而改變（Sawicki, 1991, p. 300）。因為不同的論述為社會事實帶來相互競爭的系統，人們可能經驗到自己不同面向的「身分認同」，這些身分認同都是破碎不全且互相矛盾的（Weedon, 1997, p. 33; Healy, 2000, p. 46）。例如，當我還是個年輕的社會工作者在法定的兒童保護機構工作時，我以法定的角色行使職權，但是我也因為自己職階尚低、年紀輕、我的性別、尚未為人父母等身分，而感受到從這樣低地位而來的無力感。所有這些主觀性影響了我如何看待自己的「權威」，以及別人如何看待我，還有我可以行使的權力與威信有哪些。舉例來說，我有權進行專業評估，且被要求要做，然而這樣的專業評估卻被那些在兒童保護領域裡比我更有權的人否決了，如法官、醫師、機構主管，儘管這些人對我正在處理的那些家庭只是略知一二或毫無所知，但他們是屬於更高階級的專業人士。「後」理論主張，這些在我們身

分認同和行使機構權力時的破碎和矛盾經驗，是實務處境中不同的論述之間相互衝擊，無可避免的結果。

就像我們看到社會工作「身分認同」上的矛盾，我們從後結構觀點亦必須認識到服務使用者也經常面對多樣且矛盾的身分認同。例如，我們可能知道「暴力犯罪者」同時也可能是「虐童受害者」、「虐童的父母」等等。事實上，在實務工作中，我們經常看見這類多重身分，有時還是相互競爭的身分，諷刺的是，這可能導致社會工作者廣為人詬病的「過度濫情」（bleeding hearts）形象。

後結構女性主義者挑戰我們要把自己和他人視為被賦予形體的存在體（em-bodied beings），鼓勵人們看到軀體的差異造成我們有不同的主觀性（Healy, 2000, pp. 48-9）。想想有關專業權力的例子。批判性社會工作理論學者，包括馬克思主義、激進派和女性主義者，都讓我們注意到社會工作實務專業權力的權威層面，這已經是社會工作實務重要的批判性見解，並且使人更加注意實務上權力與權威造成的壓迫效果。再者，後結構女性主義者更考量，與軀體差異相關的年齡、身高、膚色、種族、性別差異，使一個人的身分認同更加複雜，連帶影響其運用專業力量的能力（Healy, 2000, Ch. 7）。

批判性社會工作評論學者特別對「後」理論者提出的開放性、流動性的主觀表示異議（Dominelli, 2002a），這些評論學者主張，撤棄固定的身分認同會威脅革新的社會運動，因為這些社會運動倚賴的就是固定的、統一的身分認同，例如「女性」、「身心障礙者」等等（Dominelli, 2002a, p. 32-6）。批判性後結構主義評論學者基於數項理由，反對這項批評。

後現代主義者認為，一個對自我的統一概念是許多批判性社會理論及革新社會運動都採用的，但這點需要我們接受本身就是壓迫來源的「身分認同」。Judith Butler（1993, p. 48）如此說：

　　當然這裡我們要注意，當我們努力爭取到公民權與民主化時，可能就接受了會壓迫我們的統治模式，但我們沒有意識到統治的運作方法之一，就是透過對臣民的規範與產生。

對後現代批判性社會工作者來說，這個挑戰似乎就是要我們知道，「倖存者」、「女性」、「身心障礙者」之類的分類可以解釋我們或服務使用者的經驗，並且形成合力行動的基礎，但同時要知道這些分類也限制了改變活動。相對的，批判性後結構方法是假設我們的身分認同是可以協調的、暫時的，而不是固定的。這點可以開啟許多可能性，以認清一些被歸類的群體，如「女性」、「歐洲人」、「身心障礙者」等群體內部的個別差異性，同時有機會可以跨群體協調出共通的行動（Sawicki, 1991; Butler, 1993; Weedon, 1997; Corker & Shakespeare, 2002）。藉由找出差異、認同差異，「後」理論便可成為跨差異合力工作的最佳支持。

權力

權力是批判性「後」理論學者所關切的核心，尤其是 Foucault 及後結構女性主義作者，如 Cixous 與 Kristeva（Healy, 1999, 2000）。Foucault 公開拒絕「司法—論述」（juridico-discursive）模式的權力，也就是將權力看作個人所有的，且是由一組人（例如執政階級）施行在他人身上的力量（Sawicki, 1991, p. 52; Healy, 2000, p. 43）。批判性社會學論述及反壓迫理論將權力差異微小化，而批判性後結構主義者則是將權力視為社會關係上永存且具生產力的特質。再者，後結構主義者認為，權力是論述的產物，而不是依附於特定身分認同（如「男性」或「專業人士」）的東西。因此，從這樣的觀點，假如想了解某處境下的權力，就需要分析論述如何在某特定處境下建構身分認同、知識和權力。

Sawicki（1991, p. 21）指出，Foucault 從三個方向說明權力：

1. 權力是被行使的，而不是被擁有的。
2. 權力主要不是具壓迫性的，而是具生產力的。
3. 仔細分析之下，權力是由下而上的。

我們認為這些原則對社會工作者有其啟示。

Foucault 要我們將研究分析的焦點從何人擁有權力，轉移至思索權力如何透過特定社會場域、特定人士行使出來。當意識到權力是被行使的，而不是被

擁有的，能讓社會工作者注意到相對沒有權力的群體可以行使權力的可能性。許多社會工作學者已開始使用Foucault對權力的觀點，認知到充權的論述是如何讓工作者忽視了邊緣群體（如原住民、年輕女性遊民、年輕媽媽）可以行使權力，即使他們沒有擁有權力（Crinall, 1999; Healy, 2000）。這些評論家認為，後結構觀點可以為實務工作挹注一股力量，鼓舞工作者認清且支持服務使用者的能力、行使權力，而不是專注於從結構主義觀點而來的相對無力感。

有別於將權力視為壓迫力量的觀點，Foucault 要人們看到權力的生產力。他說，人會服從權力，因為人會從順服中得到一些東西，換句話說，若將權力看為壓迫的力量，會忽略了權力的正面意義。Foucault（1980a, p. 119）如此主張：

> 權力有什麼好處而能讓人接受，完全是因為權力對我們不只是一股力量，告訴我們不可以做什麼，權力更能穿越事物、產生東西，帶來愉悅、形成知識、產生論述。

有別於現代批判性社會工作者認知的壓迫性社會工作權力（參閱第九章），Foucault 鼓勵我們也要看到這股權力的生產力。這點在許多實務微型政治（micro-politics of practice）批判性研究中都有很好的闡述，顯示一些服務使用者會主動尋求社會工作服務，並從這些實務處境中因行使權力而有所獲得，例如自我觀感或能力的改善（Wise, 1995; Healy, 2000）。

最後，有別於現代社會學論述和反壓迫理論，Foucault 敦促社會工作者從事局部到結構上的權力分析，而不是從結構到局部的。Foucault（1980b, p. 99）認為，權力的宏觀過程（macro-processes of power）對於了解當地處境的微型政治權力（micro-politics of power）並沒有太大幫助。與其把權力關係視為巨型結構（如資本主義或父權社會）的結果，「後」理論學者將社會工作實務的微型處境視為權力產生的場域。這種權力在當地產生的見解，對於挑戰一些現代批判性社會工作理論所傾向的結構決定論（參閱第九章），是有莫大重要性的。它讓權力關係的複雜網絡被看見，此網絡維繫著服務提供者與使用者，且保護

彼此不將對方視為社會結構的受害者。例如，Featherstone 與 Fawcett（1994）認為在兒童保護案例中，母親可能在某處境中是無力的，比方是與施暴者同住或在法令權威之下，但在別處她可能是有權力的，例如對她自己的小孩。因此，在某個時刻一個人可能「同時是受害者，也可能是加害者，這些位置本身會易位」（Featherstone & Fawcett, 1994, p. 134）。

解構

解構一詞常為後現代主義者所用，且與法國文學理論學者 Jacques Derrida 的著作聯想在一起。此一詞語描述辨識及破壞相對意見的過程，藉論述體現了知識、身分認同及其他社會現象（Weedon, 1997, p. 159）。在社會工作論述中的一些相對意見有：

- 正常／不正常
- 真／假
- 有權力／沒權力
- 工作者／服務使用者
- 中產階級／勞動階級
- 男性／女性
- 專家／門外漢
- 四肢健全／殘障者
- 非同性戀者／男或女同志

在你的工作領域中，可能還有其他相反詞語。Derrida（1991）批評這些對立的詞語，因為這些兩兩對立的詞語會製造階級，並且將詞語本身和相互間的差異隱藏起來。舉例來說，一個「中產階級」的人可能曾是「勞工階級」，甚至在中產階級的類別裡，仍有一些顯著的差異。

解構主義目的在消弭二元論，認為在兩個相反的本體裡面和之間還有更廣的定位。例如，我們可以藉由解構主義方法，看見「有權力」和「沒權力」這兩個狀況是一個連續面上的兩個極端，在這兩個極端之間還有許多相對有權力

和相對沒權力的位置。解構過程是永無止境的，因為由解構主義所產生新的象徵形式，也必會受到解構。照這樣說來，解構要面對持續不斷的質問，即有哪些事物在表現事物的過程中被排除了。例如，有些殘障運動參與者比較喜歡用「身體能力不同者」（differently abled）一詞，因為「殘障」（disabled）一詞讓人只看到能力缺乏的一面，但是從解構角度來看，還要問「身體能力不同者」一詞是否也掩蓋了一些事物。

敘事治療：一個後現代主義實務做法

本章列舉數種「後」理論在實務上的應用，目前已有許多著作探究這些理論如何協助社會工作者改善實務工作，透過批判性質問，探究實務上身分認同及權力關係等議題。多位學者指出對現行權力關係的反抗與顛覆，從最前線法規實務面（Napier & Fook, 2000），到社群實務面（Hanrahan, 2013），再到管理論述的挑戰（Saario & Stepney, 2009）。「後」理論的最大貢獻就是使現行實務得到更新與反思，包含批判性現代實務。

然而，一些社會工作者使用「後」理論，在實務上創造全新的做法。敘事治療就是其中之一，敘事治療是「後」理論在社會工作實務運用最徹底的例證。澳洲社會工作者 Michael White 和他的工作夥伴——紐西蘭的治療師 David Epston，是公認敘事治療法的先驅（White & Epston, 1990）。位於澳洲阿德雷德的 Dulwich 中心是敘事治療的重鎮，此中心的多位工作者已針對敘事治療理念廣泛運用到社會服務工作，整理出很多著述，其運用範圍包含小組工作與社群發展，以及許多實務領域，像是心理衛生、家庭服務，到原住民社群的悲傷輔導等（Wingard, 1998）。社會工作理論學者也將這些思想直接用在社會工作實務中（Parton & O'Byrne, 2001）。

敘事治療法認為，自身與他人建構出來的敘述可以形塑人們的經驗，以及對自我的觀感和對生命的選擇。根據此觀點，服務使用者的生命受到自己與他人所建構出來有害的敘述所限制（Fook, 2002, p. 137）。這些敘事通常是為了「診斷」以「幫助」個案而產生的，然而，這樣做反而使其被傷害及限制他們的敘事所因困。敘事治療師認為，敘事對人們的「身分認同」和生命選擇有如

此大的影響力，因此這樣的敘事應當受到干預。敘事的使用從人際關係工作到社群實務都有，範圍相當廣泛；社群發展工作者即試圖讓社群實現新的敘事。

現在來探討敘事方法的四個重要原則。

1. 專注在形塑服務使用者生命方面的敘事

敘事治療與現代主義社會服務介入的形式不同之處是，敘事治療不會為服務使用者的處境試圖揭開或建構一個單一事實，而是試圖評估並改變那些建構服務使用者生命的敘事。敘事治療師會挑戰那些有害的敘事，也就是一些反映服務使用者負面或病態的架構，治療師會試圖幫助案主建構另一種敘事，專注在案主的能力並肯定他們所做的，例如他們能對暴力行為負起責任（Jenkins, 1990）。

敘事治療需要社會工作者對案主採取好奇且開放的態度，而不是抱持鑽研真相的立場。在最初與案主的接觸中，很重要的一點是要與案主一起探索，他們何以「被導至」這種對自己有害的敘述。比方說，與其接受Joan是思覺失調患者這種主流敘事，我們可能要與她一同探究這樣的敘事當初是如何建構出來的、是誰建構的，而Joan自己對這樣的敘事是否能接受。以這種方式，這個關於Joan的敘事將與思覺失調的狀況分開。

2. 將人與問題分開看待

第二個敘事治療的原則，就是不要把人看成是問題，而是正視「問題本身才是問題」。在這個原則之下，敘事治療師的策略是使用「歸於外因的對話」（externalizing conversations）把人與問題分開。這類對話的特徵包含給問題命名，例如稱無法控制的憤怒為「那隻龍」（the Dragon）。將「龍」第一個字母用大寫D，是表示給這個問題命名的重要性。敘事治療師通常會用一些神奇又罕見的詞彙，就像這裡用「那隻龍」一樣，用意在啟動案主的創造本能。

比方說，一位年輕人Peter，其很明顯的失控的怒氣是導致他在家和學校發生衝突及不快樂的來源。我們採用歸於外因的對話技巧問他：「那隻龍什麼時候來找你？」「怎樣的事件會讓那隻龍醒來？」「你曾經何時成功的制服那隻

龍？」「需要有哪些事才能將那隻龍永遠驅逐？」透過這樣歸於外因的對話，我們可以將個人或社群與他們的問題分開，並找出他們已經有效使用的處理問題策略，對案主而言，他們能獲得希望，看見自己的未來可以不受這個問題的挾制。當案主能夠有效抵抗問題時（有時稱為「不一樣的報導」），他們就能對自我開始建構一個不一樣的故事。

3. 重新建構自我的主要故事

　　敘事治療主要是重建每個敘事的主流說法（dominant narratives）。主流說法是大家都偏向的認知，也就是強調以病態的角度看待案主生活，但敘事治療法轉而強調並且鼓勵案主既有的能力。這種做法類似優勢觀點，實際上，贊同優勢觀點的人也會運用敘事治療實務的技巧。這樣著重敘事重建的做法，並不是要否定精神疾病或暴力行為等問題的存在，而是更著重讓案主看見並建立自身的能力，過自己所選擇的生活。例如，Jenkins（1990）使用敘事治療法，邀請有暴力和虐待紀錄的男性對他們的行為負起責任，他所使用的三步策略如下（Jenkins, 1990, p. 62）：

- 盡量不要「陷入」他們推拖的理由，就是他們將其不當行為訴諸外在因素，例如同居人的行為等，我們要盡量避免他們試圖擺脫責任。
- 請他們想想為何不能接受為自己的行為擔負責任，是否不想讓自己背負社會文化認知的男性暴力的形象。
- 若他們有為自己行為負責的跡象出現時，要協助他們看見並且鼓勵他們，例如，當他們會遏止自己的暴力行為、展現出對他人的尊重，且對他人不再有暴力回應時，我們要指出這些正向行為讓他們看見。

4. 透過社群並與社群共同建構敘事

　　贊同敘事方法的人通常會看見建立社群的重要性，社群能協助肯定個人對自我和社群的敘述。過去十年來，確實有大量的著作由敘事治療師所寫，以及一些學者使用社群敘事來挑戰復原（restoration）和政治行動主義（political activism）的著述（Lessard et al., 2011）。Michael White 和他在 Dulwich 中心的

工作同仁有廣泛的著作，探討敘事法的價值，談到此法如何協助社群從重創中走出來。White（2003, p. 44）指出，透過敘事實務，社群成員可以將社群所遭遇的悲慘事件說出來，並且能解構這樣的悲慘經驗，人們可以「在記憶中找到一個安全的立足點……如此一來，提供一個平台讓他們可以說出過去未被講述的事情，同時對他們所敘述的悲慘經驗給予更多的重視。」

敘事治療師知道，他人對於服務使用者的敘述，也會形塑案主本身過他們所選擇生活的能力。因此，敘事治療師通常會使用一些策略來幫助案主建構一個能支持他們、肯定他們的社群。敘事法有時會使用一些儀式幫助案主看見之前的病態的敘述已經不復存在，而那個肯定他們能力的新敘事已經出現了。舉例來說，White 與 Denborough（1998）提出一名女性的案例，這名女子邀請最親近的支持者來參加一場典禮，典禮中他們共同升起營火，將這名女子過去罹患精神疾病的紀錄資料全部燒掉，讓它煙消雲滅。

實務演練　在實務中使用「後」理論

想像你在一個社區中心工作，那裡有許多難民家庭，多是從衝突頻繁的地區逃來的。你有一位案主 Jamilah，是一名 28 歲女子，帶著四名子女和她的丈夫 Abroom（也是 28 歲）在三年前從索馬利亞逃出來。Jamilah 因為付不出電費，而來到這個社區中心尋求協助，當時她帶著兩個最小的孩子（一個在襁褓中，一個 2 歲），另外兩個孩子（5 歲和 7 歲）在上學。跟著媽媽前來的兩個幼童看起來都正常安詳。

在對話中，Jamilah 開始變得有點難過，她提到生活的難處，她腦海裡經常出現戰爭的可怕記憶，他們一家就是因此逃亡，她的睡眠經常中斷。六個月前，Jamilah 的醫生開藥給她，但是服用藥物讓她頭暈，因此她沒有把藥吃完。全家現在陷入財務窘境，Abroom 當清潔工所賺的錢根本不夠家用，Jamilah 告訴你，Abroom 在索馬利亞是個合格的中學教師，而她自己是合格的護士，但這兩個資歷在這裡都不被承認。Jamilah 常常為了讓孩子和丈夫吃飽，自己沒有吃飯。她說，來這裡尋求協助讓她覺得很丟臉。

> • 你要怎麼用敘事治療的概念，以及其他「後」理論概念來分析及回
> 應這個狀況？

「後」理論在社會工作實務的應用及限制

　　我們現在要用Jamilah的案例，來討論「後」理論在社會工作上的優缺點。後現代方法鼓勵實務工作者找出並探討案主所面對之問題的各個面向，從後現代觀點來看 Jamilah 的處境，我們可以發掘許多形塑她情況的敘事。由她本人和他人，包括相關的專業人士，所建構出來的敘述，讓我們看見其中的複雜性和模糊地帶。

　　從後殖民觀點來看，我們可以分析出文化認同和文化觀點如何形塑Jamilah的「身分認同」和選項。也可以看見「文化」的主觀性只是許多影響 Jamilah 自我觀感的身分認同因素之一（Lewis, 2000）。例如，Jamilah是一個難民，是戰火下的倖存者，是一個母親也是為人妻。Jamilah 還有許多其他的主觀性，例如宗教信仰，這對她的自我觀感和可採取的選項也具有很大的重要性。從後現代觀點來看，我們必須探索 Jamilah 如何界定自己和所面對的各種挑戰，並且考量那些界定她和她問題的論述和敘事，何以形塑她可以做的所有選項。例如，哪些協助對她而言是可以接受的，像是參加心靈療癒團體，而不是尋求生物醫學干預來解決她所面對的悲慘情況。

　　後現代理論也強調實務中的「微型政治」（micro-politics），會注意本地處境（local context），包括機構處境（institutional context），作為分析和行動的重要場域（Healy, 1998; Morley ＆ MacFarlane, 2012）。這點與自由人文主義方法處理社會工作的方式不同，所謂自由人文主義，就像任務中心的實務，很少注意實務工作者與服務使用者之間不平等的地位。「後」理論和現代批判理論也不同，後者包含反壓迫實務，也就是將局部權力關係看作結構過程的結果（Healy, 1998, 2000, 2012）。「後」理論看見局部權力關係的複雜性，因此鼓勵探討 Jamilah 一家人如何行使他們能力所及的權力，來處理所面對的各項挑戰。例如，可能是讓 Jamilah 因為能擔任妻子和母親如此重要角色，而感到光

榮，且即使孩子還小，丈夫做著低收入的工作，她也不願意回到支薪的職場；她可能傾向協助丈夫，讓他對自己的資歷找到認同感，而不是尋求對她自己資歷的認同感。從一個批判性觀點來看，可能會覺得前述的觀點缺乏批判性覺醒，然而從後現代觀點來看，我們可以解釋這是一個不同卻同樣有效的方法，讓 Jamilah 一家的生活可以過下去。

從後現代觀點來看，可以清楚看見 Jamilah 一家所面對的壓迫，同時認清且支持她現有可行的能力（Crinall, 1999, p. 80; Healy, 2012）。這樣的做法讓社會工作者可以肯定 Jamilah 抵抗他人對她的界定，以及他人對她面臨之挑戰的反應，包括她能抗拒生物醫學的介入；同時，也讓社會工作者可以與她合作，協助她看見並達成希望得到的結果。在 Jamilah 的案例中，不見得應該抗拒所有生物醫學方法，而是要了解任何介入，不管是生物醫學或其他方法，都必須考量到 Jamilah 的個別情況，例如她有照顧四個幼年孩子的責任。

後現代主義者不能接受針對個人或群體只有一種可行之路的說法，相反的，後現代主義邀請人們看見許多不同方法和可能性。以前面案例來說，後現代主義注重差異性，讓我們可以在協助 Jamilah 時，尊重她面對西方醫療照顧體系的決定，同時考量其他選項，包括那些與她的文化背景符合的管理悲傷及壓力的可能做法。這樣做可能包含了探討 Jamilah 的宗教信仰和屬靈生命，如何塑造她對這些生活經歷的認知與處理方式。正視差異性，可以讓我們了解某些文化裡，個人的福祉不一定高過群體責任，例如 Jamilah 的家庭責任。

敘事策略可以用來為案主充權，並給他力量，是藉著將案主與被認知的問題分開來。這點與現代主義的社會工作形式有很大的差別，現代主義強調了解服務使用者的身分認同和問題所在，在現代主義的批判性社會工作中，更是鼓勵案主接受被壓制的身分認同（參閱第九章）。我們可以使用敘事策略來探討 Jamilah 何以控制她的情境，協助她探究可以如何對不同狀況做出反應。例如我們可以幫助她為一些特質命名，像是「決心」或者更高層次的心靈力量，說明那些幫助她面對挑戰的力量。

討論完「後」理論如何運用在社會工作實務之後，現在讓我們轉而談論這類理論的限制。我們繼續用 Jamilah 的案例來說明其受到的批評。後現代主義

對語言實務的注重，讓人們忽略壓迫本身在物質層面上的實際情況，並輕忽了這些壓迫受到宏觀社會結構的影響有多麼大，尤其是資本主義、父權社會和帝國主義等社會結構帶來的影響（Ife, 1999; Dominelli, 2002a）。在 Jamilah 案例中，我們可以說，她的情況和回應的選項是受到文化、性別、階級的限制。這些類屬都代表社會的區分方式，其深深影響著弱勢族群的生存機會。舉例來說，難民和尋求庇護者經常受到創傷後壓力，且在他們定居的國家內面臨物質上極端弱勢及種族歧視的處境。因此，對於語言實務形塑 Jamilah 的情況應受重視，不應該蒙蔽社會工作者，無視於她在物質需求上受到的壓迫，或者輕看難民和尋求庇護者所面對更廣泛的壓迫處境。

　　許多社會工作者質疑後現代理論能否提供一個連貫的工作架構。大多數後現代著述使用的學術用語和神祕用語，造成許多社會工作者對它敬而遠之。Agger（1991, p. 106）指出，「後」理論的論點大多「令人難以置信的錯綜複雜，到了一個呈現災難性荒謬的地步」。但是社會工作者所關切的不只是後現代觀點的著述如何難以明白，他們還看重與後現代觀點一致的相對主義，因而在採取行動時遺失了道德和政治層面的架構（Peile & McCouat, 1997）。專業社會工作者常會訴諸共通的社會價值（尤其是社會公義的價值觀），發展出自己一套合理化的實務工作方法。例如，在 Jamilah 案例中，所討論的許多回應方式，都是符合案主自我決定和社會公義的價值觀。有些批判性社會工作者對於後現代方法的價值相對論有所回應，他們將這些觀點與其他現代主義架構，如人權（Ife, 1999）或種族主義和女權主義社會工作觀點結合起來（Leonard, 1997; Healy, 2000, 2012; Fook, 2002; Morley & MacFarlane, 2012）。

　　批判性社會工作者主張，「後」理論可以用來支持保守政策議題和實務方法。學者Ife（1999, p. 211）一方面承認「後」理論可以認清事情的複雜性與不穩定性，但他主張：「有一種質疑一直存在著，就是對於社會工作者聲稱要對抗的個人主義、貪婪和剝削，它（後現代主義）是否正是代表著對此三者的一種『背棄』」（Dominelli, 2002b; Ferguson, 2008）。在 Jamilah 的情況中，我們看見許多理由，可以針對弱勢年輕婦女與其家庭所面對物質生活實際面做出政治抗議。這種家庭的處境可以理解成是與國家政策直接相關的，國家政策即使

沒有完全排除，卻仍然限制了難民和尋求庇護者得到一般公民可獲得的物質資助及就業機會，使得他們更加被邊緣化和受到壓迫。「後」理論鼓勵批判性自我回顧式的做法，要求社會工作者質問自己對於身分認同、權力和價值觀的預設立場，這麼做的同時，我們的注意力與精力是否也被分散，而無法看到需求更大的廣泛的社會改變。

結論

目前已出現許多著述論述後現代理論如何運用於多樣領域和社會工作方法中，而敘事治療法漸受歡迎，也促成這些觀點正式成為社會工作基礎的合法性。在本章中，我們探討了社會工作者可以如何運用「後」理論概念在實務工作上。例如，社會工作者經常發現自己陷入困境，無法對一些所謂的事實做出判辨（Taylor & White, 2000），而在所接觸到的服務使用者身上，我們經常發現自己和他人具有的多重主觀性。這些理論可以使我們的實務工作更加豐富，它們提供一套語言，使我們可以理解並詮釋所面對的複雜性和模糊地帶，但若未經批判便全盤接收，也會影響我們的能力，而難以整理出實務工作中所需的連貫性倫理與政治架構。

摘要問題

1. 本章所探討的理論有哪些共通的假設？
2. 後現代主義對於「主觀性」的觀點如何挑戰現代社會工作理論，諸如優勢觀點和反壓迫理論的做法？
3. 後殖民主義觀點可以如何協助社會工作者，了解那些因為戰亂逃離故土的人們的經歷？
4. 請說出並討論敘事治療法的實務原則。

推薦書目

● Foucault, M. (1980) *Power/Knowledge: Selected Interviews and Other Writings*

1972-1977, ed. C. Gordon. (New York: Pantheon Books).

Foucault 的一系列講義、採訪和報告著述，介紹他對權力、主觀性及改變的重要觀念。

- Harrison, G. and Melville, R. (2010) *Rethinking Social Work in a Global World.* (Basingstoke: Palgrave Macmillan).

對國際社會工作有精闢的介紹，清晰論述批判取向的後殖民理論與國際社會工作實務的關聯。

- Healy, K. (2000) *Social Work Practices: Contemporary Perspectives on Change.* (London: Sage).

探討「後」理論概念的歷史演變及如何運用於社會工作，強調對社會工作實務批判性形式的啟發。

- Lessard, H., Johnson, R. and Webber, J. (eds) (2011) *Storied Communities: Narratives of Contact and Arrival in Constituting Political Community.* (Vancouver: UBC Press).

作品匯集一系列觀點，包括後結構主義和後殖民思想，以檢視政治本質的敘事，包括敘事破壞和重新編寫殖民社會主要訴說的可能性。思考敘事對改造社會的潛力。

- Napier, L. and Fook, J. (eds) (2000) *Breakthroughs in Practice: Theorising Critical Moments in Social Work.* (London: Whiting & Birch)

以實務為基礎的著作，其中從業者和學者在廣泛場域中，包括收入保障、心理健康、兒童保護和相關的死亡和垂死的服務，使用「後」的理論觀點進行反思和發展實務。

- White, C. and Denborough, D. (eds) (1998) *Introducing Narrative Therapy: A Collection of Practice-Based Writings.* (Adelaide: Dulwich Centre).

完美匯集有關敘事治療理念廣泛應用之實務基礎的文章。特別推薦 Barbara Wingard 對原住民社區中悲傷議題的文章。

- White, M. (2003) Narrative practice and community assignments. *International Journal of Narrative Therapy and Community Practice*, 2, 17-55.

文章中傑出的概述了 White 使用敘事工作方法於受創傷之社群的理論觀點。同時介紹 Derrida 如何應用解構方式，協助社區被忽視、被邊緣化的聲音。

- White, M. and Epston, D. (1990) *Narrative Means to Therapeutic Ends*. (New York: WW Norton).
  普遍認為是敘事治療的經典之作，作者為此學派的開山祖師。如果你有興趣使用敘述方式於實務中，建議閱讀本書。

推薦網站

- www.dulwichcentre.com.au
  Dulwich 中心（The Dulwich centre），位於澳洲阿德雷德，是國際公認敘事療法的教育、寫作和研究的領導中心。網頁上有敘事講習班和研討會廣泛主題的相關記事，也提供有關會議和培訓機會的訊息，以及 Dulwich 中心出版品的網路書店。

第十一章

建構實務工作架構

陳秀靜　譯

　　本書所介紹的社會工作實務方法，是一種充分了解社會情境且動態性強的方法。社會工作向來被認為是一種協商性的工作，尤其社會工作者的目的與方法都是透過在社會情境間的互動協調出來的，即依據我們所處的制度性脈絡、「正式的」目的、專業基礎、服務使用者和實務上的工作架構等種種考量協商出來的。有人認為，社會工作者對處境的影響力和此一專業的正式理論基礎，兩者都尚未充分整理與發揮其功效。本書的其中一個目的，是在增加社會工作者在針對那些形塑制度性脈絡及社會工作正式理論基礎本身的基本觀念之能力，期使社會工作者能夠主動使用且發揮影響力，以改變或印證這些觀念。本章我們將探討如何使用機構及正式理論等知識，建構實務的架構，也就是第二章所介紹之模式的最終組成要素。

實務工作架構

　　在每個實務案例中，我們一面引用、一面建構我們的實務架構。第二章所提到的「實務架構」一詞，就是指社會工作者在實務上整理出的正式與非正式知識和技巧，並將這些知識與技巧以獨特的方式結合起來。包括，將正式的理論知識、實質知識及難以論述的知識，全都融合在一起，從重複出現的實務狀況中整理建構出來。理想上，這些架構在實務中逐漸成形，有助於我們在每次實務案例中建構獨特的回應方式（Fook et al., 2000）。

　　建構實務架構的做法是很有創造性的，在此過程中，我們從各種資源，例

如制度性脈絡和正式理論，汲取各種想法，同時經過實際運用轉化這些觀念。例如，優勢觀點運用在特定脈絡中，像是老年心理健康問題，與運用在協助年輕父母處理童年性虐待後續的創傷，此兩者是不同的。

建構實務架構的過程，包含了制度性脈絡、專業的實務基礎及服務使用者的需求、優勢和期待等的獨特結合。在本書的第一部分，列出許多當代實務脈絡中社會服務輸送之制度性脈絡的論述。其他的論述也可能具有影響力，但是本書介紹的論述主要是在社會工作服務脈絡中被視為主流的，即所謂的「富裕」或「西方」國家所談論的。在東歐或非洲等其他社會情境脈絡中的社會工作者，曾提出某些論述也有影響力，例如非洲某些地方認為，有別於生物醫學論述，當地傳統醫療的論述形塑了當地人們對健康和疾病的了解（Ross, 2008）。本書的目的是為了展現主要形塑社會工作的論述，另一方面也須認知此處的探討不可能涵蓋所有的情況。對於社會工作實務脈絡之論述的建構（discursive construction）和理論步驟的分析，就是要讓我們看見社會工作是在脈絡中進行的（in context），而不是屬於脈絡的（of context）。換句話說，社會工作實務的重要概念，像是案主需求和社會工作回應，都是透過社會工作者這些論述和理論進行建構，並不是這些論述和理論的產物。若了解這些講述醫療、福利機構和正式專業基礎的觀念，就更能夠實際運用這些觀念，甚至調整這些觀念。舉例來說，當新的公共管理論述出現，社會工作者的實務工作可能因此被影響或受到限制，但也可以運用對於這類論述的了解，用它的語言來挑戰它。引用這類的論述，就可以展現某些實務的特定形式，像是兒童保護工作中的風險預防取向（risk-averse approach）為何會大幅增加經濟（和社會）成本，因為它擴大了某些服務需求（如在寄養家庭的兒童人數），同時又忽略了符合成本效益的方法（如社區式的家庭支持）。

本書介紹了五種社會工作實務理論，探討此些理論的歷史、地理、學科淵源，並且思考各類別中一些實務的特定理論。我們期待了解這些理論基礎之後，能提升我們的能力，在實務脈絡中主動的運用和轉化這些理論。再次強調，社會工作者不只是要會使用理論，還要能轉化理論以應用在每個案主獨特的情況中。只有了解這些理論觀念的起源，才能充分且有創意的運用這些觀

念。

　　社會工作者進行實務架構的協商工作是具創造力的，而此創造力通常沒被發現，也未受到重視。我們的工作架構是結合知識、技巧和經驗日積月累，形成工作的「常識」，且很少接受批判性反省，除非出現需要重新思考工作基礎的緊要情況。我們在建構自身的實務工作架構時，其中一個方法就是要開放這些以為是常識的認知，接受批判性檢驗。了解那些影響自身實務工作的論述及理論背後的假設，可以幫助我們針對實務工作進行批判性分析和後續的發展。

　　本書已經概述幾項重要的要素，如「需求」和社會工作的「目的」，是如何透過不同的論述和社會工作理論建構起來的。我們可以用這項資訊來分析實務工作在特定環境中如何被建構，以及如何主動參與這些建構過程。以下一些問題可以指引你去思考，在特定制度性脈絡中，如何整理出實務工作架構：

- 制度性論述如何建構服務使用者的需求及優勢？
- 制度性論述如何建構你身為社會工作者的角色？
- 這些建構內容與你的專業知識基礎和價值觀，在哪些方面是一致的（或產生緊張狀態的）？
- 你有哪些機會可以抗拒或改變這些建構內容，使之更符合重要議題，諸如案主對需求的了解，以及你的專業價值觀和倫理觀？

　　實務架構可以因為社會工作者充分且有創意的運用正式理論，而更加充實。本書介紹了重要的當代社會工作理論之歷史、地理與學科源頭，為的就是讓讀者能夠進行批判式反省，檢視工作者如何運用和轉化這些理論在特定的實務社會情境中。以下這些批判性思考的問題可以幫助你分析、使用和轉化這些理論：

- 這個理論是在怎樣的歷史、地理和制度性脈絡中發展出來的？這個理論與你的實務情境和你在當中的功用有何相關性？
- 這個實務理論如何建構社會工作實務的目的和過程？這個理論讓哪些實務建構內容出現？讓哪些實務建構的可能性邊緣化？

　　其他實務架構要素還包含知識和技巧，這些是透過實務上的行動和批判性

反思得來的。透過反省我們的實務以建構理論和知識，這是與 Schön 所擁護的反思傳統相吻合的。從反思取向（reflexive approach）（Taylor & White, 2000）的角度來看，可以了解需要批判性的質問自己從實務而來的反思，以檢視這些省思是如何透過論述和不同利害關係人的觀點被建構出來的。以下這些問題可以幫助我們進行這類實務知識的分析：

- 你的實務經驗有哪些元素可能可以幫助你理解並回應這樣的情況？
- 重要利害關係人是怎麼理解這個情況的，而他們的理解與你的理解有何相同之處？他們的理解又如何增加或加深你對事情的理解？
- 有哪些實質的或社會情境相關的知識，對於你了解這個事情是具有重要性的？你是否取用了這個知識？若沒有，你如何取得相關知識？
- 你和服務使用者各有哪些能力可以回應這個情況？
- 在你的實務情境中，包括制度性環境（institutional environment），有哪些資源和機會有助於你對這個情況做出回應？

我們透過批判分析實務中運用與發展知識的方法，可以得出實務架構。我們若能說明實務架構，就越有能力與他人，如其他工作夥伴及案主，共同發展知識。同時，也需要了解實務架構的限制，這樣才更能發展未來的工作架構和學習。

將實務工作者的領悟化為知識

最後，我們要來談談社會工作者運用實務架構來影響實務的正式基礎和制度性脈絡的重要性。第二章談到社會工作實務之動態模式時，論及社會工作者要主動創造實務知識和理論（Taylor & White, 2000; White et al., 2006）。許多社會工作者都用一種非正式、難以論述的方式在建構理論，因為我們的理解都是在直接實務中表達出來，或是跟我們最親近的工作夥伴分享（Fook et al., 2000）。很可惜的，這些非正式、本地化的知識產生過程，不太能在正式的專業理論基礎與實務工作者整理出的理論基礎之間形成連結。

我們的專業所關切的是實務理論與知識，而我們的專業使命和價值基礎是

必須對所參與的社會情境採取行動，不只是停留在了解階段而已，而是必須試著去影響這些社會情境。然而，儘管我們對於理論和知識的應用有興趣，但是大部分正式的理論和知識的發展還是停留在學術或專家的研究機構裡（Kirk & Reid, 2002）。此一專業的重大挑戰，就是要促進社會工作和相關領域之間的合作，以及學術研究機構和社會工作實際運作的服務機構之間的合作。

欲真正將實務工作者納入正式專業基礎的發展，需要我們這些具備架構專業知識的人，也就是學術研究者和理論學家，願意敞開思想以接受實務應用的檢驗。學術領域的社會工作者必須願意容許現場工作者用他們的經驗，用那些混亂未決的社會工作實務來挑戰正式理論。我們也需要鼓勵實務工作者，就是那些站在社會工作第一線的人，使用他們實務上獲得的知識，針對正式理論基礎和那些既定的服務輸送過程背後的論述，進行批判式分析，甚至質疑。並且，鼓勵實務工作者主動參與發展正式理論的論壇，像是社會工作理論的研討會和實務工作的文章發表。

本書第一版在 2005 年發行，這幾年來我已看到此專業裡的希望曙光，就是多樣知識基礎的論述。社會工作者在進階學位參與的增加，意味著社會工作實務及學術實力陣容更加雄厚。許多社會工作協會提出更多不同的方案，社會工作者與服務使用者社群之間有更多的合作，這些都提供了更多新的場域，讓理論和知識得以產出。儘管新的公共管理面對許多明顯險峻的情況，但其強調證據和實務評估，也讓社會工作者有機會改善實務的透明度和可見度。我很期待看見理論發展，特別是關於複合系統理論、環境社會工作和協助發展理論基礎的批判性理論，期待這些發展能夠尊榮這個具有複雜本質的社會工作，也能尊榮社會工作的服務對象。

然而，也有一些跡象顯示，這些發展似乎會危害社會工作者一向維護的正直、社會公義和人權。很顯然的，新公共管理會繼續重塑我們的服務，朝向行政界定的服務輸送類別（Saario & Stepney, 2009）。社會工作者也許會面對前所未有的掙扎，為爭取關係層面和社會工作公認的價值基礎。對服務使用者來說，這個前景仍具挑戰性，一旦政府的服務提供政策退回到拯救性，甚至是懲罰性的作風。無疑的，全球暖化傷害最大的，就是貧窮和被邊緣化的社群。若

政府從全面發展與提供服務的立場退縮時，這些族群很可能只能獲得有限的政府支援，來處理氣候變遷對他們帶來的影響。人們對社會工作者必須保持樂觀態度，相信他們有能力可以改變此一專業及服務對象面對的重大挑戰。社會工作持續倡導有品質的服務，為了社會公義，我們必須認清互助的必要性，需要與其他領域和社群合作，達成所希望看見的改變。

面對未來十年，電子資訊科技（IT）對社會工作的影響力是無庸置疑的，目前也已經是熱烈討論的主題（Gillingham, 2013）。很明顯的，在社會工作中使用電子資訊科技不是一個中立的計畫。一方面，電子資訊科技具有潛在能力，使我們得以與案主聯繫，改善服務效率和效力。但是，假若社會工作者不主動參與形塑電子資訊科技的發展和使用，那麼電子資訊科技就可能動搖社會工作的核心價值，也就是實務的關係層面（Saario & Stephney, 2009; Gillingham, 2013）。

結論

社會工作是一項多樣化且重視社會脈絡的服務，身為社會工作者的我們要主動建構工作的目的和專業實務架構，應用實務脈絡和正式專業基礎的各個方面，有時更需要質疑或改變所處的社會脈絡和專業基礎。社會工作者面對許多障礙，以至於難以正式影響實務情境，正式的專業基礎也不容易改變。本書檢視了許多社會工作實務之制度性脈絡和正式理論的觀點，期待我們能更了解這些社會脈絡與理論，並更加參與改變這些社會脈絡和理論。

參考文獻

Addams, J. (1938) *Twenty Years at Hull-House*. (New York: Macmillan).

Agger, B. (1991) Critical theory, poststructuralism, postmodernism: their sociological relevance. *Annual Review of Sociology*, 17, 105–31.

Alston, M. and McKinnon, J. (2005) *Social Work: Fields of Practice*, 2nd edn. (Melbourne: Oxford University Press).

Anleu, S. (2000) *Law and Social Change*. (London: Sage).

Atherton, C.R. and Bolland, K.A. (2002) Postmodernism: a dangerous illusion for social work. *International Social Work*, 45(4), 421–33.

Bailey, R. and Brake, M. (1975) *Radical Social Work*. (London: Edward Arnold).

Baldwin, M. (2012) Participatory action research. In Gray, M., Midgley, J. and Webb, S. (eds) *The Sage Handbook of Social Work*. (Los Angeles, CA: Sage), pp. 467–81.

Ball, C. (1996) *Law for Social Workers*, 3rd edn. (Aldershot: Arena).

Banks, S. (2012) *Ethics and Values in Social Work*, 4th edn. (Basingstoke: Palgrave Macmillan).

Barnes, C. (1996) Institutional discrimination against disabled people and the campaign for anti-discrimination legislation. In Taylor, D. (ed.) *Critical Social Policy: A Reader*. (London: Sage), pp. 95–112.

Bartlett, H. (1970) *The Common Base of Social Work Practice*. (Washington: NASW).

Bennett, B., Green, S., Gilbert, S. and Bessarab, D. (2013) *Our Voices: Aboriginal and Torres Strait Islander Social Work*. (South Yarra: Palgrave Macmillan).

Berg, E., Barry, J. and Chandler, J. (2008) New public management and social work in Sweden: challenges and opportunities for staff in predominantly female organizations. *International Journal of Sociology and Social Policy*, 28(3/4), 114–28.

Berg, I.K. (1992) *Family Based Service*. (Milwaukee, WI: Brief Family Therapy Press).

Berg, I.K. (2000) *Brief Therapy for Addictions*. (Alexandria, VA: Alexander Street Press).

Berg, I.K. and Kelly, S. (2000) *Building Solutions in Child Protection Services*. (New York: WW Norton).

Bessarab, D. and Crawford, F. (2013) Trauma, grief and loss: the vulnerability of Aboriginal families in the child protection system. In Bennett, B., Green, S., Gilbert S. and Bessarab, D. (eds) *Our Voices: Aboriginal and Torres Strait Islander Social Work*. (South Yarra: Palgrave Macmillan), pp. 93–113.

Besthorn, F. (2001) Transpersonal psychology and deep ecological philosophy: exploring linkages and applications for social work. In Canda, E. and Smith,

E. (eds) *Transpersonal Perspectives on Spirituality in Social Work*. (New York: Hawthorn Press), pp. 23–44.

Besthorn, F. (2012) Deep ecology's contributions to social work: a ten-year retrospective. *International Journal of Social Welfare*, 21(3), 248–59.

Bishop, A. (2002) *Becoming an Ally*. (Crows Nest, NSW: Allen & Unwin).

Bland, R., Renouf, N. and Tullgren, A. (2009) *Social Work Practice in Mental Health: An Introduction*. (Crows Nest, NSW: Allen & Unwin).

Bloom, S. (2000) Social work and the behavioural sciences: past history, future prospects. *Social Work in Health*, 31(3), 25–37.

Boas, P. and Crawley, J. (1975) *Explorations in Teaching Generic Social Work Theory*. (Bundoora, Victoria: Preston Institute of Technology Press).

Bolland, K. and Atheron, C. (1999) Chaos theory: an alternative approach to social work practice and research. *Families in Society,* 80(4), 367–73.

Borden, W. (2000) The relational paradigm in contemporary psychoanalysis: toward a psychodynamically informed social work perspective. *Social Service Review*, 74(3), 352–79.

Bourdieu, P. (1987) The force of law: toward a sociology of the juridical field. *Hastings Law Journal*, 38(5), 805–54.

Brady, S. (1998) The sterilization of children with intellectual disabilities: defective law, unlawful activity and the need for a service oriented approach. *Australian Journal of Social Issues*, 33(2), 155–77.

Braye, S. and Preston-Shoot, M. (1997) *Practising Social Work Law*, 2nd edn. (Basingstoke: Macmillan – now Palgrave Macmillan).

Brayne, H. and Carr, H. (2010) *Law for Social Workers*, 11th edn. (Oxford: Oxford University Press).

Brewster, B. and Whiteford, J. (1976) *Sociology and Social Work: New Perspectives for Practitioners*. (Hatfield: Organisation of Sociologists in Polytechnics and Cognate Institutions).

Bricker-Jenkins, M., Hooyman, N.K. and Gottlieb, N. (1991) *Feminist Social Work Practice in Clinical Settings*. (Newbury Park, CA: Sage).

Bronfenbrenner, U. (1979) *The Ecology of Human Development: Experiments by Nature and Design*. (Cambridge, MA: Harvard University Press).

Bruer, J. (1999) *The Myth of the First Three Years: A New Understanding of Early Brain Development and Lifelong Learning*. (New York: Free Press).

Burke, B. and Harrison, P. (2002) Anti-oppressive practice. In Adams, R., Dominelli, L. and Payne, M. (eds) *Social Work: Themes, Issues and Critical Debates*, 2nd edn. (Basingstoke: Palgrave – now Palgrave Macmillan), pp. 227–36.

Butler, J. (1993) *Bodies That Matter: On the Discursive Limits of 'Sex'*. (New York: Routledge).

Byrne, D. (1998) *Complexity and the Social Sciences*. (London: Routledge).

Campbell, J. and Oliver, M. (1996) *Disability Politics: Understanding Our Past, Changing Our Future*. (London: Routledge).

Canda, E. (1988) Conceptualizing spirituality for social work: insights from diverse perspectives. *Social Thought*, 14(1), 30–46.

Capra, F. (1996) *The Web of Life*. (New York: Anchor & Doubleday).

Carlson, G. and Wilson, J. (1998) A model of substitute decision-making. *Australian Social Work*, 51(3), 17–23.

Carmichael, A. and Brown, L. (2002) The future challenge for direct payments. *Disability and Society*, 17(7), 797–808.

Carniol, B. (1992) Structural social work: Maurice Moreau's challenge to social work practice. *Journal of Progressive Human Services*, 3(1), 1–20.

Carpenter, J. (2002) Mental health recovery paradigm: implications for social work. *Health and Social Work*, 27(2), 86–92.

Carpiano, R., Lloyd, J. and Hertzmann, C. (2009) Concentrated affluence, concentrated disadvantage and children's readiness for school: a population-based, multi-level investigation. *Social Science and Medicine*, 69(3), 420–32.

Catholic Care (Diocese of Leeds) and Charity Commission for England and Wales, In an Appeal to the Upper Tribunal (Tax and Chancery), November 3, 2012, http://www.judiciary.gov.uk/Resources/JCO/Documents/Judgments/catholic-care-charity-commission-judgment-02112012.pdf, retrieved 18/08/13.

Chapin, R. (1995) Social policy development: the strengths perspective. *Social Work*, 40(4), 506–14.

Clarke, J. (2004) Dissolving the public realm? The logics and limits of neo-liberalism. *Journal of Social Policy*, 33(1), 27–48.

Coleman, J. and Leiter, B. (1996) Legal positivism. In Patterson, D. (ed.) *A Companion to the Philosophy of Law and Legal Theory*. (Malden: Blackwell), pp. 241–60.

Connolly, M, and Morris, K. (2012) *Understanding Child and Family Welfare: Statutory Responses to Children at Risk*. (Basingstoke: Palgrave Macmillan).

Corker, M. and Shakespeare, T. (eds) (2002) *Disability/Postmodernity: Embodying Disability Theory*. (London: Continuum).

Corrigan, P. and Leonard, P. (1978) *Social Work Practice under Capitalism: A Marxist Approach*. (London: Macmillan).

Cournoyer, B. (2012) Crisis intervention. In Gray, M., Midgley, J. and Webb, S. (eds) *The Sage Handbook of Social Work*. (Los Angeles, CA: Sage), pp. 248–63.

Cowger, C. (1998) Clientism and clientification: impediments to strengths based social work practice. *Journal of Sociology and Social Welfare*, 25(1), 25–37.

Crath, R. (2012) Belonging as a mode of interpretive in-between: image, place and space in the video works of racialised and homeless youth. *British Journal of Social Work*, 42(1), 42–57.

Cree, V. (2010) *Sociology for Social Workers and Probation Officers*, 2nd edn. (London: Routledge).

Cree, V. and Davis, A. (2006) *Social Work: Voices from the Inside*. (New York: Routledge).

Crompton, M. (1998) *Children, Spirituality, Religion and Social Work*. (Aldershot: Ashgate).

Crossley, M. and Crossley, N. (2001) 'Patient' voices, social movements and the habitus: how psychiatric survivors 'speak out'. *Social Science and Medicine*, 52, 1477–89.

Crotty, M. (1998) *The Foundations of Social Research: Meaning and Perspective in the Research Process.* (St Leonards, NSW: Allen & Unwin).

Crowther, N. (2007) Nothing without us or nothing about us. *Disability and Society*, 22(7), 791–4.

Daly, J., Gullemin, M. and Hill, S. (2001) Introduction: the need for critical compromise. In Daly, J., Gullemin M. and Hill, S. (eds) *Technologies and Health: Critical Compromises.* (Melbourne: Oxford University Press), pp. xii–xx.

Dalrymple, J. and Burke, B. (1995) *Anti-oppressive Practice: Social Care and the Law.* (Buckingham: Open University Press).

Dalrymple, J. and Burke, B. (2006) *Anti-oppressive Practice: Social Care and the Law*, 2nd edn. (Maidenhead: Open University Press).

Darley, V. (1994) Emergent phenomena and complexity, available at http://cadia.ru.is/wiki/_media/public:vincedarely-emergence_alife.pdf, accessed 10/1/14.

Davis, A. and George, J. (1993) *States of Health: Health and Illness in Australia*, 2nd edn. (Pymble, NSW: Harper).

Day, P. (1987) *Sociology in Social Work Practice.* (Basingstoke: Macmillan).

DeAngelis, D. and Monahan, M.J. (2012) Professional credentials and professional regulations: social work professional development. In Dulmus, C. and Sowers, K. (eds) *The Profession of Social Work: Guided by History, Led by Evidence.* (Hoboken, NJ: Wiley), pp. 91–103.

Decker, J. and Redhorse, J. (1979) The principles of general systems theory applied to the medical model. *Journal of Sociology and Social Welfare*, 6(2), 144–53.

Derrida, J. (1991) Différance. In Kamuf, P. (ed.) *A Derrida Reader: Between the Blinds.* (New York: Columbia University Press), pp. 59–79.

De Shazer, S. (1985) *Keys to Solution in Brief Therapy.* (New York: WW Norton).

De Shazer, S. (1988) *Clues: Investigating Solutions in Brief Therapy.* (New York: WW Norton).

De Shazer, S. and Berg, I.K. (1992) Doing therapy: a post-structural re-vision. *Journal of Marital and Family Therapy,* 18(1), 71–81.

De Shazer, S., Berg, I.K., Lipchick, E. et al. (1986) Brief therapy: focused solution development. *Family Process*, 25, 207–21.

Doel, M. (1998) Task-centred work. In Adams, R., Dominelli, L. and Payne, M. (eds) *Social Work: Themes, Issues and Critical Debates.* (Basingstoke: Macmillan – now Palgrave Macmillan), pp. 196–206.

Doel, M. and Marsh, P. (1992) *Task-centred Social Work.* (Aldershot: Ashgate).

Doll, W.E. and Trueit, D. (2010) Complexity and the health care professions. *Journal of Evaluation in Clinical Practice*, 16(4), 841–8.

Dominelli, L. (1988) *Anti-racist Social Work: A Challenge for White Practitioners and Educators.* (Basingstoke: Macmillan).

Dominelli, L. (1996) De-professionalizing social work: anti-oppressive practices, competencies and postmodernism. *British Journal of Social Work*, 26, 153–75.

Dominelli, L. (1997) *Sociology for Social Work.* (Basingstoke: Macmillan – now Palgrave Macmillan).

Dominelli, L. (2002a) *Feminist Social Work: Theory and Practice.* (Basingstoke: Palgrave – now Palgrave Macmillan).

Dominelli, L. (2002b) Anti-oppressive practice in context. In Adams, R., Dominelli, L. and Payne, M. (eds) *Social Work: Themes, Issues and Critical Debates*, 2nd edn. (Basingstoke: Palgrave – now Palgrave Macmillan), pp. 3–19.

Dominelli, L. (2012) *Green Social Work: From Environmental Crises to Environmental Justice*. (Cambridge: Polity Press).

Dominelli, L. and Hoogvelt, A. (1996) Globalization and technocratization of social work. *Critical Social Policy*, 16(2), 45–62.

Dominelli, L. and McLeod, E. (1989) *Feminist Social Work*. (Basingstoke: Macmillan).

Donnellan, H. and Jack, G. (2010) *The Survival Guide for Newly Qualified Child and Family Social Workers: Hitting the Ground Running*. (London: Jessica Kingsley).

Dziegielewski, S. (2013) *The Changing Face of Health Care Social Work: Opportunities and Challenges for Professional Practice*. (New York: Springer).

Edwards, L. (2007) *How to Argue with an Economist: Reopening Political Debate in Australia*, 2nd edn. (Cambridge: Cambridge University Press).

Edwards, P. (2002) Spiritual themes in social work counselling: facilitating the search for meaning. *Australian Social Work*, 55(1), 78–87.

Ellison, M. (2007) Contested terrains within the neo-liberal project: the re-organisation of services for children in Europe: gender, citizenship and the forging of new public management within professional child care social work practice in Europe. *Equal Opportunities International*, 26(4), 331–51.

Epstein, L. and Brown, L. (2002) *Brief Treatment and a New Look at the Task-centered Approach*, 4th edn. (Boston, MA: Allyn & Bacon).

Erickson, M. (1954) Special techniques of brief hypnotherapy. *Journal of Clinical and Experimental Hypnosis*, 2, 109–29.

Fairclough, N. (1992) *Discourse and Social Change*. (Cambridge: Polity Press).

Fawcett, B. (2009) Postmodernism. In Gray, M. and Webb, S. (eds) *Social Work Theories and Methods*. (Los Angeles, CA: Sage), pp. 119–28.

Fawcett, B., Goodwin, S., Meagher, G. and Phillips, R. (2010) *Social Policy for Social Change*. (Basingstoke: Palgrave Macmillan).

Fay, B. (1987) *Critical Social Science: Liberation and its Limits*. (Ithaca, NY: Cornell University Press).

Featherstone, B. and Fawcett, B. (1994) Feminism and child abuse: Opening up some possibilities? *Critical Social Policy*, 14(3), 61–80.

Ferguson, I. (2008) *Reclaiming Social Work: Challenging Neo-Liberalism and Promoting Social Justice*. (London: Sage).

Ferguson, I. (2011) Why class (still) matters. In Lavalette, M. (ed.) *Radical Social Work Today: Social Work at the Crossroads*. (Bristol: Policy Press), pp. 115–34.

Fook, J. (1993) *Radical Casework: A Theory of Practice*. (Sydney: Allen & Unwin).

Fook, J. (2002) *Social Work: Critical Theory and Practice*. (London: Sage).

Fook, J., Ryan, M. and Hawkins, L. (2000) *Professional Expertise: Practice, Theory and Education for Working in Uncertainty*. (London: Whiting & Birch).

Ford, P. and Postle, K. (2000) Task-centred practice and care management. In Stepney, P. and Ford, D. (eds) *Social Work Models, Methods and Theories: A Framework for Practice*. (Lyme Regis: Russell House), pp. 52–64.

Foucault, M. (1980a) Truth and power. In Gordon, C. (ed.) *Power/Knowledge: Selected Interviews and Other Writings 1972–1977*. (New York: Pantheon Books), pp. 109–33.

Foucault, M. (1980b) Two lectures. In Gordon, C. (ed.) *Power/Knowledge: Selected Interviews and Other Writings 1972–1977*. (New York: Pantheon Books), pp. 78–108.

France, E.F., Locock, L., Hunt, K. et al. (2012) Imagined futures: how experiential knowledge of disability affects parents' decision making about fetal abnormality. *Health Expectations*, 15(2), 139–56.

Fraser, H. and Briskman, L. (2005) Through the eye of a needle: the challenge of getting justice in Australia if you're Indigenous or seeking asylum. In Ferguson, I., Lavalette, M. and Whitmore, E. (eds) *Globalisation, Global Justice and Social Work*. (London: Routledge), pp. 109–24.

Fraser, N. (1997) *Justice Interruptus: Critical Reflections on the 'Postsocialist' Condition*. (New York: Routledge).

Friedman, M. (1982) *Capitalism and Freedom*. (Chicago: University of Chicago Press).

Galper, J. (1980) *Social Work Practice: A Radical Perspective*. (Englewood Cliffs, NJ: Prentice Hall).

Friedman, M. and Friedman, R. (1980) *Free to Choose: A Personal Statement*. (Melbourne: Macmillan).

Gambrill, E. (1994) What's in a name? Task-centered, empirical and behavioral practice. *Social Service Review*, 68(4), 578–99.

Gandhi, L. (1998) *Postcolonial Theory: A Critical Introduction*. (St Leonards, NSW: Allen & Unwin).

Garrett, A. (1958) The worker-client relationship. In Parad, H. (ed.) *Ego Psychology and Dynamic Casework: Papers from the Smith College School for Social Work*. (New York: Family Service Association of America), pp. 53–72.

Garrett, P.M. (2009) Questioning Habermasian social work: a note on some alternative theoretical resources. *British Journal of Social Work*, 39(5), 867–83.

Garvin, C.D. (2003) *Generalist Practice: A Task-centred Approach*. (New York: Columbia University Press).

Gehart, D. (2012) The mental health recovery movement and family therapy, part 1: consumer-led reform of services to persons diagnosed with severe mental illness. *Journal of Marital and Family Therapy*, 38(3), 429–42.

Germain, C. and Gitterman, A. (1996) *The Life Model of Social Work Practice: Advances in Theory and Practice*. (New York: Columbia University Press).

Gibelman, M. (1995) *What Social Workers Do*. (Washington: NASW Press).

Gibelman, M. and Demone, H. (2002) The commercialization of health and human services: natural phenomenon or cause for concern. *Families in Society: Journal of Contemporary Human Services*, 83(4), 387–97.

Gillingham, P. (2013) The development of electronic information systems for the future: practitioners, 'embodied structures' and 'technologies-in-practice'. *British Journal of Social Work*, 43(3), 430–45.

Goffman, E. (1991) *Asylums: Essays on the Social Situation of Mental Patients and Other Inmates*. (Harmondsworth: Penguin).

Golan, N. (1978) *Treatment in Crisis Situations*. (New York: Free Press).

Golan, N. (1986) Crisis theory. In Turner, F. (ed.) *Social Work Treatment: Interlocking Theoretical Approaches*. (New York: Free Press), pp. 296–340.

Goldberg, E.M., Walker, D. and Robinson, J. (1977) Exploring the task-centred casework method. *Social Work Today*, 9(2), 9–14.

Golstein, H. (1973) *Social Work Practice: A Unitary Approach*. (Columbia, SC: University of South Carolina Press).

Gomory, T., Wong, S.E., Cohen, D. and Lacasse, J.R. (2011) Clinical social work and the biomedical industrial complex. *Journal of Sociology and Social Welfare*, 38(4), 135–65.

Gordon, W. (1969) Basic constructs for an integrative and generative conception of social work. In Hearn, G. (ed.) *The General Systems Approach: Contributions Toward a Holistic Conception of Social Work*. (New York: Council on Social Work Education), pp. 5–11.

Gorman, K. (2001) Cognitive behaviourism and the Holy Grail: the quest for a universal means of managing offender risk. *Probation Journal*, 48(1), 3–9.

Gray, M. and Lovat, T. (2007) Horse and carriage: why Habermas's discourse ethics gives virtue a praxis in social work. *Ethics and Social Welfare*, 1(3), 310–28.

Gray, M. and Lovat, T. (2008) Practical mysticism, Habermas and social work praxis. *Journal of Social Work*, 8(2), 149–63.

Gray, M. and Webb, S. (eds) (2009) *Social Work Theories and Methods*. (London: Sage).

Gray, M., Coates, J. and Hetherington, T. (eds) (2013) *Environmental Social Work*. (New York: Routledge).

Green, G. and Haines, A. (2002) *Asset Building and Community Development*. (London: Sage).

Green, D. and McDermott, F. (2010) Social work from inside and between complex systems: perspectives on person-in-environment for today's social work. *British Journal of Social Work*, 40(8), 2414–30.

Hall, C. and Slembrouck, S. (2010) Categorisations of child 'in need' and child 'in need of protection' and implications for the formulation of 'deficit' parenting. In Candlin, C. and Crichton, J. (eds) *Discourses of Deficit*. (Basingstoke: Palgrave Macmillan), pp. 63–81.

Hall, C., Slembrouck, S. and Sarangi, S. (2006) *Language Practices in Social Work: Categorization and Accountability in Child Welfare*. (London: Routledge).

Hamilton, G. (1951) *Theory and Practice of Social Case Work*, 2nd edn. (New York: Columbia University Press).

Hamilton, G. (1958) A theory of personality: Freud's contribution to social work. In Parad, H. (ed.) *Ego Psychology and Dynamic Casework: Papers from the Smith College School for Social Work*. (New York: Family Service Association of America), pp. 11–37.

Hanmer, J. and Statham, D. (1999) *Women and Social Work: Towards a Woman-Centred Practice*, 2nd edn. (Basingstoke: Macmillan).

Hanrahan, C. (2013) Critical social theory and the politics of narrative in the mental health professions: the mental health film festival as an emerging postmodern praxis. *British Journal of Social Work*, 43(6), 1150–69.

Harris, M., Halfpenny, P. and Rochester, C. (2003) A social policy role for faith-based organizations? Lessons from the UK Jewish voluntary sector. *Journal of Social Policy*, 32(1), 93–112.

Harrison, G. and Melville, R. (2010) *Rethinking Social Work in a Global World*. (Basingstoke: Palgrave Macmillan).

Healy, J. (1998) *Welfare Options: Delivering Social Services*. (St Leonards, NSW: Allen & Unwin).

Healy, K. (1998) Participation and child protection: the importance of context. *British Journal of Social Work,* 28, 897–914.

Healy, K. (1999) Power and activist social work. In Pease, B. and Fook, J. (eds) *Transforming Social Work Practice: Critical Postmodern Perspectives*. (St Leonards, NSW: Allen & Unwin), pp. 115–34.

Healy, K. (2000) *Social Work Practices: Contemporary Perspectives on Change*. (London: Sage).

Healy, K. (2002) Managing human services in a market environment: What role for social workers? *British Journal of Social Work*, 32, 527–40.

Healy, K. (2009) A case of mistaken identity: the social welfare professions and new public management. *Journal of Sociology*, 45(4), 401–18.

Healy, K. (2012) Critical perspectives. In Gray, M., Midgley, J. and Webb, S. (eds) *The Sage Handbook of Social Work*. (London: Sage), pp. 191–206.

Healy, K. and Meagher, G. (2001) Practitioner perspectives on performance assessment in family support services. *Children Australia*, 26(4), 22–8.

Healy, K. and Meagher, G. (2004) The reprofessionalization of social work: collaborative approaches for achieving professional recognition. *British Journal of Social Work*, 34, 157–74.

Healy, K. and Walsh, K. (1997) Making participatory processes visible: practice issues in the development of a peer support network. *Australian Social Work*, 50(3), 45–52.

Healy, K. and Young Mothers for Young Women (1996) Valuing young families: child protection and family support strategies with young mothers. *Children Australia*, 21(2), 23–30.

Hearn, G. (1969) Progress toward a holistic conception of social work. In Hearn, G. (ed.) *The General Systems Approach: Contributions Toward a Holistic Conception of Social Work*. (New York: Council on Social Work Education), pp. 63–70.

Heffernan, K. (2006) Social work, new public management and the language of 'service user'. *British Journal of Social Work*, 36(1), 139–47.

Hohman, M. (2012) *Motivational Interviewing in Social Work Practice*. (New York: Guilford Press).

Holloway, M. and Moss, B. (2010) *Spirituality and Social Work*. (Basingstoke: Palgrave Macmillan).

Houston, S. (2009) Jürgen Habermas. In Gray, M. and Webb, S. (eds) *Social Work: Theories and Methods*. (London: Sage), pp. 13–22.

Howe, D. (1987) *An Introduction to Social Work Theory: Making Sense in Practice*. (Aldershot: Arena).

Hudson, C. (2000) The edge of chaos: A new paradigm for social work? *Journal of Social Work Education*, 36(2), 215–30.

Humphrey, J. (1999) Disabled people and the politics of difference. *Disability and Society*, 14(2), 173–88.

Hunter, M., O'Dea, I. and Britten, N. (1997) Decision-making and hormone replacement therapy: a qualitative analysis. *Social Science and Medicine*, 45(10), 1465–603.

Hutchinson-Reis, M. (1989) And for those of us who are black? Black politics in social work. In Langan, M. and Lee, M. (eds) *Radical Social Work Today*. (London: Unwin & Hyman), pp. 165–77.

Hutchinson, G., Lund, L., Lyngstad, R. and Oltedal, S. (eds) (2001) *Social Work in Five Countries: A Report*. (Bodo: University of Bodo).

Hutchison, W. (1998) The role of religious auspiced agencies in the postmodern era. In Meinert, R., Pardeck, J. and Murphy, J. (eds) *Postmodernism, Religion and the Future of Social Work*. (New York: Haworth Press), pp. 55–69.

Hyde, M. and Power, D. (2000) Informed parental consent for cochlear implantation of young deaf children: social and other considerations in the use of the 'bionic ear'. *Australian Journal of Social Issues*, 35(2), 117–20.

Ife, J. (1999) Postmodern, critical theory and social work. In Pease, B. and Fook, J. (eds) *Transforming Social Work Practice: Critical Postmodern Perspectives*. (St Leonards, NSW: Allen & Unwin), pp. 211–23.

Industry Commission (1995) *Charitable Organisations in Australia*, Report 45. (Melbourne: Australian Government Publishing Service).

Jenkins, A. (1990) *Invitations to Responsibility: The Therapeutic Engagement of Men who are Violent and Abusive*. (Adelaide: Dulwich Centre).

Jenkins, J. and Barrett, R. (2004) Introduction. In Jenkins, J. and Barrett, R. (eds) *Schizophrenia, Culture, and Subjectivity: The Edge of Experience*. (Cambridge: Cambridge University Press).

Johnson, P. (1994) *Feminism as Radical Humanism*. (St Leonards, NSW: Allen & Unwin).

Jones, P. (2010) Responding to the ecological crisis: transformative pathways for social work education. *Journal of Social Work Education*, 46(1), 67–84.

Kanel, K. (2003) *A Guide to Crisis Intervention*. (Pacific Grove, CA: Brooks/Cole).

Kanter, J. (1983) Reevaluation of task-centred social work practice. *Clinical Social Work Journal*, 11(3), 228–44.

Kaplan, C. (2002) An early example of brief strengths based practice: Bertha Reynolds at the National Maritime Union. *Smith College Studies in Social Work*, 72(3), 403–16.

Kemp, S., Whittaker, J. and Tracy, E. (1997) *Person in Environment Practice: The Social Ecology of Interpersonal Helping*. (New York: Aldine de Gruyter).

Kenen, R. (1996) The at-risk health status and technology: a diagnostic invitation and the gift of knowing. *Social Science and Medicine*, 42(11), 1533–45.

Killen, K. (1996) How far have we come in dealing with the emotional challenge of abuse and neglect? *Child Abuse and Neglect*, 20, 791–5.

Kirk, S. and Reid, W. (2002) *Science and Social Work: A Critical Appraisal*. (New York: Columbia University Press).

Kirkpatrick, I., Ackroyd, S. and Walker, R. (2005) *The New Managerialism and Public Service Professions*. (Basingstoke: Palgrave Macmillan).

Kissman, K. and Maurer, L. (2002) East meets west: therapeutic aspects of spirituality in health, mental health and addiction recovery. *International Social Work*, 45(1), 35–43.

Kretzmann, J. and McKnight, J. (1993) *Building Communities from the Inside Out*. (Chicago: Center for Urban Affairs and Policy Research).

Krumer-Nevo, M., Weiss-Gal, I. and Levin, L. (2011) Searching for poverty-aware social work: discourse analysis of job descriptions. *Journal of Social Policy*, 40(2), 313–32.

Lavalette, M. (ed.) (2011) *Radical Social Work Today*. (Bristol: Polity Press).

Lavalette, M. and Ferguson, I. (eds) (2007) *International Social Work and the Radical Tradition*. (London: Venture Press).

Lees, R. (1972) *Politics and Social Work*. (London: Routledge & Kegan Paul).

Leighninger, R. (1978) Systems theory. *Journal of Sociology and Social Welfare*, 5, 446–66.

Leonard, P. (1966) *Sociology in Social Work*. (London: Routledge & Kegan Paul).

Leonard, P. (1994) Knowledge/power and postmodernism: implications for the practice of a critical social work education. *Canadian Social Work Review*, 11(1), 11–26.

Leonard, P. (1995) Postmodernism, socialism and social welfare. *Journal of Progressive Human Services*, 6(2), 3–19.

Leonard, P. (1997) *Postmodern Welfare: Reconstructing an Emancipatory Project*. (London: Sage).

Lessard, H., Johnson, R. and Webber, J. (eds) (2011) *Storied Communities: Narratives of Contact and Arrival in Constituting a Political Community*. (Vancouver: UBC Press).

Levine, E. (1998) Church, state and social welfare: purchase of service and the sectarian agency. In Gibelman, M. and Demone, H. (eds) *The Privatization of Human Services: Policy and Practice Issues*. (New York: Springer), pp. 117–53.

Levy, R. (2010) New public management: End of an era? *Public Policy and Administration*, 25(2), 234–40.

Lewis, G. (2000) *'Race', Gender, Social Welfare: Encounters in a Postcolonial Society*. (Cambridge: Polity Press).

Lindsay, R. (2002) *Recognising Spirituality: The Interface between Faith and Social Work*. (Crawley, WA: University of Western Australia Press).

Lough, B.J. (2013) Social work perspectives on international volunteer service. *British Journal of Social Work*, doi:10.1093/bjsw/bct001.

Lyall, D. (2001) Spiritual institutions? In Orchard, H. (ed.) *Spirituality in Health Care Contexts*. (London: Jessica Kingsley), pp. 47–56.

Lyons, M. (2001) *The Contribution of Nonprofit and Cooperative Enterprises in Australia*. (St Leonards, NSW: Allen & Unwin).

Lyotard, J. (1984) *The Postmodern Condition: A Report on Knowledge*, trans. G. Bennington and B. Massumi. (Minneapolis: University of Minnesota Press).

McCarthy, M. (2009) 'I have the jab so I can't be blamed for getting pregnant': contraception and women with learning disabilities. *Women's Studies International Forum*, 32(3), 198–208.

McDonald, C. (2006) *Challenging Social Work: The Institutional Context of Practice.* (Basingstoke: Palgrave Macmillan).

McGrath, P. (1997) Chemotherapy, bioethics and social work: forging the link. *Australian Social Work*, 50(4), 53–60.

McKinnon, J. (2013) The environment: A private concern or a professional practice issue for Australian social workers? *Australian Social Work*, 66(2), 156–70.

McLeod, E. and Bywaters, P. (2000) *Social Work, Health, and Equality.* (London: Routledge).

McMillen, J.C. (1999) Better for it: how people benefit from adversity. *Social Work*, 44(5), 455–68.

Maidment, J. and Egan, R. (eds) (2004) *Practice Skills in Social Work and Welfare: More than Just Common Sense* (Crows Nest, NSW: Allen & Unwin).

Mainzer, K. (1996) *Thinking in Complexity: The Complex Dynamics of Matter, Mind, and Mankind.* (Berlin: Springer).

Marsh, P. and Doel, M. (2005) *The Task-centred Book.* (London: Routledge).

Martin, J. (2003) Historical development of critical social work practice. In Allan, J., Pease, B. and Briskman, L. (eds) *Critical Social Work: An Introduction to Theories and Practice.* (Crows Nest, NSW: Allen & Unwin), pp. 17–31.

Mary, N.L. (2008) *Social Work in a Sustainable World.* (Chicago: Lyceum).

Mattaini, M. and Meyer, C. (2002) The ecosystems perspective: implications for practice. In Mattaini, M., Lowery, C. and Meyer, C. (eds) *The Foundations of Social Work Practice: A Graduate Text.* (Washington: NASW Press), pp. 3–24.

Matto, H. and Strolin-Golzman, J. (2010) Integrating social neuroscience and social work: innovations for advancing practice-based research. *Social Work*, 55(2), 147–56.

Matto, H., Strolin-Golzman, J. and Ballan, M. (2014) *Neuroscience for Social Work: Current Research and Practice.* (New York: Springer).

Meyer, C. (1976) *Social Work Practice.* (New York: Free Press).

Middleman, R.R. and Goldberg, G. (1974) *Social Service Delivery: A Structural Approach to Social Work Practice.* (New York: Columbia University Press).

Miller, W.R. and Rollnick, S. (2002) *Motivational Interviewing: Preparing People for Change,* 2nd edn. (New York: Guilford Press).

Mishler, E. (1989) Critical perspectives on the biomedical model. In Brown, P. (ed.) *Perspectives in Medical Sociology.* (Belmont, CA: Wadsworth), pp. 153–65.

Moreau, M. (1979) A structural approach to social work practice. *Canadian Journal of Social Work Education*, 5(1), 78–94.

Moreau, M. (1990) Empowerment through advocacy and consciousness-raising: implications of a structural approach. *Journal of Sociology and Social Welfare*, 17(2), 53–67.

Morley, C. and Macfarlane, S. (2012) The nexus between feminism and postmodernism: still a central concern for critical social work. *British Journal of Social Work*, 42(4), 687–705.

Mullaly, B. (2002) *Challenging Oppression: A Critical Social Work Approach.* (Ontario: Oxford University Press).

Mullaly, B. (2007) *The New Structural Social Work*, 3rd edn. (Ontario: Oxford University Press).

Mullaly, R. (1993) *Structural Social Work: Ideology, Theory, and Practice*. (Toronto: McClelland and Stewart).

Mune, M. (1979) Exploring the utility of the general systems approach. In Pavlin, F., Crawley, J. and Boas, P. (eds) *Perspectives in Australian Social Work*. (Bundoora, Victoria: PIT), pp. 61–77.

Munro, E. (1996) Avoidable and unavoidable mistakes in child protection work. *British Journal of Social Work*, 26(6), 793–808.

Munro, E. (1998) *Understanding Social Work: An Empirical Approach*. (London: Althlone Press).

Napier, L. and Fook, J. (eds) (2000) *Breakthroughs in Practice: Theorising Critical Moments in Social Work*. (London: Whiting & Birch).

National Secular Society (2012) *Catholic Adoption Agency Loses Fight Over Gay Adoption*, www.secularism.org.uk/news/2012/11/catholic-adoption-agency-loses-fight-over-gay-adoption, accessed 18/08/13.

Nicolson, P., Bayne, R. and Owen, J. (2006) *Applied Psychology for Social Workers*, 3rd edn. (Basingstoke: Palgrave Macmillan).

Noble, C. and Henrickson, M. (2011) Editorial: After neo-liberalism, new managerialism and postmodernism, what next for social work? *Journal of Social Work*, 11(2), 128–31.

O'Connell, B. (2005) *Solution-Focused Therapy*, 2nd edn. (London: Sage).

Oliver, M. (2001) Disability issues in the postmodern world. In Barton, L. (ed.) *Disability, Politics and the Struggle for Change*. (London: David Fulton), pp. 149–59.

Olsen, K. (ed.) (2008) *Adding Insult to Injury: Nancy Fraser Debates her Critics*. (London: Verso).

Opie, A. (1995) *Beyond Good Intentions: Support Work with Older People*. (Wellington, New Zealand: Institute of Policy Studies).

Osborne, D. and Gaebler, T. (1993) *Reinventing Government: How the Entrepreneurial Spirit is Transforming the Public Sector*. (New York: Plume).

Parad, H. (1965) *Crisis Intervention: Selected Readings*. (New York: Family Service Association of America).

Parad, H. and Parad, L. (1968) A study of crisis-oriented planned short-term treatment: Part 1. *Social Casework*, 49, 346–55.

Parker, N. (1969) Speaking about human rights. In Lawrence, R. (ed.) *Norma Parker's Record of Service*. (Sydney: Australian Association of Social Work/Department of Social Work at Sydney University/Department of Social Work at the University of New South Wales), pp. 209–11.

Parsons, R., Gutiérrez, L. and Cox, E. (1998) A model for empowerment practice. In Gutiérrez, L., Parsons, R. and Cox, E. (eds) *Empowerment in Social Work Practice: A Sourcebook*. (Pacific Grove, CA: Brooks/Cole), pp. 3–23.

Parton, N. (1994) 'Problematics of government', (post) modernity and social work. *British Journal of Social Work*, 24, 9–32.

Parton, N. (2000) Some thoughts on the relationship between theory and practice in and for social work. *British Journal of Social Work*, 30, 449–63.

Parton, N. (2003) Rethinking professional practice: the contributions of social constructionism and the feminist 'ethics of care'. *British Journal of Social Work*, 33, 1–16.

Parton, N. and O'Byrne, P. (2001) *Constructive Social Work: Towards a New Practice*. (Basingstoke: Macmillan – now Palgrave Macmillan).

Payne, C. (1994) Systems theory. In Philpot, T. and Hanvey, C. (eds) *Practising Social Work*. (London: Routledge), pp. 8–21.

Payne, M. (1997) *Modern Social Work Theory*, 2nd edn. (Basingstoke: Macmillan – now Palgrave Macmillan).

Payne, M. (2005) *Modern Social Work Theory*, 3rd edn. (Basingstoke: Palgrave Macmillan).

Payne, M. and Askeland, G.A. (2008) *Globalization and International Social Work: Postmodern Change and Challenge*. (Aldershot: Ashgate).

Pearman, J. (1973) *Social Science and Social Work: Applications of Social Science in the Helping Professions* (Metuchen, NJ: Scarecrow Press).

Pearman, J. and Stewart, B. (1973) The social and behavioural science input to social work practice. In Pearman, J. (ed.) *Social Science and Social Work: Applications of Social Science in the Helping Professions*. (Metuchen, NJ: Scarecrow Press), pp. 9–22.

Pease, B. and Fook, J. (eds) (1999) *Transforming Social Work Practice: Postmodern Critical Perspectives*. (St Leonards, NSW: Allen & Unwin).

Peile, C. (1988) Research paradigms in social work: from stalemate to creative synthesis. *Social Service Review*, 62(1), 1–19.

Peile, C. (1993) Determinism versus creativity: Which way for social work? *Social Work*, 38(2), 127–34.

Peile, C. (1994) *The Creative Paradigm: Insight, Synthesis and Knowledge Development*. (Aldershot: Avebury).

Peile, C. and McCouat, M. (1997) The rise of relativism: the future of theory and knowledge development in social work. *British Journal of Social Work*, 27(3), 343–60.

Perlman, H. (1957) *Social Casework: A Problem-Solving Process*. (Chicago: University of Chicago Press).

Perry, B.D. (2002) Childhood experience and the expression of genetic potential: what childhood neglect tells us about nature and nuture. *Brain and Mind*, 13(1), 79–100.

Perry, B.D. (2009) Examining child maltreatment through a neurodevelopmental lens: clinical applications of the neurosequential model of therapeutics. *Journal of Loss and Trauma*, 14(40), 240–55.

Pichot, T. and Dolan, T. (2003) *Solution-focused Brief Therapy: Its Effective Use in Agency Settings*. (Binghamton, NY: Haworth Clinical Practice Press).

Pincus, A. and Minahan, A. (1973) *Social Work Practice: Model and Method*. (Madison, WI: University of Wisconsin).

Plath, D. (2006) Evidence-based practice: current issues and future directions. *Australian Social Work*, 59(1), 56–72.

Puddifoot, J. (2000) Some problems and possibilities in the study of dynamical social processes. *Journal for the Theory of Social Behaviour*, 30(1), 79–95.

Quinn, P. (1998) *Understanding Disability: A Lifespan Approach.* (Thousand Oaks, CA: Sage).

Rapp, C. (1998) *The Strengths Model: Case Management with People Suffering from Severe and Persistent Mental Illness.* (New York: Oxford University Press).

Reid, W. (1977) Task-centered treatment and trends in clinical social work. In Reid, W. and Eptsein, L. (eds) *Task-Centered Practice.* (New York: Columbia University Press), pp. 1–18.

Reid, W. (1992) *Task-Strategies: An Empirical Approach to Clinical Social Work.* (New York: Columbia University Press).

Reid, W. (1994) The empirical practice movement. *Social Service Review*, 68(2), 165–84.

Reid, W. and Epstein, L. (1972) *Task-Centered Casework.* (New York: Columbia University Press).

Reid, W. and Shyne, A. (1969) *Brief and Extended Casework.* (New York: Columbia University Press).

Reisch, M. and Andrews, J. (2001) *The Road Not Taken: A History of Radical Social Work in the United States.* (Philadelphia, PA: Brunner-Routledge).

Reynolds, B. (1951) *Social Work and Social Living: Exploration in Philosophy and Practice.* (New York: Citadel Press).

Richmond, M. (1917) *Social Diagnosis.* (New York: Russell Sage Foundation).

Rojek, C., Peacock, G. and Collins, S. (1988) *Social Work and Received Ideas.* (London: Routledge).

Rose, N. (1999) *Governing the Soul: The Shaping of the Private Self.* (London: Free Association Books).

Rosenberg, L. and Rosenberg, D. (2012) *Human Genes and Genomes: Science, Health and Society.* (Amsterdam: Academic Press).

Rosenman, L., O'Connor, I. and Healy, K. (1998) Social work. In The Academy of Social Sciences in Australia. *Challenges for the Social Sciences in Australia* (Canberra: Australian Government Publishing Service), pp. 215–21.

Ross, E. (2008) The intersection of cultural practices and ethics in a rights based society: implications for South African social workers. *International Social Work*, 51(3), 384–95.

Saario, S. and Stepney, P. (2009) Managerial audit and community mental health: a study of rationalising practices in Finnish psychiatric outpatient clinics. *European Journal of Social Work*, 12(1), 41–56.

Saleebey, D. (1996) The strengths perspective in social work practice: extensions and cautions. *Social Work*, 41(3), 296–305.

Saleebey, D. (2012a) Introduction: power in the people. In Saleebey, D. (ed.) *The Strengths Perspective in Social Work Practice*, 6th edn. (Boston, MA: Pearson), pp. 1–24.

Saleebey, D. (2012b) The strengths perspective: possibilities and problems. In Saleebey, D. (ed.) *The Strengths Perspective in Social Work Practice*, 6th edn. (Boston, MA: Pearson), pp. 278–304.

Sandler, T. (2001) *Economic Concepts for the Social Sciences.* (Cambridge: Cambridge University Press).

Sawicki, J. (1991) *Disciplining Foucault: Feminism, Power, and the Body.* (New York: Routledge).

Shlonsky, A. and Wagner, D. (2005) The next step: integrating actuarial risk assessment and clinical judgment into an evidence-based practice framework in CPS case management. *Children and Youth Services Review*, 27(3), 409–27.

Schön, D. (1983) *The Reflective Practitioner.* (New York: Basic Books).

Schön, D. (1995) Reflective inquiry in social work practice. In McCartt-Hess, P. and Mullen, E. (eds) *Practitioner-Researcher Partnerships: Building Knowledge From, In, and For Practice.* (Washington DC: NASW), pp. 31–55.

Semidei, J., Radel, L.F. and Nolan, C. (2001) Substance abuse and child welfare: clear linkages and promising responses. *Child Welfare*, 80(2), 109–27.

Sewpaul, V. (2006) The global–local dialectic: challenges for African scholarship and social work in a post-colonial world. *British Journal of Social Work*, 36(3), 419–34.

Shah, H. (1989) 'It's up to you sisters': black women and radical social work. In Langan, M. and Lee, M. (eds) *Radical Social Work Today.* (London: Unwin Hyman), pp. 178–91.

Shakespeare, T. (2003) Rights, risks and responsibilities: new genetics and disabled people. In Williams, S., Birke, L. and Bendelow, G. (2003) *Debating Biology: Sociological Reflections on Health, Medicine and Society.* (London: Routledge), pp. 198–209.

Shakespeare, T. (2006) *Disability Rights and Wrongs.* (Hoboken, NJ: Taylor & Francis).

Shardland, E. (2012) Systematic review. In Gray, M., Midgley, J. and Webb, S. (eds) *The Sage Handbook of Social Work.* (Los Angeles, CA: Sage), pp. 482–98.

Sharry, J. (2007) *Solution-focused Groupwork.* (London: Sage).

Sheldon, B. (2000) Cognitive behavioural methods in social care: looking at the evidence. In Stepney, P. and Ford, D. (eds) *Social Work Models, Methods and Theories.* (Dorset: Russell House), pp. 65–83.

Sheldon, B. and Macdonald, G. (2009) *A Textbook of Social Work.* (New York: Taylor & Francis).

Shoemaker, L. (1998) Early conflicts in social work education. *Social Service Review*, 72(2), 182–92.

Simpkin, M. (1979) *Trapped Within Welfare: Surviving Social Work.* (London: Macmillan).

Slater, L. and Finck, K. (2011) *Social Work Practice and the Law.* (New York: Springer).

Smith, A. (2010) The third sector, regeneration and sustainable communities: 'rolling' with the new Labour agenda. *International Journal of Sociology and Social Policy*, 30(1/2), 48–65.

Smith, C. (2001) Trust and confidence: possibilities for social work in 'high modernity. *British Journal of Social Work*, 31(2), 287–305.

Smith, D. and Vanstone, M. (2002) Probation and social justice. *British Journal of Social Work*, 32(6), 815–30.

Sparrow, R. (2005) Defending deaf culture: the case of cochlear implants. *Journal of Political Philosophy*, 13(2), 135–52.

Specht, H. and Vickery, A. (eds) (1977) *Integrating Social Work Methods*. (London: George Allen and Unwin).

Spolander, G., Pullen-Sansfacon, A., Brown, M. and Engelbrecht, L. (2011) Social work education in Canada, England and South Africa: a critical comparison of undergraduate programmes. *International Social Work*, 54(6), 816–31.

Stansfield, A.J, Holland, A.J. and Clare, I.C. (2007) The sterilisation of people with intellectual disabilities in England and Wales during the period 1988 to 1999. *Journal of Intellectual Disability Research*, 51(8), 569–79.

Stein, H.D. (1958) Social science in social work practice and education. In Parad, H. (ed.) *Ego Psychology and Dynamic Casework: Papers from the Smith College School for Social Work*. (New York: Family Service Association of America), pp. 226–40.

Stein, H. (2003) Social science and social work education. In Aronoff, N. (ed.) *Challenge and Change in Social Work Education: Toward a World View, Selected Papers by Herman D. Stein*. (Alexandria, VA: Council on Social Work Education), pp. 101–18.

Stevens, I. and Cox, P. (2008) Complexity theory: developing new understandings of child protection in field settings and in residential child care. *British Journal of Social Work*, 38(7), 1320–36.

Stillwell, F. (1996) Neoclassical economics: a long cul-de-sac. In Stillwell, F. and Argyrous, G. (eds) *Economics as a Social Science: Readings in Political Economy*. (Sydney: Pluto Press), pp. 94–7.

Stoesz, D. (2000) Renaissance: families in society. *Journal of Contemporary Human Services*, 81(6), 621–8.

Sullivan, M. (1987) *Sociology and Social Welfare*. (London: Unwin Hyman).

Summers, N. (2003) *Fundamentals for Practice with High-Risk Populations*. (Pacific Grove, CA: Thompson Brooks/Cole).

Swain, P. (2002) A critical alliance? Some concluding thoughts. In Swain, P. (ed.) *In the Shadow of the Law: The Legal Context of Social Work Practice*. (Annandale, Sydney: Federation Press), pp. 266–8.

Swift, A.L. (1956) The church and social welfare. In Johnson, F.E. (ed.) *Religion and Social Work*. (New York: Harper and Brothers), pp. 1–15.

Taylor, C. and White, S. (2000) *Practising Reflexivity in Health and Welfare: Making Knowledge*. (Buckingham: Open University Press).

Taylor, S. (1998) A case of genetic discrimination: social work advocacy within a new context. *Australian Social Work*, 51(1), 51–7.

Taylor, S. (2001) The new quest for genetic knowledge: the need for critique and compromise in predictive technologies. In Daly, J., Gullemin, M. and Hill, S. (eds) *Technologies and Health: Critical Compromises*. (Melbourne: Oxford University Press), pp. 2–15.

Taylor, S. (2013) *What is Discourse Analysis?* (London: Bloomsbury).

The Royal Society (2011) *Brain Waves, Module 1: Neuroscience, Society and Policy*. (London: The Royal Society).

Taylor, S., Treloar, S., Barlow-Stewart, K. et al. (2008) Investigating genetic discrimination in Australia: a large-scale survey of clinical genetics clients. *Clinical Genetics*, 74(1), 20–30.

Thompson, N. (1995) *Theory and Practice in Health and Social Welfare*. (Buckingham: Open University Press).

Thompson, N. (2006) *Anti-discriminatory Practice*, 4th edn. (Basingstoke: Palgrave Macmillan).

Thornton, M. (2000) Neo-liberalism, discrimination and the politics of ressentiment. In Jones, M. and Basser Marks, L. (eds) *Explorations on Law and Disability in Australia*. (Annandale, Sydney: Federal Press), pp. 8–27.

Throssell, H. (1975) Social work overview. In Throssell, H. (ed.) *Social Work: Radical Essays*. (Brisbane, Queensland: Queensland University Press), pp. 3–25.

Tilley, E., Walmsley, J., Earle, S. and Atkinson, S. (2012) The silence is roaring: sterilization, reproductive rights and women with intellectual disabilities. *Disability and Society*, 27(3), 413–26.

Trinder, L. (2000) Evidence-based practice in social work and probation. In Trinder, L. and Reynolds, S. (eds) *Evidence-Based Practice: A Critical Appraisal*. (Oxford: Blackwell Science), pp. 138–62.

Trotter, C. (1999) *Working with Involuntary Clients: A Guide to Practice* (St Leonards, NSW: Allen & Unwin).

Trotter, C. (2004) *Helping Abused Children and their Families: Towards an Evidence-based Practice Model*. (Crows Nest, NSW: Allen & Unwin).

Trotter, C. (2006) *Working with Involuntary Clients: A Guide to Practice*, 2nd edn. (London: Sage).

Trotter, C. (2013) *Collaborative Family Work: A Practical Guide to Working with Families in the Human Services*. (Crows Nest, NSW: Allen & Unwin).

Tuitt, P. (2011) Narratives of origins and the emergence of the European Union. In Lessard, H., Johnson, R. and Webber, J. (eds) *Storied Communities: Narratives of Contact and Arrival in Constituting a Political Community*. (Vancouver: UBC Press), pp. 229–44.

Turnell, A. and Edwards, S. (1999) *Signs of Safety: A Solution and Safety Oriented Approach to Child Protection Casework*. (New York: Norton).

Vallacher, R. and Nowak, A. (1997) The emergence of dynamical social psychology. *Psychological Enquiry*, 8(2), 73–99.

Van Heugten, K. (2011) Registration and social work education: A golden opportunity or a Trojan horse? *Journal of Social Work*, 11(2), 174–90.

Van Wormer, K. (2001) *Counselling Female Offenders and Victims: A Strengths-Restorative Approach*. (New York: Springer).

Van Wormer, K. and Davis, R. (2003) *Addiction Treatment: A Strengths Perspective*. (Pacific Grove, CA: Brooks/Cole).

Von Bertalanffy, L. (1968) *General System Theory: Foundations, Development, Applications*. (New York: George Braziller).

Wakefield, J. (1996a) Does social work need the eco-systems perspective? Part 1: Is the perspective clinically useful? *Social Service Review*, 70(1), 1–32.

Wakefield, J. (1996b) Does social work need the eco-systems perspective? Part 2: Does the perspective save social work from incoherence? *Social Service Review*, 70(2), 183–213.

Warren, K., Franklin, C. and Streeter, C. (1998) New directions in systems theory: chaos and complexity. *Social Work*, 43(4), 357–72.

Wastell, D. and White, S. (2012) Blinded by neuroscience: social policy, the family and the infant brain. *Families, Relationships and Societies*, 1(3), 397–414.

Weakland, J., Fisch, R., Watzlawick, P. and Bodin, A. (1974) Brief therapy: focused problem resolution. *Family Process*, 13, 141–68.

Weedon, C. (1997) *Feminist Practice and Poststructuralist Theory.* (Oxford: Blackwell).

Weeks, W. (ed.) (1994) *Women Working Together: Lessons from Feminist Women's Services.* (Melbourne: Longman Cheshire).

Weick, A., Rapp, C., Sullivan, P. and Kisthardt, W. (1989) A strengths perspective for social work practice. *Social Work*, 34(4), 350–4.

White, C. and Denborough, D. (eds) (1998) *Introducing Narrative Therapy: A Collection of Practice-Based Writings.* (Adelaide: Dulwich Centre).

White, M. (2003) Narrative practice and community assignments. *International Journal of Narrative Therapy and Community Practice*, 2, 17–55.

White, M. and Epston, D. (1990) *Narrative Means to Therapeutic Ends.* (New York: WW Norton).

White, S. (2009) Discourse analysis and reflexivity. In Gray, M. and Webb, S. (eds) *Social Work: Theories and Methods.* (London: Sage), pp. 161–71.

White, S. and Wastell, D. (2013) *A Response to Brown and Ward, 'Decision-Making within the Child's Timeframe'.* Available at SSRN: http://papers.ssrn.com/sol3/papers.cfm?abstract_id=2325357.

White, S., Fook, J. and Gardiner, F. (eds) (2006) *Critical Reflection in Health and Social Care.* (Buckingham: Open University Press).

White, V. (2006) *The State of Feminist Social Work.* (London: Routledge).

Williams, S. (2003) *Medicine and the Body.* (London: Sage).

Wingard, B. (1998) Introducing 'sugar'. In White, C. and Denborough, D. (eds) *Introducing Narrative Therapy: A Collection of Practice Based Writings.* (Adelaide: Dulwich Centre), pp. 157–64.

Wise, S. (1990) Becoming a feminist social worker. In Stanley, L. (ed.) *Feminist Praxis: Research, Theory and Epistemology in Feminist Sociology.* (London: Routledge).

Wise, S. (1995) Feminist ethics in practice. In Hugman, R. and Smith, D. (eds) *Ethical Issues in Social Work.* (London: Routledge), pp. 104–19.

Wolf-Branigin, M. (2009) Applying complexity and emergence in social work education. *Social Work Education: The International Journal*, 28(2), 115–27.

Wolf-Branigin, M., Schuyler, V. and White, P. (2007) Improving quality of life and career attitudes of youth with disabilities. *Research on Social Work Practice*, 17(3), 324–33.

Woods, M.E. and Hollis, F. (1990) *Casework: A Psychosocial Therapy*, 4th edn. (New York: McGraw-Hill).

Zahl, M. (2003) Spirituality and social work: a Norwegian reflection. *Social Thought*, 21, 77–90.

國家圖書館出版品預行編目（CIP）資料

社會工作理論脈絡：創立實務的架構／Karen
　　Healy 著；黃松林等譯.--初版.-- 新北市：
　　心理, 2018.09
　　面；公分. --（社會工作系列；31041）
　　譯自：Social work theories in context: creating
　　frameworks for practice
　　ISBN 978-986-191-841-9（平裝）

　　1. 社會工作　2. 社會學理論

547.01　　　　　　　　　　　　　107015107

社會工作系列 31041

社會工作理論脈絡：創立實務的架構

作　　者：Karen Healy

校 閱 者：黃松林

譯　　者：黃松林、劉鶴群、陳武宗、林東龍、陳雅玲、王明鳳、李新民、
　　　　　張麗玉、林怡欣、陳秀靜

執行編輯：高碧嶸

總 編 輯：林敬堯

發 行 人：洪有義

出 版 者：心理出版社股份有限公司

地　　址：231 新北市新店區光明街 288 號 7 樓

電　　話：(02) 29150566

傳　　真：(02) 29152928

郵撥帳號：19293172 心理出版社股份有限公司

網　　址：http://www.psy.com.tw

電子信箱：psychoco@ms15.hinet.net

駐美代表：Lisa Wu（lisawu99@optonline.net）

排 版 者：辰皓國際出版有限公司

印 刷 者：辰皓國際出版有限公司

初版一刷：2018 年 10 月

Ｉ Ｓ Ｂ Ｎ：978-986-191-841-9

定　　價：新台幣 350 元